中国（昆明）南亚东南亚研究院书系

李涛 任佳 主编

印度的印度洋战略研究

YINDU DE YINDUYANG ZHANLUE YANJIU

胡娟 著

中国社会科学出版社

图书在版编目(CIP)数据

印度的印度洋战略研究／胡娟著．—北京：中国社会科学出版社，2015.8
ISBN 978-7-5161-6828-8

Ⅰ.①印… Ⅱ.①胡… Ⅲ.①海洋战略-研究-印度 Ⅳ.①E351.53

中国版本图书馆 CIP 数据核字(2015)第 203054 号

出 版 人 赵剑英
责任编辑 任 明
特约编辑 乔继堂
责任校对 王 影
责任印制 何 艳

出 版 中国社会科学出版社
社 址 北京鼓楼西大街甲 158 号
邮 编 100720
网 址 http：//www.csspw.cn
发 行 部 010-84083685
门 市 部 010-84029450
经 销 新华书店及其他书店

印刷装订 北京市兴怀印刷厂
版 次 2015 年 8 月第 1 版
印 次 2015 年 8 月第 1 次印刷

开 本 710×1000 1/16
印 张 13.75
插 页 2
字 数 226 千字
定 价 48.00 元

凡购买中国社会科学出版社图书，如有质量问题请与本社营销中心联系调换
电话：010-84083683

中国（昆明）南亚东南亚研究院书系
编　委　会

序　言

南亚、东南亚地处亚洲大陆南部和东南部，南亚包括印度、巴基斯坦、孟加拉国、斯里兰卡、尼泊尔、不丹、马尔代夫和阿富汗八个国家，总面积约500万平方公里，人口约17亿。南亚次大陆作为一个相对独立的地理单元，东濒孟加拉湾，西濒阿拉伯海，囊括了喜马拉雅山脉中、西段以南至印度洋之间的广大地域，是亚洲大陆除东亚地区以外的第二大区域。东南亚包括新加坡、马来西亚、泰国、印度尼西亚、缅甸、老挝、越南、柬埔寨、菲律宾、文莱、东帝汶11个国家，面积约457万平方公里，人口约6.2亿。东南亚地区连接亚洲和大洋洲，沟通太平洋与印度洋，马六甲海峡是东南亚的咽喉，地理位置极其重要。著名的湄公河，源自中国云南境内澜沧江，流入中南半岛，经缅甸—老挝—泰国—柬埔寨—越南，注入南海，大致由西北流向东南。总长4900公里左右，流域总面积81.1万平方公里。

习近平主席在2013年访问哈萨克斯坦和印度尼西亚时分别提出丝绸之路经济带和“21世纪海上丝绸之路”的倡议。这是中国西向开放和周边外交战略的新布局，其战略指向是解决国内区域发展不平衡问题，推动西部大开发与大开放相结合，与沿线国家构建利益共同体、命运共同体和责任共同体。南亚、东南亚及环印度洋地区位于亚欧陆上、海上交通通道的枢纽位置，是“丝绸之路经济带”和“21世纪海上丝绸之路”（“一带一路”）的必经之地，是对我国西向方向开放具有重大战略意义的周边地区，也是中国落实与邻为善、以邻为伴，睦邻、安邻、富邻的周边外交方针，以及“亲、诚、惠、容”外交理念的重要地区之一。

从历史交往和相互关系来看，中国与南亚、东南亚山水相依、人文相亲、守望相助，双方平等交往、相互反哺、互通有无的友好关系史绵延至今最少也有两千余年。在漫长的古代，依托南方丝绸之路和茶马古道等连通中缅印且贯通亚欧大陆的古老国际通道，中国与南亚东南亚的经贸交往频繁、人员往来不断，在人类文明交流史上写下了一部互学互鉴，交相辉映的精彩华章。一方面，古蜀丝绸最早让南亚知道了中国，公元前4世纪成书的梵文经典《摩诃婆罗多》及公元前2世纪的《摩奴法典》中都有“支那”产“丝”的记载。此外，考古学者还在四川三星堆遗址发现大量象牙，又在云南江川、晋宁等地春秋晚期至西汉中期墓葬中挖掘出大量海贝和金属制品。经考证，上述出土文物很可能是从古代印度输入的。这表明，古代中国与南亚之间的经贸交往不仅内容丰富，而且互动频繁。另一方面，在中国东晋高僧法显、唐代高僧玄奘的西行求经，天竺鸠摩罗什、达摩祖师的东来送法，以及南传上座部佛教从古印度经斯里兰卡传入缅甸，此后再传播至泰国、柬埔寨、老挝、越南、马来西亚和印度尼西亚等地的过程中，佛教文化也随之传入中国和东南亚，并落地生根、开枝散叶。据统计，从公元2世纪到12世纪的一千年间，中国翻译的南亚佛教经典著作多达1600种、共5700余卷。可以说，以“丝绸东去”和“佛陀西来”为典型，中华文明与南亚东南亚文明的交流互动，无论其内容还是规模，在世界文化交流史上均属罕见。

这些多条多向的古代国际通道，不仅是古代中国云南通往南亚、东南亚的交通通道，也是操藏缅语族、孟高棉语族等语言的古代诸民族的迁徙走廊。可以说，至迟自蜀身毒道的开通以来，途经云南或以云南为起点的多条多向通道，使今天我们所说的中南半岛地区和孟中印缅毗邻地区较早产生了互联互通的历史萌芽，促进了中华文明、南亚文明与东南亚文明在漫长古代的整体互动。到了近现代，无论是滇越铁路，还是史迪威公路、滇缅公路、驼峰航线，这些在近现代交通史上曾留下浓墨重彩的交通线路，无一不以云南为起点，而云南也正是凭借这些线路，在大湄公河地区和孟中印缅毗邻地区互联互通史上发挥了特殊作用并占据着重要地位。

改革开放以来，云南省在我国西南边疆省区中率先提出了面向东南亚南亚的对外开放战略。90年代，在国家加强西部大开发期间，又提出把云南建设成为我国通往东南亚南亚的国际大通道的建议。进入新世纪，云南着力推进绿色经济强省和民族文化大省建设，努力打造中国连接东南亚南亚国际大通道。经过多年的努力，以大湄公河次区域经济合作（GMS合作）、孟中印缅地区经济合作（BCIM合作）为代表，云南省在推动面向东南亚和南亚这两个战略方向的对外开放和区域合作中，走在了全国的前列，并且取得了明显的成效。目前，云南是我国与南亚东南亚等国家和地区开辟航线最多、国家级口岸最多、与周边国家连接的陆路通道最多、民间交流最频繁的省之一；也是泛亚铁路、亚洲公路网的覆盖地区，多条连接东南亚南亚国家的规划路线通过云南走出中国。2013 年，中国—南亚博览会永久落户云南省会昆明，云南获得了加强与南亚、东南亚、西亚及其他国家和地区全面交流合作的新平台。2014 年 5 月李克强总理访印期间，中印两国共同倡议建设孟中印缅经济走廊，加强地区互联互通。云南学者最先提出的孟中印缅地区经济合作构想最终上升成为国家战略。

2015 年 1 月，习近平总书记考察云南时指出：随着我国实施“一带一路”战略，云南将从边缘地区和“末梢”变为开放前沿和辐射中心，发展潜力大，发展空间广。希望云南主动服务和融入国家战略，闯出一条跨越式发展的路子来，努力成为我国民族团结进步示范区、生态文明建设排头兵、面向南亚东南亚辐射中心。这是对云南发展明确的新定位、赋予的新使命、提出的新要求。由于云南是中国西南方向与周边东南亚和南亚接壤和邻近国家最多的省，也是中国与印度洋沿岸地区开展经济合作最具区位优势的省，因此，云南理所当然担负着落实国家“一带一路”战略和周边外交的重任。

云南省委省政府为贯彻落实中央的决策部署，加强顶层设计，九届十次全会作出了《中共云南省委关于深入贯彻落实习近平总书记考察云南重要讲话精神闯出跨越式发展路子的决定》，主动融入和服务国家发展战略，全面推进跨越式发展。习近平总书记指出，“云南的优势在区位、出路在开放”。云南的优势在“边”，困难也在“边”。如何在沿边开放中倒逼改革，在改革创新中推动孟中印缅经济走廊和中国—中南半岛国际经济合作走廊建设；处理好与邻国的关系，对接各国的发展战略和规划，共商、共建、共享经济走廊；准确研判国际形势和周边情势，都需要云南智库深入调研、长期跟踪地进行国别研究、国际关系和国际区域合作问题研究，提出科学及有价值的决策咨询研究成果。为此，在省委、省政府的关心和支持下，依托云南省社会科学院，正式成立了中国（昆明）南亚东南亚研究院。这是云南省学习贯彻落实习近平总书记考察云南重要讲话精神和党中央、国务院《关于加强中国特色新型智库建设意见》的重要举措。

云南省社会科学院的南亚东南亚研究历史悠久、基础扎实、底蕴深厚、人才辈出。早在上世纪60年代，外交部落实毛主席、周总理《关于加强国际问题研究报告》批示精神，在全国布局成立国际问题研究机构，就在我院成立了印巴研究室和东南亚研究室，经一代又一代社科专家的积淀和传承，发展成了现在的南亚研究所和东南亚研究所。南亚东南亚研究是我院优势特色学科之一，在国内外享有较好的声誉和影响力，该领域的研究在国内居领先地位。进入90年代以来，我院高度重视对我国和我省面向东南亚南亚对外开放、东南亚南亚国别问题和地区形势的研究。在大湄公河次区域合作、中国与东南亚南亚区域合作战略、中国和印度经贸合作新战略、中国与南亚经贸合作战略、孟中印缅地区经济合作、东南亚南亚的历史与现状、中国与东南亚南亚的人文交流合作、印度洋地区研究等领域，推出了一批重要学术成果，培养了一支专业从事东南亚南亚研究的学者队伍。

当前，云南省充分利用边疆省份的区位优势，加快融入“一带一路”国家战略，推进孟中印缅经济走廊和中南半岛国际经济合作走廊建设。在这一背景下，中国（昆明）南亚东南亚研究院推出南亚、东南亚国情研究、“一带一路”和孟中印缅经济走廊等专题研究、中国与周边国家关系研究、环印度洋地区研究等组成的书系，深入对“一带一路”沿线国家的政治经济、历史文化、对外关系、地理生态环境，以及中国与南亚东南亚、环印度洋地区的经贸合作、互联互通、人文交流、非传统安全合作等问题的研究，推出一批成果，使广大读者对“一带一路”沿线国家和我国与周边国家关系有更深入的了解，以期对政府、学界、商界等推动我国与沿线国家设施联通、贸易畅通、政策沟通、资金融通、民心相通，共商、共建、共享丝绸之路经济带和21世纪海上丝绸之路有所裨益。

任　佳

2015年10月25日

前　言

印度洋作为世界第三大洋，面积达 7355.6 万平方公里，沿岸有三十多个国家，人口占世界的1/3。在历史上，葡萄牙、荷兰、英国、法国相继入侵印度洋，他们先后在印度洋地区建立的霸权持续了四个半世纪以上。第二次世界大战后，印度洋又一度成为美苏两个超级大国逐鹿的重要地区，成为他们争夺全球霸权的一个重要组成部分。苏联解体后，美国建立并维持在印度洋的海上霸权地位。21 世纪以来，随着工业化、全球化以及世界经济的发展，各国对印度洋的经济资源、贸易与能源通道的争夺有增无减。美国的霸权地位面临前所未有的挑战。一方面是因为美国自身相对的衰落，多年深陷其中的反恐战争和 2008 年的经济危机似乎加速和凸显了它的衰落；另一方面是因为中国、印度、澳大利亚等一批新兴国家的崛起。当前，伴随着经济和政治中心向亚太地区的位移，大国在 21 世纪对海洋的关注焦点正在由大西洋—太平洋地区向太平洋—印度洋地区转移。在这种背景下，印度洋凭借其难以替代的资源、地缘战略价值，日益成为大国竞相角逐的又一大主战场。

基于不同的国家利益和立场，各国对印度洋的研究有不同的视角和见解，但毫无争议的一点是印度洋成了 21 世纪地缘政治的中心，印度洋相关问题的研究在现实需求的推动下，也正不断涌现出更多新的成果。在对印度洋研究的基本情况、主要议题和研究中存在的问题进行综合的梳理和思考后，作者选择了“印度的印度洋战略”这一题目作为研究对象。

本书研判了印度洋地区战略格局的演进，认为印度洋地区战略格局的肇始主要是从西方殖民国家进入印度洋地区开始的，在西方殖民主义国家进入印度洋之前，印度洋地区国家之间只存在零星的联系，并没有形成有效的战略安全关系和战略互动。从西方殖民主义国家进入印度洋地区至今，印度洋战略格局大致分为三个主要阶段。印度洋战略格局第一个阶段的主要特征是西方殖民国家对印度洋地区主导权的争夺，葡萄牙、荷兰、法国、英国等国先后进入印度洋，并建立殖民地。在西方列强争夺对印度洋地区主导权的争夺过程中，由于国家实力相较其他西方列强更为强大，英国逐渐在争夺过程中取得优势地位，并最终在印度洋地区建立了霸权地位。第二阶段的主要特征是冷战时期美苏两国进入印度洋，并对印度洋地区主导权进行争夺。印度洋主导权的争夺是在两国全球争霸的背景下进行的，印度洋是两国全球争霸的重要区域之一。第三阶段主要是以美印中三国在印度洋地区的互动为特征。冷战后初期美国成为印度洋地区的霸主，但是随着中印两国经济崛起、日益具有蓝水海军能力、越来越多地参与印度洋地区事务，印度洋战略格局正在由美国“一家独霸”转向三国相互制衡与合作。

本书综合分析了世界主要大国在印度洋的利益诉求及主要举措。自西方国家在全世界寻求殖民地以来，印度洋便成为世界重要的贸易通道，印度洋地区也沦为海洋强国争相争夺的区域。第二次世界大战后，美国逐渐取代欧洲国家，成为印度洋地区的霸主。近年来，随着印度洋战略地位的提升，美国愈加重视印度洋在其全球战略中的作用。作为昔日印度洋地区的主要力量，欧盟的实力下降，逐渐在印度洋采取了追随美国的外交政策，积极强调印度洋作为全球贸易通道的作用。俄罗斯曾在冷战时期，积极向印度洋地区扩展力量，但是随着实力下降，俄罗斯已不再是印度洋地区的主要战略力量。印度洋是中东地区石油运往日本的主要通道，日本极为关心印度洋战略通道的畅通，在此背景下，近年来日本加强了与印度的海上联系，同时积极维护美国在印度洋地区的霸主地位，以期寻求在该区域的战略利益得到更好维护。

本书也梳理了印度“印度洋战略”提出的背景和过程。历史上，印度很早就认识到了印度洋对其生存和发展的重要性。至少在 15 世纪葡萄牙人入侵印度以前，印度曾是印度洋上的霸主。但是，由于长期的战乱和分裂，印度忽略了对印度洋的经略，一度“有海无防”。近代历史上，印度丧失国家独立也是从印度洋上开始的，在沦为英国的殖民地后，印度洋成了“英国的内湖”。可以说印度的兴盛衰败始终与印度洋联系在一起。本课题研究分析了萌芽时期、形成时期、快速发展时期、稳步发展时期、全面发展时期的印度的印度洋战略。详细分析了印度“印度洋战略”的构想、举措与演进；归纳总结了印度的“印度洋战略”的主要特点与发展趋势；最后在分析印度实施印度洋战略面临的机遇和挑战、评估了印度实施“印度洋”战略对印度自身、印度洋沿岸国家和域外大国的影响。

本书写作及修改过程中，课题组进行了大量的调研，查阅了许多中英文资料。尽管课题组已经付出了最大的努力，但是仍有许多不完善的地方，恳请专家学者批评指正。在此，感谢在本书写作过程中提出许多宝贵意见的专家，他们分别是云南社科院院长任佳研究员、云南社科院南亚所所长陈利君研究员、云南社科院南亚所副所长杨思灵研究员。

本书执笔情况如下：绪论为胡娟；第一章为郑启芬；第二章为许娟；第三章为胡娟、杨思灵、孙现朴；第四章为胡娟、孙现朴；第五章、第六章为胡娟；第七章为胡娟、许娟；第八章为童宇韬、陈利君；结语为胡娟。

胡　娟

2014 年 12 月 16 日

目　录

绪　论

一　印度洋问题研究的背景和现状

印度洋面积为7355.6万平方公里，是世界第三大洋，其沿岸分布了三十多个国家，总人口占世界人口的1/3。[①] 在历史上，葡萄牙、荷兰、英国、法国相继入侵印度洋，他们先后在印度洋地区建立的霸权持续了四个半世纪以上。[②] 第二次世界大战后，印度洋又一度成为美苏两大超级国逐鹿的重要地区，成为他们争夺全球霸权的一个重要组成部分。苏联解体后，美国建立并维持了在印度洋的海上霸权地位。21世纪以来，随着工业化、全球化以及世界经济的发展，各国对印度洋的经济资源、贸易与能源通道的争夺有增无减。与此同时，美国在印度洋的海上霸权地位受到了极大的挑战。一方面，美国自身实力出现相对的衰落迹象，多年深陷其中的反恐战争和2008年的经济危机似乎加速和凸显了它的衰落；另一方面是因为中国、印度、澳大利亚等一批新兴国家的崛起。当前，伴随着世界经济中心与政治中心向亚太区域的转移，世界上的各主要大国对海洋的关注重心也随之发生变化，正悄然从大西洋和太平洋区域移向太平洋和印度洋区域。在上述格局下，印度洋因其优异的资源储备和地缘价值，成为主要大国力量争先抢夺的焦点。[③]

事实上，印度洋问题的研究在学术界的探讨从未消退过。早在20世

---

① David L. O. Hayward, "China in the Indian Ocean: A Case of Uncharted Waters", *Strategic Analysis Paper*, July 2010, p. 2.

② ［美］A. J. 科特雷尔、R. M. 伯勒尔编：《印度洋在政治、经济、军事上的重要性》，上海人民出版社1976年版，第1页。

③ 中国现代国际关系研究院海上通道安全课题组：《海上通道安全与国际合作》，时事出版社2005年版，第329页。

纪50年代，印度“海权之父”K. M. 潘尼迦就分析研究了印度和印度洋的关系；1970年，美国学者乔治·汤姆森出版了《太平洋和印度洋的战略问题》，其中对印度洋的战略地位专门进行了描述；1971年3月，美国乔治敦大学“战略和国际研究中心”在华盛顿召开了两天的会议，吸引了来自11个国家和四大洲的专家，讨论英国从印度洋逐步撤退以及苏联在印度洋日益扩张的现实情况，以及这些格局变化对于印度洋沿岸国家和所谓大国的影响，最后，会议出版了论文集《印度洋在政治、经济、军事上的重要性》；1992年，印度学者 Kousar J. Azamed 从印度的国防政策角度论述了印度洋对印度的重要性；最近值得一提的，是2010年美国学者罗伯特·卡普兰出版的《季风：印度洋与美国强权的未来》（*Monsoon: The Indian Ocean and the Future of American Power*）一书及其在美国《外交事务》上发表的《印度洋：21世纪大国争夺的中心》一文，这些成果不仅全面地阐述了印度洋地区历史、地缘格局的演进，更重要的是就这一地区的政治格局的演变对世界格局产生的冲击和影响做出了深刻的分析，笔者认为，中国试图向南挺进印度洋，印度则不断向西面和东面扩张。它们的交叉地带在整个21世纪将成为角逐之地。

就在21世纪刚刚过去的这12年里，中国关于印度洋研究的专著、论文、研究报告、研讨会议频频出现，各类新闻媒体的相关报道也如雨后春笋般涌现。随着中国的对外贸易、对外经济技术合作、对外人员交流及能源资源消耗不断增加，石油等战略资源对外依存度不断上升，中国对加强海洋管理、合理利用海洋资源、维护海洋安全、推进海洋合作、捍卫海洋利益等方面的关切日渐凸显，中国对印度洋的关注也不例外。在中国知网（CNKI）上，以“印度洋”为主题进行检索，结果显示：2000—2012年，中国政治与国际政治类别中一共收录印度洋研究的文章有160篇。① 与此同时国内的一些科研机构和高校竞相成立印度洋研究中心和学会等，举办了多次学术研讨会。上述国内外的相关研究已经在一定程度上引起了各国政府和公共决策部门对该问题的关注和更广泛的探讨。

国内学者中，张文木教授在其著作《论中国海权》（海洋出版社，2010）中花了一章的笔墨分析了世界霸权和印度洋，指出“大国之间

---

① 查询时间为2012年11月7日。

的竞争，就像下一盘棋，虽然棋局不同，但是棋谱却是相同的，因为这些棋谱都有一个共同的目标，就是掌控印度洋”。① 刘中民教授著书《世界海洋政治与中国海洋发展》指出世界海洋政治研究是中国国际问题研究的一大缺失。从现实角度看，海洋安全威胁已成为影响和制约中国国家安全以及和平发展的重要挑战。此外，马加力（2003）对印度洋的战略地位、影响印度洋地区安全的因素、环印度洋地区合作联盟的发展、印度对印度洋的政策等问题进行了深入的分析；王新龙（2004）对印度洋的中心位置和重要战略地位做出了详细的介绍；郑励（2005）从印度的海洋战略角度分析了印美在印度洋的合作与矛盾；汪海（2007）不仅从一个新的角度诠释了印度洋的战略地位，同时对中国跨越中南半岛向南进入印度洋沿岸海港的通道设计进行了深度的研究；王德华（2009）对构建中国的和谐印度洋战略进行了研究；宋德星（2009）从地缘战略视角研究了印度洋的战略价值；马嬰（2010）从目标、布局和谋略等方面出发，对印度的海洋战略进行了探讨和分析；史春林（2010）研究了印度洋航线安全问题，并提出了中国的对策；许可（2011）从海盗产生的根源、组织方式、作案手段以及活动范围等方面，比较分析了印度洋东部海域和西部海域中海盗的异同，并进一步阐释了打击印度洋海盗在中国印度洋战略中的意义。在云南省内，陶亮（2011）从中印两国共同利益的角度分析了中印在印度洋事务上的合作及前景；朱翠萍（2012）分析了中国周边复杂局势以及以美国为首的西方大国和包括印度在内的印度洋沿岸国家对中国崛起的疑惧与防范心态。

基于不同的国家利益和立场，各国对印度洋的研究有不同的视角和见解，但有一点毫无争议，那就是印度洋成了21世纪地缘政治的中心，印度洋相关问题的研究在现实需求的推动下，也将不断涌现出更多的新成果。

二　当前印度洋问题研究的主要议题

纵观国内外学者的研究，当前印度洋研究主要集中在印度与印度洋、中国与印度洋、美国与印度洋、中印美海上博弈四大战略性议题的探讨

① 张文木：《论中国海权》，海洋出版社2010年版，第65页。

上。事实上这些议题都是复杂的多层次议题，既涉及世界海洋秩序的调整，又牵涉双边关系，更深远地影响了新兴国家与新兴国家之间、新兴国家与守成大国之间如何分配和使用全球公域，最终映射了全球格局的重构与新的世界秩序的建立。

（一）印度与印度洋

印度地区处亚欧大陆南缘的中心，印度洋的北部沿岸，是南亚次大陆和印度洋地区最大的国家。南亚次大陆北倚高山，南临大海，其西北部、北部及东北部三面与亚洲大陆主体有高耸绵亘的山脉等天然屏障相隔，从而形成一个半封闭型独立地区。印度恰好处于其主体地位，占其总面积的67%。印度依赖和使用印度洋的历史也非常悠久，历史上其安危、兴衰都与印度洋息息相关。印度历来奉行印度洋变成“印度的洋”的海洋战略。

早在1984年，当时的印度总理拉吉夫·甘地（Rajiv Gandhi）以海军军购问题为主题在印度人民院演讲时就指出：“控制住通向印度的海上通道，是印度防务安全的必然要求……历史上，印度社会同化了那些意图从陆路征服印度的人，然而，那些来自海上的入侵者却成了印度的统治者，因此，维护印度的安全，首先要做的就是抵御来自海上的入侵。也就是说，只有完全控制住周边海域——从阿拉伯海到孟加拉湾直至印度洋的数千公里的海域，印度人才能真正掌握自己的命运。”① 印度海权之父K. M. 潘尼迦在《印度和印度洋》一书中明确提出：“成为海权国家是印度海上战略的终极目标，即能够独立地在海上捍卫印度的利益，并且可以在印度洋地区占据主导地位。”② 印度洋为印度的经济发展和走向世界的战略提供了广阔的空间。掌握印度洋的制海权，成为一个海权国家，俨然已经是印度在21世纪实现崛起的战略支点与必由之路。

综观印度政府的政策制定和防务领域的学术讨论，可以清晰地看到，海洋战略在整个印度军事战略中的地位日益上升。印度国防战略分析研究所（Institute for Defence Studies and Analyses）的学者Rukmani Gupta认为，

① Marcus B. Zinger，“The Development of Indian Naval Strategy since 1971”，*Contemporary South Asia*，1993，(3)，p. 34.

② 曹永胜等：《南亚大象——印度军事战略发展与现状》，解放军出版社2002年版，第205页。

印度在印度洋的利益诉求主要包括：经济安全（Economic Security）、贸易（Trade）、石油和天然气（Oil and Natural Gas）、海岸的资产（Onshore Assets）、专属经济区的海底资产（Offshore Assets in the Exclusive Economic Zone）、海底资源（Seabed Resources）、安全考量（Military Concerns）。[①] 这种分析是有充分依据的：印度95%的贸易经由印度洋，约50%的石油与80%的天然气来自印度洋，许多赖以生存和发展的重要商品要从印度洋上进出口；印度拥有印度洋地区最长的海上边界线和最大的经济专属区，根据《联合国海洋法公约》，印度目前已经获得了200万平方公里蕴藏多种自然资源的经济专属区、12个大型港口、200多个中小型港口和数百个大小岛屿。[②] 印度洋在历史上是印度的"生死之洋"，如今随着地缘价值的凸显，大国博弈加剧，印度既要面对世界大国为维护自身利益在该地区部署的海上军事力量，又要应付区域内国家如南非、澳大利亚、东盟、沙特及伊朗在本地区日益加剧的竞争趋势。在这种背景下，印度无疑是印度洋地区最大的利益攸关方，实施控制印度洋的海洋战略成为其不二选择。

（二）中国与印度洋

中国并不属于印度洋的沿岸国家，但是，随着印度洋战略地位的提升和中国开放型经济的发展，中国对印度洋的战略需求也在不断地攀升。尽管近两年中国官方与学者均对这一话题表现出越来越多的关注和讨论，但事实上到目前为止，中国仍没有系统的印度洋战略。

西方学者热议的"珍珠链战略"（String of Pearls Strategy）不过是国外战略学界不切实际的假设与臆想。尽管如此，却依然产生了广泛的影响，尤其是引起美国、印度等国的高度关切和激烈反应。"珍珠链战略"一词2004年由美国一家战略咨询机构（布兹·阿伦·汉密尔顿）最早提出。该观点认为，中国正在印度洋及邻近海域构筑一道战略防线，并形成对印度的包围态势。同时也因为中国在巴基斯坦、孟加拉国、缅甸、柬埔寨以及泰国等国家有相关港口或机场，在地图上联系起来像一串珍珠而最终得名。"珍珠链战略"的说法本身就是无稽之谈。即便连罗伯特·卡普

---

① 引自 Rukmani Gupta 在云南财经大学印度洋地区研究中心主办的第二届"中国与印度洋地区共同发展"国际研讨会上的发言，云南昆明，2012年11月30日。

② 曹永胜等：《南亚大象——印度军事战略发展与现状》，解放军出版社2002年版，第208页。

兰（Robert Kaplan）在实地考察瓜尔达港后也认为，无论是地区政治安全形势还是设施基础条件，该港都不可能转化为一个有战略价值的军事基地。所以，与其说“珍珠链战略”是确凿可信的事实，不如说这是一种毫无依据的猜测。[①] 比如，一方面，中国援建的项目多是商业性质的港口，印度对此无法否认，另一方面，印度又断言，中国是有能力也有意图把这些港口在将来某些必要的时候改建为军事设施的。[②] 而美国政策制订者则更担忧的认为，“在印度洋开发和使用一些要塞港口，赤裸裸的显示了中国的扩张行径，若事实果真如此，美国则应该重新评估中国的全球战略”。[③] 美国甚至认为“中国在印度洋区域的活动能力，会在未来的20—30年里进一步增强。谨慎的构建‘珍珠链’，可能并不会是中国主要的努力方向，它更可能会建造一个与迪戈加西亚基地类似同时又可以与之相抗衡的军事基地”。[④]据此，美国提出“历史上，中国在印度洋的软实力凭借郑和下西洋得到迅速提升，现在，美国决不能让这种历史重现，必须密切关注中国在印度洋区域的意图和行动”。[⑤]

在国际社会尤其是超级大国的众说纷纭和浮想联翩之下，中国该不该尽快提出印度洋战略？笔者认为答案是肯定的。因为全球范围内已经有很多国家，比如美、俄、韩、印等国都已经制定出台或者正在着手制定他们的21世纪海洋战略或政策。然而，与上述国家形成巨大反差的是，目前，中国不仅在印度洋区域影响力欠缺，同时相关的印度洋战略也尚未制定，这与中国在该区域巨大的利益攸关极不相符。

不过，目前已经有一些中国学者结合中国在印度洋区域的切实利益，

---

① Vivian Yang, “Is China's String of Pearls Real?”, July 18, 2011, http://www.fpif.org/articles/is_chinas_string_of_pearls_real.

② Iskander Rehman, “China's String of Pearls and India's Enduring Tactical Advantage”, *IDSA Comment*, June 8, 2010, http://www.idsa.in/idsacomments/Chinas String of PearlsandIndias Enduring TacticalAdvantage_irehman_080610.

③ Greg Yellen, “Holding the Tiger by Its Tail: Chinese Maritime Expansion and the U.S. ‘Hedge’ Strategy in the Indian Ocean”, *The Monitor*, Vol. 16, No. 2, Summer 2011, p. 37.

④ Michael J. Green and Andrew Shearer, “Defining U.S. Indian Ocean Strategy”, *The Washington Quarterly*, Vol. 35, No. 2, Spring 2012, p. 181.

⑤ Toshi Yoshihara and James R. Holmes, “Chinese Soft Power in the Indian Ocean”, *Working Paper*, October 2009, p. 13.

做了相关有益的思考。[①] 上海社科院王德华研究员曾发表文章《试论中国的和谐印度洋战略》，指出21世纪初大国角逐印度洋的形势呼唤中国尽快制定“和谐印度洋战略”，呼吁中国急需制定相应的海洋战略和原则，正确处理和平与发展、竞争与合作的关系，应继续韬光养晦，提倡“海陆和合、文明联盟”，重振海上与陆上丝绸之路。[②] 南京国际关系学院国际战略研究中心宋德星教授曾指出，“世界其他各国对中国在印度洋区域的战略思路的曲解和猜忌，给中国在该区域维护自身正当合法的国家权益造成了巨大的困难，也造就了所谓的马六甲困局（Malacca dilemma）。如何破除这个困局，并且最大限度地维护本国利益，就成为中国政府目前必须面对的非常现实的问题”；另外，“我们还需要向世界其他海洋大国学习，积极创建一支可以有效维护本国海洋利益的海上补给力量。我们虽然走的是和平发展的道路，然而拥有保卫自身远洋利益的实力与此并不矛盾。现实情况是，中国十分需要一支‘蓝水海军’来维护自身的能源、航运安全，从而为海洋秩序的和谐提供强大的力量保证”。[③] 作为世界上人口最多的正在崛起的发展中国家，中国对能源、市场、通道等稀缺资源日渐上升的需求决定了走向海洋是今后实现可持续发展战略和现代化目标的必然之路。尽管目前中国尚未制定出台印度洋战略，但是从现实的利益需求和未来的发展趋势来说，如果中国不制定印度洋战略，便不能充分保证在全球化形势下中国在印度洋自由航行的权利，另外，其他海洋强国也会制约中国加入全球化体系；在当前世界多极化的体系中，如果中国不制定海洋发展战略，就很难真正成为全球范围内掌握话语权的政治大国。因此，中国是顺应全球化的趋势而走向海洋的，这与历史上那些为了掠夺财富和殖民地而竞争印度洋海权的国家不同。不过，有中国特色的新型海权理论应该成为中国印度洋战略的制定基础，同时还要以“和谐印度洋”

---

① 中国学者研究中国印度洋战略的文章还有：朱翠萍：《中国印度洋战略：动因、挑战与应对》，《南亚研究》2012年第3期；曾信凯：《中国“印度洋困境”中的美国因素》，《南亚研究》2012年第2期；陶亮：《印度的印度洋战略与中印关系发展》，《南亚研究》2011年第3期；池步云、何光强：《中国在印度洋的利益：内涵、挑战与维护》等，《南昌航空大学学报》（社会科学版）2012年第3期，等等。

② 王德华：《试论中国的和谐印度洋战略》，《社会科学》2008年第12期。

③ 宋德星、白俊：《21世纪之洋：地缘战略视角下的印度洋》，《南亚研究》2009年第3期。

的构建为目标。[①]

（三）美国与印度洋

当前，美国以“新两洋战略”为轴心，全球战略重心东移，印度洋始终是其全球战略重点，因此美国的印度洋战略是印度洋问题研究中最核心的议题。

冷战时期，美国就在印度洋地区设有军事基地。美国在印度洋的基地群以迪戈加西亚基地为核心，辐射印度洋沿岸很多港口，尤其在阿拉伯湾、波斯湾和红海地区。迪戈加西亚基地战略位置非常重要，是美军在印度洋最大的军事基地，自 1971 年从英军手中接管之后，美军在该基地上大规模扩建或兴建了港湾、码头、仓储、油库和机场跑道等基础设施，使它们成为美军在印度洋区域支援海湾地区作战的重要军事基地。巴林基地是美军在印度洋的第二大基地，整个波斯湾及其出入口霍尔木兹海峡都在这个基地的能力辐射范围内，另外，该基地还可以控制曼德海峡、苏伊士湾和亚喀巴湾。与此同时，在印度洋地区，美军还可以使用多处港口和基地，比如科科斯岛和塞舌尔群岛的维多利亚港等。[②]

美国在印度洋地区的利益触及多个维度，除了安全、政治、经济、环境、能源等领域的利益，它在印度洋地区的利益还与其全球霸主地位和国家安全战略息息相关。美国一直将印度洋地区，特别是北印度洋地区视为生死攸关的战略要地。美国意图通过控制印度洋的制海权，平衡该地区的大国力量，防止新兴崛起力量对美国的主导地位发出冲击，从而巩固其全球霸权。[③] 美国与中国在太平洋地区的竞争、对中东地区伊斯兰恐怖主义的打击、对伊朗在印度洋尤其是波斯湾地区的遏制，都与印度洋地区密切相关。

时任美国副国防部部长的道格拉斯·费思曾指出：“印度洋地区对美国有着重要的战略意义，因而美国在该地区部署的军事基地数量仅次于欧洲和亚太地区，美军需要全面控制印度洋地区具有战略价值的航道、海峡和海域。”《海洋战略》于 2007 年发布，其中，海军和海军陆战队的集中

---

① 陈利君、胡娟：《海洋世纪与中国的战略抉择——兼论印度洋对中国的意义及应对之策》，《云南社会科学》2012 年第 6 期。

② 刘中民：《印度洋与南亚、西亚沿海的海洋战略角逐（下）》，《海洋世纪》2008 年第 12 期。

③ 曾信凯：《中国“印度洋困境”中的美国因素》，《南亚研究》2012 年第 2 期。

任务区域被再次定位，这就将美军的传统重心从大西洋—太平洋区域转移至太平洋—印度洋区域，同时强调，要部署足够的军事力量在后一区域，从而威慑或击退一些敌对国家。[①]《四年防务评论报告》和《国家安全战略》以及《新联合司令部计划》于 2010 年发布，这三个报告也均将印度洋区域上升至美国战略计划的优先位置。[②] 在《2025 年海军陆战队前景和战略》（Marine Corps Vision and Strategy 2025）一文中，美军认为 21 世纪全球冲突和竞争的中心将是印度洋及其毗邻水域。《维持美国的全球领导地位：21 世纪国防优先任务》于 2012 年发布，其中印度洋的重要性再次被强调，“西太平洋至东亚直至印度洋以及南亚一带与美国的经济、安全利益紧密相关，虽然美国在此还面临严峻的挑战，但也将获得更大的机会”。[③]

不过，这里有一个被大部分学者所认同的观点，即对于美国来说，虽然将印度洋的控制权纳入了它的全球战略，然而在印度洋它仍面临着不小的挑战。其中首先要关注的就是美国自身影响力的衰落。而正因为此，才给了域内外新兴力量在该地区增加影响的机遇和意愿，促成了当前这一地区地缘格局的变化发展进程。

（四）中印美海上博弈

如罗伯特·卡普兰在其著作里描述的那样：“印度占据着印度洋的绝对优势地位，美国和中国也注定要在此相碰。正如美国在发展一种新的两洋——太平洋和印度洋，而不是太平洋与大西洋——海军一样，中国也会发展一种两洋——太平洋与印度洋——海军。印度洋毗连西太平洋的区域将成为世界的战略中心。”中、印、美未来在印度洋关键地区的海上博弈成为印度洋问题研究的一个热点议题。

中国、印度和美国三方在印度洋区域的利益诉求都触及多个维度，不仅涉及政治、经济、外交和安全领域，也包括通道和资源等其他方面。就上述领域而言，无论从战略抑或军事层面，美国都正在并将继续主导印度洋，是该地区的守成霸主；印度，作为印度洋沿岸最大的国家，视印度洋

① Andrew S. Erickson, Walter C. Ladwig III and Justin D. Mikolay, “Diego Garcia and the United States'Emerging Indian Ocean Strategy”, *Asian Security*, Vol. 6, No. 3, 2010, p. 220.

② Ibid., p. 215.

③ American Department of Defense, *Sustaining U. S. Global Leadership: Priorities for 21st Century Defense*, January 2012, p. 2.

为“印度的洋”、“命运之洋”和“未来之洋”，并正在极力扮演印度洋地区利益代言人的角色，而中国被不约而同地二者看成一个日渐强大的竞争对手，中国在该区域维护自身正当权益的一些行为都被看成对美国全球霸权的挑战。美、印两国的印度洋政策均带有明显的主导性、排斥性和干涉性，他们要求主导和控制印度洋制海权的战略目标本身就是互相不可调和的，然而为了共同应对中国在该地区不断扩大的影响力这一现实目标，二者便具备了合作的基础。

在此背景下，中印美在印度洋的博弈与互动成为印度洋地缘格局演变的主要动因与内容。罗伯特·卡普兰曾表示：“大印度洋地区和西太平洋是中、美两国海军最有可能发生行为重叠和冲突的区域。”①《2025 年美国海军陆战队前景和战略》中披露了美国在印度洋区域的新的战略调整，印度洋区域及其比邻的水域是未来全球冲突和竞争的中心地区。因此，可以明显地感受到美国对印度洋的担忧。② 2012 年，《不结盟 2.0：印度 21 世纪外交和战略政策》作为印度一份全面并且深入的外交和战略政策报告正式发布，报告一方面传达了印度将与美国保持一定距离的思想，另一方面提出了要以印度洋战略应对中国挑战的想法。③ 印度甚至认为，美国、日本、印度尼西亚、澳大利亚和越南这些对印度洋有所觊觎的国家的海洋战略将有助于阻碍中国向印度洋投放海军力量的脚步，印度需利用这种机会加强自己的海军建设。另外，印度还应调整自己的地区外交，从而服务上述目标，具体来说，就是更加密切地联系上述可以“制衡”中国的力量，并签署安全合作协定或者进行定期的海军演习。④

对于中、印、美在印度洋的三边互动关系，中国国内的学者也有许多思考。有学者认为，“三国在印度洋既有合作，也有对抗，将呈现‘非盟非敌’态势。三国应共同努力，通过大国协调、机制建设与功能性合作等，构建有序竞争的博弈关系”。也有学者分析了美印两国在印度洋地区利益博弈的战略意图以及对中国的应对。还有许多学者研究了印度的海洋

---

① Gen Edward A. Rice, “Book Reviews”, *Strategic Studies Quarterly*, Vol. 5, No. 3, Fall 2011, p. 135.

② 曾信凯：《中国“印度洋困境”中的美国因素》，《南亚研究》2012 年第 2 期。

③ 《印度 21 世纪外交和战略政策引发关注》，新华网，2012 - 03/31。

④ 《印度“不结盟 2.0”反对联美制华》，人民网，http://world.people.com.cn/GB/157578/17539315.html。

战略、美国的海洋战略及其对中国的影响。总体的一个共识就是都意识到了中国在印度洋面临印美联手制华的压力，目前处于较为被动的状态。

三　印度洋研究中存在的不足的思考

（一）对区域内外其他国家关注不足

不管是美国、欧盟、中国、俄罗斯和日本等域外国家和地区，还是印度、南非、澳大利亚、东盟、沙特及伊朗等域内主要的国家，都正在或准备增加对印度洋的战略投入。但是目前对印度洋问题的研究主要集中在美国、印度、中国，对其他国家，尤其是区域内许多新兴国家关注不够。例如，澳大利亚是该区域内重要的新兴力量之一，澳对其辽阔的各个海区、港口、重要海湾和贸易交通线的安全都十分重视，并且已经把维护和实现自身海权的海洋安全战略摆上了议事日程。另外，澳大利亚为了确保其西部海洋的安全，寻求与印度洋区域的合作，还宣布了“向西看”的战略。① 与此同时，澳大利亚还积极派出海军舰艇在印度洋区域进行访问。这样，一方面，可以增强与周边国家的军事互信，确保周边海域的安全，扩大其地区影响力；另一方面，日澳、美澳、印澳等军事与防务合作也尤其引人关注。另一个值得关注的国家是南非，它地处非洲大陆的最南端、印度洋和大西洋的交汇点，同样非常重视海军力量的发展，一直意图在非洲海域占据主导地位。与此同时，埃及作为红海沿岸的天然要塞，也警醒地意识到了红海海域的重要性，当面对以色列的强大威慑时，能否掌握红海的控制权直接关系到埃及的生死安危，因此，埃及海军一方面非常重视红海沿岸的海军基地建设，另一方面依托基地大力发展海上实力，以期在争取红海制海权的争夺中掌握主动。目前我们对这些同样作为印度洋地区利益攸关方的关注和研究还远远不够。

（二）战略性研究居于主导，对印度洋区域合作机制研究不足

目前对印度洋地区战略层面的研究居多，对印度洋区域合作机制研究明显不足。事实上，具有“破碎地带”特征的印度洋地区区内的形势十分复杂。这种复杂性是多种原因造成的：新兴国家和守成大国之间的博弈、区域内国家和区域外大国的竞争带来的不确定因素，巴勒斯坦与以色

① 甘振军、李家山：《简析澳大利亚海洋安全战略》，《世界经济与政治论坛》2011 年第 4 期。

列的紧张关系、印度和巴基斯坦地区冲突等固有的地区矛盾，紧密交织的传统安全问题和非传统安全问题，延绵了近百年的文明与宗教的冲突，区内合作机制的缺乏，都使印度洋地区形势的脆弱性、不确定性特征凸显。与此同时，政局持续动荡、经济发展缓慢、自然灾害频发、宗教极端势力也考验着印度洋沿岸许多弱小乏力的国家。印度洋水域是“由世界上最危险的海域组成”的，这是英国的《经济学家》杂志给出的评价。[①] 在这种背景下，仅靠战略性的研究不足以解读和应对该地区复杂的形势，对印度洋区域合作机制研究应该是各国实现在印度洋地区利益诉求的重点和切入点，尤其是对中国而言，我们在印度洋最重要的是经济诉求，中国作为一个非印度洋地区国家应积极研究印度洋区域合作机制，寻求以一种和平力量介入的方式，打破目前中国在该地区合作机制中尚属空白的状态。当前印度洋地区主要的合作机制有环印度洋区域合作联盟、海湾合作委员会、南盟、非洲统一组织等合作机制，但是合作均还处于较低的形态，难以形成集体应对地区安全威胁的有效合力。

（三）对非传统安全问题、文化、宗教冲突等问题的研究缺乏

印度洋研究还存在的一个显著特点，就是“安全”研究仍是各国学者的主要研究视角。鉴于印度洋特殊的地里位置的原故，安全研究固然重要，但我们不能忽略以下客观事实：一方面非传统安全问题在印度洋地区的影响在上升，另一方面印度洋地区的文化、宗教冲突仍未消弭，对沿岸国家的政局发展和社会稳定依然会产生巨大的影响。再者，过多地偏重“安全”研究，有可能会放大和强调该地区的“对抗性”，甚至陷入一种“印度洋困境”。要对印度洋地区发展事态作出准确的判断，我们必须开展对非传统安全问题、文化、宗教冲突等问题的研究。目前，印度洋区域不少国家政府治理能力不足，濒临失败国家边缘。政局动荡、社会崩溃是此类失败国家的共同特点，但失败的原因却并不相同，可能是政府治理低能，可能是经济发展缓慢，也可能是宗教极端势力上位，典型的案例有也门和索马里等国，另外，巴基斯坦也应给与重视。[②] 非传统安全问题、社会危机引发的突发性事件、文化和宗教冲突酝酿的尖锐矛盾甚至自然灾害的应对不力等都有可能引发重大的国际安全危机，成为印度洋地区冲突的

---

① Pirates are terrorizing the high seas off Africa s East Coast, *The Economist*, June 17, 2008.

② 楼春豪：《印度洋新变局与中美印博弈》，《现代国际关系》2011 年第 5 期。

导火索。预测和控制此类风险，是区内国家和区外国家的共同责任。

（四）中国的研究及相关投入已经相对滞后

印度洋影响着中国能否顺利实现潜在的全球强国地位。中国经由印度洋区域水上通道的贸易额占进出口总贸易额的30%以上。更为重要的是，中国的海洋安全利益与印度洋区域有着千丝万缕的联系，比如海上交通的安全性、运输通道畅通性、沿岸地区和国家间关系，等等。与中国在印度洋日渐增长的利益相比，中国的研究及相关投入已经相对滞后。如前文所述，与印度洋周边国家紧锣密鼓的制定或实施印度洋战略形成鲜明对比的是，目前中国尚未制定和出台印度洋战略，因此印度洋研究在中国已相对滞后。与其让西方国家按照自己的经验和逻辑为我们杜撰类似于“珍珠链战略”的谎言，不如把握先机，争取主动，尽快以适当的方式表明中国在印度洋区域的的利益关切和战略考量，以增加互相的信任，破除相互的猜疑，从而增进与印度洋地区国家的友好合作。西方国家的海洋战略是建立在一种强权、霸权和扩张性的海权观之上的。中国的印度洋战略的指针应该是主权、平等、和平、合作的观念以及新安全观念，特点是非霸权性和非扩张性，这与西方传统霸权观和扩张观有明显区别。所以，中国对印度洋的研究不仅需要知己知彼，还需要“独树一帜”。

四　选题的确定和研究目的

在对印度洋研究的基本情况、主要议题和研究中存在的问题进行了综合的梳理和思考后，本书选择“印度的印度洋战略”这一题目作为研究对象。本研究的目的和意义主要集中在以下几个方面：

1. 印度是印度洋沿岸最大、最具代表性的国家。印度的印度洋战略既有和西方发展了数百年的海权观念一脉相承的地方，又有其自身的特性。作为和中国在21世纪共同崛起的国家，作为一个新兴的海权国家，印度的印度洋战略特点突出、代表性强。

2. 印度的“印度洋战略”对中国有着较大的影响。中国的“能源通道”和“贸易通道”都绕不开印度洋航道。印度洋对我国的战略影响具有举足轻重的地位。近年来，中印关系在不断改善，但始终受到诸多因素的影响。除边界问题、西藏问题等传统的影响中印关系的因素外，印度洋战略已经成为影响中印关系的一个非常重要的因素。

印度将印度洋作为“印度的洋”，因此，本能地排斥其他国家在该区域获取利益，防备舆论界扣在中国头上的“珍珠链战略”；反观中国，出于对自身国家利益的增长和安全因素的考量，这几年，中国也开始强调印度洋区域的重要价值。但是，印度和西方国家对中国在印度洋区域的战略思路的曲解和猜忌，给中国在该区域维护自身正当合法的国家权益造成了巨大的困难。由于印度洋问题对中印关系的影响在日渐上升，未来两国在印度洋区域的竞争有可能会进一步凸显和强化，而且印度的印度洋战略有着悠久的历史和影响，因此研究它的“印度洋战略”，思考中国的应对之策，具有深远的战略意义。

3. 同为在海权问题上新兴的、后发的国家，印度的“印度洋战略”值得中国辩证地思考和借鉴。

作者的一个基本认识是：印度的海洋战略是建立在一种强权、霸权和扩张性的海权观之上的。它的代表是近代500年西方国家发展建立起来的海权，但是世界将出现新型的海权，它的代表就是正在建立和发展的中国海权，这个海权观的指针应该是主权、平等、和平、合作的观念以及新安全观念，特点是非霸权性和非扩张性，这与西方传统霸权观和扩张观有明显的区别。就中国而言，必须要创立自己明确的海权理论，在此理论中清晰表明中国海权观的战略理念、原则、规划及其自身的属性及特征，尤其要将中国海权观和平发展与合作的内在属性予以说明，从而有效维护自身合法的海洋权益。

五 基本思路和研究方法

结合这一认识，本课题的研究思路是在全面分析印度洋地缘战略价值的基础上，重点研究印度“印度洋战略”的历史渊源、现状特点、发展趋势。本课题组将综合运用地缘政治理论、相互依存理论、国际政治经济学等理论，以统计数据和事实为依据，对课题展开深入研究。不仅运用历史研究法，对印度的印度洋战略进行梳理分析，而且运用文献研究与实证研究，采用对比研究、综合研究、定量与定性研究等方法，对本课题进行深入研究，从而对印度的“印度洋战略”作出系统的、完整的研判。

本课题既梳理了印度洋地缘格局的演变进程，也梳理了印度“印度洋战略”提出的历史背景和详细脉络；在综合比较分析印度洋区域主要大国在该地区的利益诉求及主要举措的基础上，详细地分析了印度“印度洋战略”的构想、举措与演进；归纳总结了印度的“印度洋战略”的主要特点与发展趋势；最后还分析了印度实施“印度洋战略”面临的机遇和挑战，评估了印度实施“印度洋战略”对印度自身、印度洋沿岸国家和域外大国的影响。

课题组还利用了出访印度和接待印度来宾的机会，对印度有关方面人士进行了访谈、咨询，获取印方人员关于印度“印度洋战略”的观点，以作为课题研究之重要参考。

六 本课题研究重点、难点和基本观点

研究重点：(1) 印度洋战略格局的演变。(2) 世界主要大国在印度洋的利益诉求及主要举措。(3) 印度的“印度洋战略”现状及发展趋势。(4) 印度“印度洋战略”的构想、举措与演进。

研究难点：(1) 印度官方对其海洋战略只有一系列相关文件中的间接表达，尚未形成完整、系统、直接的“印度洋战略”。(2) 研究印度的“印度洋战略”，较难获得内部资料，如印度高层的态度、较新的资料和数据。(3) 印度洋战略地位特殊，其他大国在该地区都有不同的利益诉求，在该地区的影响既单独发挥影响，又互相作用，难以综合把握、准确研判。

基本观点：(1) 21 世纪以来，随着全球海上贸易的激增和波斯湾地区石油地位的上升，加之国际社会反恐行动的全面开展，印度洋的地缘战略地位更加凸显。(2) 从西方殖民者进入印度洋地区至今，该地区的战略格局大致分为三个主要阶段。第三阶段主要是以美印中三国在印度洋地区的互动为特征。(3) 印度洋正成为大国竞相角逐的又一大主战场，域内国家和域外国家在该地区的战略利益将产生新一轮的互动和博弈。(4) 在印度的国家安全观和防务理论视角下孵化出的“印度洋战略”具有鲜明的继承性、扩张性和霸权性特点，同时还带有实力与目标不相符的特征，最重要的是它还具有非常明显的“中国因素”。(5) 印度实施印度洋战略既面临着前所未有的机遇，也面临着不可回避的困难，有些困难甚至是不可挑战的，如印度洋作为公海的定位。(6) 印度所实施的“印度洋战略”必然会与他国产生互动，相互影响。研究印度实施“印度洋战略”对自身与他国的影响具有十分重要的理论意义和现实意义，不仅有助于对印度“印度洋战略”的深入了解和前景预测，也有助于我国正确思考在印度洋地区如何与印度互动的问题。

第一章　印度洋的地缘战略地位

印度洋连接大西洋和太平洋，贯通欧亚非大洋洲。东接南中国海，经马六甲海峡连通广阔的太平洋；北连南亚次大陆直至被称为“世界心脏地带”的中亚；西北方向是波斯湾和中东，南边是好望角，连通大西洋。① 21 世纪以来，海上贸易的快速发展、波斯湾地区石油地位的提升，以及反恐军事行动的全面开展，更加凸显了印度洋的地缘战略地位。

第一节　印度洋的自然资源与地理概况

一　印度洋地区地理构造

印度洋西南与大西洋以非洲厄加勒斯角的东经 20°线为界，东南以塔斯马尼亚岛的东经 146°51′线为界，与太平洋相接，② 是世界第三大洋，约占世界海洋面积的 20.6%，共蕴含约 2.9 亿立方千米的水资源。

印度洋大部分位于热带和亚热带，是一个热带大洋。气候比较温暖，盐度比较高。印度洋的南部洋流相对稳定，终年保持一个逆时针方向的环流；北部的印度洋洋流随季节变化，冬季受东北季风影响，成逆时针环流；夏季，受西南季风影响，洋流成顺时针方向。

早在公元前人类就开始探索印度洋、认识印度洋。公元前 1000 多年，印度洋北部就是东印度商人航海活动频繁的地区。公元后，阿拉伯人和中

---

① Emrys Chew: “Crouching Tiger, Hidden Dragon: The Indian Ocean and the Maritime Balance of Power in Historical Perspective”, *S. Rajaratnam School of International Studies Working Paper*, 25 October 2007, p. 1 (http://www. rsis. edu. sg/publications/WorkingPapers/WP144. pdf).

② “Limits of Oceans and Seas”, International Hydrographic Organization, 3rd Edition, 1953, p. 22 (http://epic. awi. de/29772/1/IHO1953a. pdf).

国人也驶向了广阔的印度洋海域。起初希腊人称这片海域称为厄立特里亚海，原意为红海。古代中国则称为西洋或大洋。1497 年，达·伽马率葡萄牙船队东向寻找西方相传的富庶之国的印度时，将途经的这片海域称为印度洋。中欧地图学家舍纳于 1515 年第一次将“印度洋”标注在地图上。20 世纪 60 年代后，随着海底石油的开发、海洋运输的发展，人类对印度洋的了解不断加深。①

与太平洋和大西洋不同，陆地从三面使印度洋的大部分水域同其他大洋相隔离。因为这样的陆地包围的特征，使进入印度洋的通道极富战略价值。

从大西洋进入印度洋的重要通道有两条：一条为地中海、苏伊士运河、红海、亚丁湾的“苏伊士航线”；另一条为“好望角航线”，沿非洲大陆海岸线在南非的好望角进出印度洋。自 1869 年苏伊士运河建成以来，由于“苏伊士航线”航程短，大大节省了运输时间和运费，因而苏伊士运河开放期间，世界石油大多经“苏伊士航线”运输。“好望角航线”是大西洋由西南进入印度洋的重要通道，自 1496 年达·伽马发现这条通往印度的新航线开始，几百年来通过该航线往来于东西方之间的船只络绎不绝。与“苏伊士航线”相比，“好望角航线”在航程上不占优势，但由于很多大型油轮和货轮无法通过苏伊士运河，“好望角航线”仍然是很多大型远洋运输的首选。

从太平洋进入印度洋的重要通道是马六甲海峡、巽他海峡、巴斯海峡和望加锡海峡。新加坡、马来西亚和印度尼西亚之间的为马六甲海峡，呈东南—西北走向，西北端通印度洋的安达曼海，东南端接南中国海。马六甲海峡是连接太平洋和印度洋最短、最经济和最便捷的海上航线。② 巽他海峡位于爪哇岛和苏门答腊岛之间，呈西南—东北走向，长约 150 公里，宽约 26—110 公里，是连通太平洋与印度洋的一条重要通道，也是西北太平洋沿岸国家通过海路通往欧洲的要道。望加锡海峡位于苏拉威西岛和加里曼丹岛之间，北接苏拉威西海，南连弗洛里斯海和爪哇海。海峡呈东北—西南走向，长约 740 公里，宽约 120—398 公里，是连接太平洋西部和印度洋东北部的战略通道。巴斯海峡位于塔斯曼尼亚岛和澳大利亚大陆

① 刘莲：《印度洋春秋》，《海洋世界》1997 年第 5 期。

② R. N. Misra, *Indian Ocean and India's Security*, New Delhi, Mittal Publicoltions, 1986, p. 7.

之间，东连塔斯曼海，西通印度洋。海峡东西长约300公里，南北宽约128—240公里，平均水深约70米，是沟通印度洋和太平洋的重要海峡。

二　印度洋地区的自然资源

印度洋地区的自然资源丰富多样，多分布于波斯湾地区。自1951年发现波斯湾海底石油以来，已开发了科威特、沙特阿拉伯和澳大利亚巴斯海峡等海底石油。探明的石油储量占中东地区探明储量的25%。沙特阿拉伯的塞法尼耶油田是世界最大的海底油田，现在又发现了苏伊士湾、库奇湾、坎贝湾、孟加拉湾、安达曼海湾、澳大利亚西北岸、帝汶、毛里求斯和南非大陆架等很有前景的海洋石油储藏，仅苏伊士湾的石油储藏量就达1.5亿吨。

截至2011年底，印度洋地区已探明的石油储量约占全球探明总储量的50%。在全球石油探明储量最多的国家中，沙特阿拉伯储量达2654亿桶，占全球总量的16.1%，居世界第二；伊朗以1512亿桶的储量排名第四，伊拉克则以1431亿桶的储量紧追其后；科威特储量为1015亿桶，位居第六；阿拉伯联合酋长国以978亿桶的储量排在第七位。印度洋地区已探明的天然气储量约占全球探明总储量的45.1%。在全球天然气探明储量最多的国家中，伊朗以33.1万亿立方米的储量位居第二；卡塔尔储量为25万亿立方米，位居世界第三；沙特阿拉伯和阿拉伯联合酋长国分别以8.2万亿立方米和6.1万亿立方米的储量居世界第六、第七位。详细数据如表1－1所示。

表1－1　　2011年印度洋地区油气资源探明储量

国家	石油（十亿桶）	占全球总量值	天然气（万亿立方米）	占全球总量值
沙特阿拉伯	265.4	16.1%	8.2	3.9%
伊朗	151.2	9.1%	33.1	15.9%
伊拉克	143.1	8.7%	3.6	1.7%
科威特	101.5	6.1%	1.8	0.9%
阿拉伯联合酋长国	97.8	5.9%	6.1	2.9%
卡塔尔	24.7	1.5%	25.0	12.0%
苏丹	6.7	0.4%	—	—
印度	5.7	0.3%	1.2	0.6%

续表

国家	石油（十亿桶）	占全球总量值	天然气（万亿立方米）	占全球总量值
阿曼	5.5	0.3%	0.9	0.5%
马来西亚	5.9	0.7%	2.4	1.2%
埃及	4.3	0.3%	2.2	1.1%
澳大利亚	3.9	0.2%	3.8	1.8%
印度尼西亚	4.0	0.2%	3.0	1.4%
也门	2.7	0.2%	0.5	0.2%
巴基斯坦			0.8	0.4%
泰国	0.4	*	0.3	0.1%
巴林	—	—	0.3	0.2%
缅甸	—	—	0.2	0.1%
孟加拉国	—	—	0.4	0.2%

资料来源："BP Statistical Review of World Energy", June 2012, pp. 6, 20. (http://www.bp.com/statisticalreview)。

注：*所占比例少于0.05%。

在印度洋边缘滨海开采的岸滩砂矿、沉积矿床、鸟粪和磷灰岩已有几十年的历史。斯里兰卡东北和印度西南沿岸的砂矿中，均含有钛铁矿、金红石、锆石、磁铁矿和独居石。在印度和澳大利亚大陆架、印度尼西亚西南水下山脉顶部发现的磷块结构物，南非近岸开采的富钾肥海绿石，缅甸、印度尼西亚和泰国大陆架的锡矿，都是蕴藏量丰富的矿藏资源。

印度洋生物资源的主要富集地主要位于广阔的陆架浅海。据估计，其生物资源潜力约为1500万吨。印度洋的热带近海鱼类有3000—4000种，深海鱼、鳀鱼、鲐鱼和虾主要产于饲料富集的印度半岛两岸水域、孟加拉湾和与太平洋交界的马六甲海峡。其中沙丁鱼以阿拉伯海西部最多，鲨鱼多分布于印度洋西部，估计每年可产40万吨。从东西两岸来看，目前，印度洋东岸地区是世界上重要的鱼类资源产地，年产量近700万吨，占全球总产量的8%；印度洋西岸地区是世界上著名的深海鱼类产区。近年来，印度洋地区金枪鱼、虾、底层鱼类的捕捞有很大发展，尤其是北部沿岸国家捕虾拖网渔业的发展更为迅速。印度洋的鱼类产量已经从1950年的 86.1 万吨增长至 2010 年的 11500 万吨。①

第二节 印度洋地区的地缘政治概况

作为世界大洋中介的印度洋，它从地缘上把沿岸国家和地区分割开来。② 陆地的分隔使印度洋涵括了几个不同的战略区域，各个战略区域之间又有相互交叉和重叠。在这种地理局面下，各战略区域联系紧密，如若某一区域爆发冲突，引发的动荡很容易向其他地区扩散，危机扩散面增大、持续周期延长，参与国增多，问题很容易复杂化。

一 西北岸地区

从地理角度看，印度洋由印度半岛左侧的西部海域阿拉伯海和右侧的东部海域孟加拉湾两个的海域构成。在印度洋的西北边，波斯湾—阿曼湾、红海—亚丁湾地区是全球重要的海陆地缘战略支点。沿波斯湾由东往南，围绕着伊朗、伊拉克、科威特、沙特阿拉伯、巴林、卡塔尔、阿拉伯联合酋长国和阿曼等国家。这一地区是传统所称中东地区的东部，它位于欧、亚、非三大洲交汇处，处于东半球大陆的中心。拥有世界最重要的海峡和运河，使欧亚海路可以不再绕道好望角，大大缩短了航程，节省了时间、燃料和费用。这种优越的地理位置，使该地区成为沟通印度洋与大西洋，连接欧、亚、非三大洲的交通枢纽，进而成为自古以来大国的必争之地。冷战时期，这一地区的基本格局是西部阿以对峙、东部两伊抗衡，美国和苏联为各自在中东的政治、经济等诸多利益展开激烈的竞争。苏联解体，美国确立全球唯一超级大国的地位后，对该地区的影响进一步增强，特别是海湾战争使美国军事力量第一次进驻波斯湾。当前，美国仍然是波斯湾—阿曼湾地区最大的外来地缘政治因素。

长期以来，波斯湾—阿曼湾地区的局势一直是国际社会关注的焦点。该地区的安全局势不仅与地区内部伊斯兰什叶派与逊尼派之间的矛盾相

---

① David Michel et al. , “Natural Resources in the Indian Ocean: Fisheries and Minerals”, *Indian Ocean Rising: Maritime Security and Policy Challenges*, ed. , David Michel, Russell Sticklor, Chapter Seven (http: //www. stimson. org/images/uploads/research-pdfs/IOR_ chapter7. pdf).

② 宋德星、白俊：《“21 世纪之洋”——地缘战略视角下的印度洋》，《南亚研究》2009 年第 3 期。

关，也与因石油资源引起的域外大国干预有关。2003 年爆发的伊拉克战争彻底改变了波斯湾地区的大国力量对比，打破了原来的安全平衡结构。没有了伊拉克的遏制，伊朗成为波斯湾地区军事实力最强的国家。但伊朗在区域内地位的突出，并没能促进该地区的稳定。

红海—亚丁湾地区是欧亚、美亚货物往来的要塞。索马里海盗日益猖獗使亚丁湾甚至连同整个索马里附近海域成为全球最危险的海域。2009 年以来，该地区海盗活动范围已由亚丁湾、索马里沿海扩展至距索马里沿岸 1000 多海里的海域，向北扩展至阿曼湾和阿拉伯海海域，向南扩展至坦桑尼亚外海、莫桑比克海峡以及塞舌尔群岛附近海域。①

二　北岸地区

在印度洋的北边，是深入印度洋 1000 多公里的南亚次大陆。从欧亚大陆、印度洋及西太平洋的全景地图来看，南亚位于东南亚和西南亚之间的交通要冲，可以有效控制印度洋海上交通的战略要地。以南亚地区为核心，向西通过苏伊士运河可进入地中海，经非洲好望角可进入大西洋；向东经印度洋，通过扼西太平洋交通咽喉的马六甲海峡可直接进入太平洋或直抵澳洲。该地区是国际海空航道的必经之处，战略地位十分重要。19 世纪末，英国曾把南亚作为向东推进势力的前沿基地，在此大量征集殖民地军队与人力，向亚洲及太平洋地区扩张。20 世纪 50—60 年代，美国为保护海上战略通道与石油运输安全，并阻挡苏联南下印度洋，在南亚地区建立海、空基地。20 世纪 70 年代末，苏联大力推进南进战略，入侵阿富汗。近年来，南亚地区安全形势是国际社会关注的一个焦点。在印巴核威慑、克什米尔争议等旧有安全问题未变的情况下，“9・11”事件后持续多年的阿富汗战争及该地区国际恐怖势力日益猖獗等问题，使南亚地区安全因素中加入了外部大国因素，而这种外部因素的导入又使南亚地区的战略态势更加复杂。在复杂的安全形势之外，南亚的社会发展也面临着严峻的挑战。预计到 2050 年，南亚地区的人口将达到 23 亿，庞大的人口数量加之能源、气候变化、食品、水安全等诸多问题，是南亚任何一个国家都

① 许玉付、童翠龙：《反海盗劫持：商船如何安全通过亚丁湾——访第四批护舰编队 525 指挥舰随舰船长》，《中国海事》2010 年第 6 期。

无法单独应对的。①

三 东北岸地区

位于印度洋东北方的马来半岛、中南半岛和南洋群岛在太平洋和印度洋之间构筑了一道天然屏障，同时也构成太平洋和印度洋的连接、大洋洲和亚洲的战略枢纽。冷战结束后，东南亚地区以东盟为核心，在政治、经济及安全等领域都取得了不俗的成绩。但由于这一地区国家众多，存在国家意识形态的分歧、政治制度和社会文化的分歧以及种族宗教的多样性，导致东南亚各国间的冲突不断。缅甸与泰国边界的毒品问题、泰国与老挝边界反对势力的爆炸冲突、印度尼西亚与马来西亚海域纠纷等问题均是近年影响东南亚发展的重要因素。此外，“9·11”事件后，东南亚的恐怖主义活动也呈现上升蔓延的趋势，从印度尼西亚、菲律宾、新加坡、马来西亚，一直延伸到泰国、缅甸和柬埔寨，已经隐约形成了一个“恐怖新月地带”（Crescent of Terrorism）。②

四 印度洋地区地缘战略地位的特性

综合印度洋西北岸、北岸及东北岸地区的情况来看，首先，印度洋的“破碎”的属性决定了其重要的地缘战略地位。至于南亚地区，该地区唯一的大国印度虽然一直想在南亚次大陆秩序建立的过程中扮演重要角色，但由于高居世界首位的贫困人口总数、印巴之间根深蒂固的矛盾，以及印度与其他南亚国家政治和安全关系的复杂性，印度尚不能主导南亚地区的局势。这种复杂的地缘政治属性使印度洋地区国家很难集结在一起从而应对地区安全威胁，且容易被外部的力量左右。因此，自14世纪末以来，先有葡萄牙，后有荷兰、英法等国争夺印度洋，最后，在19世纪初到第二次世界大战之间，印度洋成了“英国的内湖”。冷战期间，印度洋又成为美苏较量的竞技场。冷战结束后，尤其是21世纪以来，随着印度洋战略地位的进一步提升，印度洋的战略形势更加复杂。

其次，印度洋地缘战略地位的重要性也与这一地区复杂的民族、宗教

---

① 转引自杨晓萍《南亚安全架构：结构性失衡与断裂性融合》，《世界经济与政治》2012年第2期。

② 蔡东杰：《东南亚地区反恐形势与未来发展》，第34页（http：//trc. cpu. edu. tw/ezfiles/93/1093/img/115/951228_ 3. pdf）。

属性有关。这一地区几乎涵括了从撒哈拉沙漠到印度尼西亚群岛之间的整个“伊斯兰之弧”（arc of Islam）。[①] 印度洋西岸地区是基督教、犹太教和伊斯兰教的发源地，生活着波斯、犹太、突厥、阿拉伯、库尔德等诸多民族。步入近代，奥斯曼帝国瓦解以后，随着欧洲殖民侵略，这些地区涌现出大量的民族、宗教矛盾。第二次世界大战结束后这些地区战争冲突仍然在不断升级、加剧，先后爆发了黎巴嫩内战、两伊战争、阿以问题，恐怖主义和极端主义在这些地区滋生蔓延。“9·11”事件之后，美国推行新中东政策、反恐和“民主”改造等举措更加刺激了地区固有的矛盾和冲突。2011 年以来，肇始于突尼斯的西亚北非动荡席卷阿拉伯世界，其对印度洋安全局势的冲击不容低估。印度洋北岸的南亚地区除了印巴克什米尔问题迄今仍在僵持以外，还存在民族利益为主的冲突，以及宗教矛盾交织的民族宗教冲突。斯里兰卡境有泰米尔族和僧伽罗族的冲突，巴基斯坦的信德人、普什图人、俾路支人都为寻求独立先后和巴基斯坦政府发生冲突。那加人、米佐人、克什米尔地区的克什米尔人、印度旁遮普邦的锡克人和东北部地区的阿萨姆人等，均不断要求独立或民族自治，导致了大大小小的民族分离主义冲突。[②] 印度洋东岸的东南亚地区也是世界上典型的多民族地区，分布着马来族、爪哇族、泰族、华族、越族、寮族等诸多民族，其中仅人口在 100 万以上的民族就有 24 个。就单个国家而言，东南亚各国无一不是多民族国家。[③] 除了多民族的特征外，东南亚地区的宗教信仰也较为多元，有信奉伊斯兰教的马来西亚人、印度尼西亚人和南部菲律宾人；有信仰佛教的缅甸、泰国、柬埔寨、老挝和部分越南人；还有信仰天主教的中部、北部菲律宾人和部分越南人；少数原始部落和山地民族则信仰拜物教。民族和宗教信仰的多元也导致东南亚民族、宗教矛盾交织在一起，难以解开。

此外，印度洋地缘战略地位的重要性也跟这一地区的局势有关，该地区局势动荡、恐怖主义袭击、军火走私、战争等问题不仅影响地区稳定，

---

① Robert D. Kaplan, “Center Stage for the Twenty-first Century: Power Plays in the Indian Ocean,” *Foreign Affairs*, Vol. 88, No. 2 (March/ April 2009), p. 17.

② 胡志勇：《南亚恐怖主义的特点及根源析论》，《现代国际关系》2008 年第 12 期，第 28 页。

③ 陈衍德：《从国际化到全球化：东南亚民族问题的时代转型》，《东南亚研究》2006 年第 1 期，第 4 页。

也危及其他国家在这一地区的经济与安全利益。有数据显示，在印度洋地区，约19%的国家遭受着不同程度的冲突；约31%的国家面临着恐怖主义的威胁，也门还成了恐怖集团的基地；印度洋的国家中，约40%的政府面临着政治危机，一些国家政治、社会处于不稳定状态，如巴基斯坦、也门和索马里等国；约52%的国家的领土冲突迟迟不能解决；56%的国家面临着毒品走私、军火、贩卖人口等问题。[①] 该地区自然灾害频发，全球70%的自然灾难都发生在印度洋地区。[②] 政府治理的失效、宗教极端势力的借势壮大、政局的持续动荡、经济的发展缓慢，导致这些国家社会动荡。也门、索马里、伊朗和巴基斯坦等“潜在的危险国家或地区，既是活跃的贸易网络，也是全球恐怖主义、海盗和毒品走私的网络”。[③] 近年来，印度洋地区不断上升的海盗和武装抢劫问题也对各国在这一地区的经济与安全利益构成威胁。以前，这些问题只是发生在好望角和亚丁湾，而现在已经波及印度洋的全部海域，危及人类日常的海洋活动。国际海事局的报告称，2003—2008年，全球的武装劫持和海盗袭击事件约66%发生在印度洋地区，2009年上升为73%，2011年为65.6%。2011年上半年，在全世界200多起的海上武装抢劫案件中，125起发生在索马里海域。[④] 2008—2010年，船主向索马里海盗支付超过了1.7亿美元的赎金，每艘船的赎金从130万美元增至540万美元。[⑤] 尽管各国都加强了打击海盗的力度，但海上的安全威胁仍未根本消除。

---

① Amit A. Pandya et al., *Maritime Commerce and Security*: *The Indian Ocean*, The Henry L. Stimson Center, February, 2011, pp. 99 - 100 (http://www.stimson.org/images/uploads/research-pdfs/March4_ -_ Full.pdf).

② Lee Cordner, "Rethinking Maritime Security in the Indian Ocean Region," *Journal of the Indian Ocean Region*, Vol. 6, No. 1, June 2010, p. 75 (http://www.tandfonline.com/doi/pdf/10.1080/19480881.2010.489671).

③ Robert D. Kaplan, "Center Stage for the Twenty-first Century: Power Plays in the Indian Ocean," p. 17.

④ ICC International Maritime Bureau: "Piracy and Armed Robbery Against Ships: Report for the Period of 1 January-30 June 2011," p. 5, p. 7 (http://www.icc-deutschland.de/fileadmin/icc/Meldungen/2011_ Q2_ IMB_ Piracy_ Report.pdf).

⑤ Mark Kirk, "Ending Somali Piracy against American and Allied Shipping," May 2011, p. 1 (http://www.kirk.senate.gov/pdfs/KirkReportfinal2.pdf).

第三节　印度洋地区的地缘经济概况

印度洋地区经济在21世纪的第一个十年里，总体上保持了较高的经济增长。就2011年而言，印度洋地区的经济增长水平远远高于世界经济增长和发达经济体的增长，整体经济增长率达到5%。①

一　印度洋地区不断提高的经济潜力

进入21世纪以来，印度洋地区的经济增长势头不断提高。其中，南亚地区的经济增长最为显著，从2003年开始，南亚地区连续5年保持了高于7%的增长率，2007年上升至9%，2008年受金融危机影响下降到3.9%，2009年又迅速回升到7.4%，2011年保持在6.5%。② 西亚中东地区在2002—2008年的经济增长率保持在4%—7%，2009年降到0.5%，2011年恢复至6.5%；东部非洲地区2005—2008年曾有过5%—6%的经济增长率，2009年降到1.8%，2011年又回升至3%。③ 2009—2010年，东南亚国家的贸易均呈两位数增长，其中印度尼西亚为37.5%，马来西亚为29.7%，泰国的年增长率为34.5%。经过多年的平稳增长，泰国、新加坡、印度尼西亚、马来西亚等国家已经成为世界上极具规模的经济体，各国之间的经济与人员往来越来越密切。缅甸作为逐渐开放的投资市场，在人口和资源上占据优势；印度尼西亚的基础设施建设市场潜力大，政府自2002年累计用于公路、铁路、港口、机场、发电站等项目的投资金额达2300亿美元；马来西亚经济发展面临调结构、寻求新增长点的发展时期，国家需进一步完善基础设施建设，以吸引外资和私营资金投入项目建设。④

当今世界，人口已经成为新兴国家和发展中国家经济增长的重要因素，特别是生产年龄人口（15—64岁）人口成为关键指标。从印度洋沿

① 汪戎等：《印度地区形势分析与战略展望》，《印度洋地区发展报告（2013年）》，社会科学文献出版社2013年版，第3页。

② 同上。

③ 同上。

④ 《东南亚经济崛起，投资正当时》，http：//www.caexpo.com/news/info/original/2013/06/14/3595872.html。

岸的南亚国家来看，目前，印度人口总量为12.4亿，不满25岁人口占总人口的比例为49.8%。巴基斯坦总人口为1.9亿，不满25岁人口占总人口的比例为56.9%；孟加拉国总人口为1.65亿，不满25岁人口占总人口的比例为51.6%。印度、巴基斯坦、孟加拉国，加上斯里兰卡、尼泊尔，这5个南亚国家人口总计达16.5亿。这5个南亚国家和东非以及面向印度洋（包括附属海域波斯湾）的中东地区、东盟地区的人口加起来达25亿，且其中一半以上是不满25岁的年轻人口。可见，印度洋地区的人口正占据着世界人口的绝对优势，且人口结构相当年轻。①

除了丰富的年轻人口外，低廉的用工成本也是印度洋地区经济快速发展的有利条件。除沙特等富裕国家外，印度洋沿岸地区工厂劳动者的月薪大概在30—80美元，这与世界其他地区的水平相比，优势显而易见。目前，许多跨国企业开始将劳动密集型产业向印度洋沿岸地区转移。其中，纺织业等行业的工厂现在正加速向印度、孟加拉国、缅甸等国转移。被这一趋势带动，制鞋、皮革类、玩具、日用品、汽车零件等行业的工厂也开始向印度洋沿岸地区转移。

二 印度洋能源供给和运输的重要性

随着经济全球化的发展，以石油为代表的能源是各国发展经济、保障国家安全的重要战略资源。1973年中东爆发阿以战争导致石油危机后，能源安全开始被视为国家经济安全的重要部分。1974年，国际能源总署（IEA）成立，正式提出以稳定原油供应和价格为核心的能源安全概念。②进入21世纪以来，国际能源市场更加跌宕起伏，能源争夺更加激烈。在能源生产国地缘政治的制约、国际恐怖主义袭击的威胁、大国对能源需求的扩增等因素的影响下，能源安全的范畴扩大到供应安全、运输安全和使用安全等。

印度洋在全球地缘经济中的重要性首先体现在它在能源供给和能源运输安全方面的关键地位。就能源的供应而言，印度洋西北部的中东地区享

① 《日刊认为"印度洋经济圈"的发展潜力和增长动向值得关注》，http://www.cetin.net.cn/cetin2/servlet/cetin/action/HtmlDocumentAction; jsessionid=9A4BFFC047F37E9E-F2D66D1D872D5515? baseid=1&docno=493475。

② 颜君聿：《国际能源安全管理课题及其趋势演变》，http://energymonthly.tier.org.tw/Report/201201/9.pdf。

有无可取代的优势地位。根据英国石油公司（British Petroleum，BP）的统计，截至2012年底，世界原油探明储量为16526亿桶，其中，中东地区的原油探明储量为7950亿桶，占世界总储量的48.1%。① 但由于该地区富藏能源矿产的国家大都位于充满冲突和恐怖主义的政治不稳定地区，因此能源供应的可靠性较差。有学者推测，亚洲和发展中国家对波斯湾石油需求量的增长将是未来20年影响印度洋地区石油产业活力的决定因素之一。②

在能源运输方面，由于以北美、亚太、西欧为主的世界石油消费区域和以欧佩克等为主的世界石油储产量区域之间存在天然的地理距离，作为连接大西洋和太平洋、欧洲和亚洲航程最短的通道，印度洋海上通道的稀缺性和不可替代性更加凸显。根据联合国贸易及发展会议（United Nations Conference on Trade and Development，UNCTAD）的数据，2006年，约85%的全球贸易量（约71亿吨货物）要经过海上运输，至少有4.6万艘船舶在全球停靠4000多个港口，全球船员及港口的工人超过130万，全球主要消费品每年约需150万个集装箱运载。③ 作为涵括47个国家和地区的世界第三大洋，有数据显示，每年通过印度洋的船只多达10万艘，包括2/3的油轮、1/2的集装船箱、1/3的超大货船。每年经印度洋的双向国际贸易将近1万亿美元。④ 此外，70%的石油制品的货物运输经印度洋运往太平洋地区。该运输路线途经阿曼湾和亚丁湾等世界上最为主要的海上石油运输线，以及曼德海峡、马六甲海峡、霍尔木兹海峡等全球贸易的主要战略要点。世界贸易的40%经过马六甲海峡，交易原油总量的40%从霍尔木兹海峡输出。⑤ 除石油、天然气资源外，印度洋沿岸还是矿砂、橡胶、棉花、粮食等资源的一个重要出口地，该地区的化工产品、进

---

① "BP Statistical Review of World Energy", June 2012, p. 6.

② Rupert Herbert-Burns, "Energy in the Indian Ocean: Vital Features and New Frontiers", *Indian Ocean Rising: Maritime Security and Policy Challenges*, ed., David Michel, Russell Sticklor, Chapter Six. (http://www.stimson.org/images/uploads/research-pdfs/IOR_ chapter6.pdf)

③ Akiva J. Lorenz, "Al Qaeda's Maritime Threat", April 15, 2007, p. 14. (http://www.maritimeterrorism.com/wp-content/uploads/2008/01/al-qaedas-maritime-threat.pdf)

④ Lee Cordner, "Rethinking Maritime Security in the Indian Ocean Region", *Journal of the Indian Ocean Region*, Vol. 6, No. 1, June 2010, pp. 75 – 76.

⑤ Robert D. Kaplan, "Center Stage for the Twenty-first Century: Power Plays in the Indian Ocean", pp. 19 – 20.

口水泥和机械产品等大宗货物都依靠海运。此外，大量的过境运输，使印度洋拥有着约全球1/6的货物吞吐量，近1/10的货物周转量。印度洋及其战略要点构成了当今最为重要的航线之一，对东西方国家来说，印度洋是“海上生命线”。全球化进程的快速发展，美国产业的升级，欧洲、发展中国家开始大规模的工业化，印度洋在国际货物运输上发挥的能力和作用还将进一步提升。

第四节 印度洋地区的地缘安全与军事概况

印度洋的地缘安全与军事地位主要体现在：首先是要关系到本地区的各国的国家安全，其次关系到域外大国的安全性与战略部署，最后关系到对印度洋军事基地利益攸关国家的重要地位。

一 印度洋对域内国家的安全与军事战略意义

在第一个层面，印度洋与印度这一地区最大、最重要国家的核心利益有着极为密切的关系。在古代历史上，印度的航海业非常发达，并通过印度洋与罗马帝国、阿拉伯帝国建立起密切的贸易和文化联系。而在近代历史上，印度洋带给印度的是被殖民的屈辱历程。从15世纪末达·伽马绕道好望角到达印度后，葡萄牙、荷兰、英国和法国等欧洲强国展开了对印度洋的争夺。印度也在1757年普拉西战役以后逐步沦为英国殖民地。

澳大利亚是一个四面环海，拥有印度洋地区最大的海事管辖面积的国家。澳大利亚“在印度洋的专属经济区面积达到388万平方公里。而印度的专属经济区面积只有231万平方公里”。[①] 根据最新的联合国大陆架委员会的决议，澳大利亚可以使其经济水域扩大250万平方公里，并使其大陆架延伸面积达202万平方公里，从而使其在印度洋地区的海事管辖权面积几乎达到600万平方公里。[②]

近年来，基于对伊朗“核设施”和伊斯兰极端主义的担忧，美军加大了在印度洋上的军事存在，这直接对伊朗的国家安全构成威胁。2012

① Sam Bateman and Anthony Bergin, “Our Western Front: Australia and the Indian Ocean”, Australian Strategic Policy Institute, March 2010, p. 12.

② Ibid.

年，伊朗核问题升温，美国为遏制伊朗发展核武器对伊朗中央银行实施经济制裁并鼓动世界各国停止进口伊朗石油。面对美国的制裁，伊朗多次威胁要封锁霍尔木兹海峡作为还击，并在海峡附近进行多次大规模军演，由此可见，印度洋尤其是霍尔木兹海峡对伊朗的国家安全具有重大的战略价值。此外，霍尔木兹海峡对伊朗经济安全也至关重要。截至 2011 年底，伊朗探明的石油储量约 1512 亿桶，占全球总量的 9.1%；天然气储量为 33.1 万亿立方米，占全球总量的 15.9%。石油日产量为 432.1 万桶，虽比 2010 年下降了 0.6%，但仍占全球日产量的 5.2%；天然气年产量为 1518 亿立方米，比 2010 年增长了 3.9%，占全球总产量的 4.6%。[①] 除了石油出口外，伊朗 85% 以上的进出口贸易都要通过霍尔木兹海峡，因而，霍尔木兹海峡及其周边海域对于伊朗的经济安全同样意义重大。

对这一地区其他主要国家而言，印度洋对这些国家的核心利益也至关重要。随着印度海洋战略的实施和印度海上力量的增强，巴基斯坦的海上安全面临的挑战也在增大。如果遭到封锁，尤其是石油资源一旦被切断，巴基斯坦的经济将难以维系。[②] 南非是非洲最发达的经济体，政治相对稳定，经济持续发展，是环印度洋安全合作中一支重要的力量。

二　印度洋对相关域外国家的安全与军事战略意义

在第二个层面，印度洋对美国、俄罗斯、中国和日本等在印度洋地区具有重要战略影响力的大国也有重要的地缘战略意义。作为全球政治、经济大国的美国，其对海权的控制不会局限于美国的东西两侧的大西洋、太平洋。除迪戈加西亚基地外，美国还在位于波斯湾中部的巴林岛建立了美国海军在印度洋海域的第二大基地——麦纳麦海军基地，美国海军第 5 舰队驻扎于该地。

俄罗斯海军在冷战结束后因为经济原因大幅度缩减了其在全球的战略部署和军事行动，然而在普京上任后，即便面临在经济的困难，也非常重视对海军的投入。俄罗斯海军分别在 2003 年和 2005 年派遣了黑海舰队和太平洋舰队参与了俄印“因德拉—2003”和“因德拉—2005”海上联合

① “BP Statistical Review of World Energy”, June 2012, pp. 6、8、20、22.

② ［巴］阿萨德·汗：《在印度洋建立新的战略平衡》，尤东晓编译，《当代海军》2001 年第 7 期，第 16 页。

军事演习。这表明了俄罗斯欲重回印度洋的决心，同样也是俄罗斯对印度洋战略控制的表现。

中国人很早便开始重视海洋的地缘安全。早在15世纪前叶，郑和率领当时最强大的海上船队，巡访了印度洋沿岸的诸多国家。鸦片战争后，中国无法应对主要来自于海上的国家安全威胁，战争的落败、海权的丧失致使中国受制于海洋大国。印度洋曾是列强入侵中国的前进基地，第二次世界大战期间，日军经印度洋占领缅甸并将侵略触角延伸至边疆云南。冷战期间，在印度洋的美国潜艇能将其导弹射程延伸至中国的全部领土。除遭受西方强国的威胁外，中国在印度洋地区面临的一大难题是国内的西藏问题和中国与印度的领土争端。从地理上看，印度次大陆与中国的西部省份相邻。印度洋与南中国海相接。从军事的角度看，它与马六甲海峡互相呼应，互为犄角，在非常时期可以扩展中国海上防线的战略纵深，对于缓解所谓的“马六甲困境”有着不容忽视的意义。

受第二次世界大战后的国际制裁和法律制约，在相当长一段时期内，日本无法发展自己的军事力量，更无法染指印度洋。然而“9·11”恐怖袭击的发生，促使日本有了突破国际限制框架借口，修改并拟订了日本自卫队的权限。为了突破国际对日本军事的限制，日本出台了《恐怖对策特别措施法》。伊拉克战争爆发后，日本政府通过了《有事法制三法案》和《伊拉克重建支援特别措施法》，向美军提供后勤援助。① 同时，派遣了新型的“宙斯盾”级驱逐舰前往印度洋。此外，日本不断深化与新加坡、印度、美国、印度等国的关系，以加强在维护军事防务方面的交流与合作，并派遣海上自卫队多次在印度洋举行联合海上军事演习。印度洋已经成为日本海上自卫队力量与能力增长的战略场。

三　印度洋上重要的海军基地

在第三个层面，印度洋上重要的海军基地对印度洋周边地区和域外大国也有重要的军事意义。按照美国海权之父马汉的理论，海军生存的根据地是海军基地，也是海军实施海上攻击的出发地。印度洋地区的47个国家中，有36个国家连接着印度洋，港口众多，海岸线漫长，岛屿密布。

---

① 初晓波：《身份与权力：冷战后日本的海洋战略》，《国际政治研究》2007年第4期，第100页。

西方的一些战略分析家认为，“与太平洋和大西洋不同，印度洋的重要战略问题是与印度洋以外的国家有关的问题”，欧洲、美国和日本的贸易，欧洲国家残存的殖民利益，以及世界主要国家追求全球性竞争和利益等行为，均凸显了“印度洋的出入口和沿岸国家可供外来国家使用的设施的重要性”。[①]

迪戈加西亚岛的正西方是东非肯尼亚，正北方依次是阿拉伯海、波斯湾、南亚次大陆和孟加拉湾，西北方是红海的亚丁湾，东北方是安达曼海，东方是马六甲海峡和澳大利亚。[②] 现在，它是美国海军实施“由海向陆”作战和保持前沿存在的重要依托。几十年来，迪戈加西亚军事基地利用其地理优势监视着西南亚、非洲大陆和中东的举动，其军事战略可谓举足轻重。除了作为支援前线作战的后勤补给基地外，迪戈加西亚还是美国反恐的重要支点。迪戈加西亚位于印度洋中央，可以对过往印度洋、进出红海、波斯湾和航经马六甲海峡的船只及该空域内的飞机进行有效监控。一些美国学者认为，“迪戈加西亚距离中国从中东和非洲通过印度洋、马六甲海峡、南中国海进口石油的运输线最近，可以用来制约中国”。[③] 为了发挥迪戈加西亚的最大效用，美于2008年开始了计划投资约2.32亿美元，推动总共四个阶段的改造计划，欲使其成全方位的海军军事基地和完备的后勤补给中心。[④] 这对美国为保持其全球的战略支配地位起着至关重要的作用。

作为亚洲目前最大的海军基地，同时也是印度海军的第一个专用军港——卡达姆巴海军基地，具有自然优厚的条件。这片水域较为宽广，且有为海湾提供军事安全保障的近海岛屿和为舰艇停泊的深水区域。而基地环绕的高山、广袤的丛林可以有利地躲避军事侦察；潜艇等军事设备可以隐蔽地藏于岛屿岩石形成的隐蔽坞内，此外拥有得天独厚优势的港口修

① A. J. 科特雷尔、R. M. 伯勒尔编：《印度洋：在政治、经济、军事上的重要性》，上海人民出版社1976年版，第91—92页。

② 陈安刚：《美国不沉的航母——迪戈加西亚》，《航海》2004年第2期。

③ David L. O. hayward, “China in the Indian Ocean: A Case of Uncharted Waters”, *Strategic Analysis Paper*, July 2010, p. 6. (http://www.futuredirections.org.au/files/1278316375 - FDI%20Strategic%20Analysis%20Paper%20 - %2005%20July%202010.pdf)

④ David L. O. hayward, “China in the Indian Ocean: A Case of Uncharted Waters”, *Strategic Analysis Paper*, July 2010, p. 6.

筑，完善后便可供保证航母及其他舰船的进出和停泊。这在面对紧急危机下的军事疏散或撤离是有极大帮助的。虽然基地地处受季风一年两变影响的印度洋，但优良的地理位置使之很少受到季风造成的重大影响，战舰几乎可以全年在这里休整停泊。[①] 除此之外，印度卡达姆巴海军基地拥有先进、齐全的军事设备，是除孟买、维沙卡帕特南以外的最为重要的军事基地，这对印度在将来的海军作战舰队的部署和调动起着至关重要的作用。印度海军计划在此部署包括航母、驱逐舰、隐形护卫舰和即将从西方国家军购的常规潜艇等众多先进武器装备。

建设卡达姆巴海军基地的长远战略目的，是印度凭借其得天独厚的地理位置意图监视领边国家海军的动向，以确保海域内的航线的安全，这极大地有利于提高印度在印度洋西部海域的作战能力。此外，通卡达姆巴海军基地，印可以实现控制阿拉伯海从而达到控制整个印度洋的长远战略目标。此外，正在打造的西部海军城堡弥补了印度在阿拉伯海的孟买和卡尔瓦尔海军基地的不足，为实现控制整个印度洋的战略目的提供了有利条件。

安达曼—尼科巴群岛由300多个岛屿组成，位于印度洋的东部边缘，呈南北走向，绵延750公里，且与印度次大陆主体形成环抱孟加拉湾之势，战略位置非常重要。从在印度洋上的战略部署来看，安达曼—尼科巴群岛既是印度保卫印度半岛安全的前哨，也是印度进行海上扩张、进入南亚、亚太的前进基地。早在20世纪60年代，印度就开始在该群岛修建海军基地，设立联合司令部，使其成为印度海军的第三个作战中枢，也使印度海军防卫向前推进了1000多海里。凭借这一群岛的重要战略地位，印度在印度洋上不仅可以实现强大的军事存在，还可以向太平洋地区渗透，实现海军远洋纵深作战；印度海军能更加容易地进入太平洋，同时有效地阻止区外国家海军驶入印度洋海域。印度通过孟加拉湾沿岸的维沙卡帕特南海军基地与安达曼—尼科巴海军基地，基本实现了对孟加拉湾的控制。

---

① 管严、刘馨忆：《亚洲最大的军港——印度“卡达姆巴海军基地”揭秘》，《解放军报》2005年7月13日。

第二章　印度洋战略格局的演变

印度洋地区战略格局的肇始主要是从西方殖民国家进入印度洋地区开始的，在西方殖民主义国家进入印度洋之前，印度洋地区国家之间只存在零星的联系，并没有形成有效的战略安全关系和战略互动。从西方殖民主义国家进入印度洋地区至今，印度洋战略格局大致分为三个主要阶段。

印度洋战略格局第一个阶段的主要特征是西方殖民国家对印度洋地区主导权的争夺，葡萄牙、荷兰、法国、英国等先后进入印度洋，并建立殖民地。在西方列强争夺对印度洋地区主导权的争夺过程中，由于英国国家实力相较其他西方列强更为强大，英国逐渐在争夺过程中取得优势地位，并最终在印度洋地区建立了霸权地位。第二个阶段的主要特征是冷战时期美苏两国进入印度洋，并对印度洋地区主导权进行争夺。美苏两国对印度洋主导权的争夺是在两国全球争霸的背景下进行的，印度洋是两国全球争霸的重要区域之一。第三个阶段主要是以美印中三国在印度洋地区的互动为特征。冷战后初期美国成为印度洋地区霸主，但是随着中印两国经济崛起、日益具有蓝水海军能力、越来越多地参与印度洋地区事务，印度洋战略格局正在由美国“一家独霸”转向三国相互制衡与合作。

第一节　冷战前印度洋的战略格局

15 世纪之前，印度洋主要由印度洋地区沿岸国家控制，当时印度洋地区沿岸人民主要通过海上交通进行贸易，同时阿拉伯人则将印度次大陆的香料等商品通过陆路与欧洲国家进行贸易往来。随着 15 世纪葡萄牙航海家达·伽马发现了另一条通往印度洋的道路——绕过好望角到达印度洋地区，欧洲殖民者和商人开始疯狂地进入印度洋地区，他们将印度洋视为扩展殖民地和与远东地区进行贸易的交通要道。葡萄牙人、荷兰人、法国人、英国人先后通过印度洋海上通道占领了部分印度洋沿岸地区。由于英国海上力量较其他欧洲国家更为强大，英国逐渐在与其他列强的竞争中取得优势地位，英国皇家海军继而也成为印度洋地区最强大的海军力量，并控制了印度洋地区的主要战略要冲。历史上，各个大国对印度洋争夺的主要目标是掌握战略要冲，掌控进出印度洋的战略要道，确保本国海洋航线的安全并掠夺印度洋地区的财富和资源。①

冷战之前，印度洋地区战略格局的主要特征是英国在印度洋地区的霸权地位，其主导地位主要是由英国进行工业革命后进行的殖民扩张造成的。从18世纪开始，英国通过殖民战争占领了印度次大陆、东南亚、中东、非洲海岸、印度洋的海岛等广阔地区，印度洋此时已经成为英国的“内湖”。② 印度在英国扩展其印度洋战略的过程中扮演了至关重要的作用。1757年英国在普拉西战役中打败印度后，印度逐渐成为英国的殖民地，英国则以印度为跳板，向印度洋海域以及东、北、西三面扩张势力范围。③ 英国通过在印度洋沿岸地区不断征服殖民地，确立了印度洋的海上霸主地位，成为印度洋海上交通线的主导力量。在军事征服的同时，英国加紧发展与印度洋地区国家的贸易联系，增强国家实力。

18世纪下半叶，英国拥有印度洋地区最强大的海上力量，但是法国、荷兰等传统殖民地强国仍然对印度洋地区战略格局发挥着重要作用。法国希望重新恢复并拓展其在印度洋地区的战略地位，而随着英国占领好望角之后，法国通过好望角进入东方越发困难，因此法国积极寻找进入印度洋地区的其他渠道。在此背景下，法国开始谋划通过占领埃及并开凿运河，加强其在印度洋地区的存在。在18世纪末，法国政府任命拿破仑为东方军司令，远征埃及，开凿运河，但是由于工程技术原因和欧洲局势等因素，法国最终放弃了开凿运河的计划。④ 但是在埃及开凿运河沟通地中海和印度洋同样引起了英国的注意，英法开始对开凿运河进行斗争，后来随

① 刘中民：《世界海洋政治与中国海洋发展战略》，时事出版社2009年版，第330页。

② Ashley Jackson, “The Royal Navy and the Indian Ocean Region Since 1945”, *The RUSI Journal*, Vol. 151, No. 6, p. 78.

③ 郑励：《印度的海洋战略及印美在印度洋的合作与矛盾》，《南亚研究季刊》2005年第1期，第113页。

④ 赵军秀：《评英法开凿苏伊士运河的矛盾》，《世界历史》1994年第4期，第29页。

着事态的发展，英法两国对苏伊士运河的开凿的斗争逐渐表面化。[①] 英法两国在运河问题上的斗争，主要是对进入印度洋地区战略要道的争夺，如果苏伊士运河开通，运河将成为沟通西方列强与其东方殖民地的咽喉要道，谁控制了运河，必将处于某种战略优势地位。英法看似是在对运河建设进行争夺，实质上双方是在争夺今后两国在印度洋地区的战略主导权。

英国担心法国通过开凿运河挑战英国的海上霸主地位，使其丧失控制印度洋地区的优势地位。但是鉴于在法国的极力支持下，运河开凿已经提上日程，英国开始介入其中，最后英法两国在运河开凿等方面达成妥协。运河开通后，埃及对英国与印度洋地区殖民地的联系越发重要，英国通过运河维系和加强了其对亚非地区的控制和掠夺，同时考虑到运河地区的重要性，最终在 1882 年通过军事手段占领了埃及。[②] 英国占领埃及后，就控制了西方殖民国家进入印度洋地区的战略通道，更增强了其在印度洋地区的霸权地位。

此后，英国与其他西方列强加强了对印度洋地区西岸—非洲地区的侵略和掠夺。英国开始在非洲尽可能多的夺取殖民地，建立“从开普敦到开罗”殖民帝国，英国在非洲扩展殖民地主要是在 1885 年以后，英国的扩张主要包含以下内容：加紧侵略和征服非洲人民，拼命与其他列强争夺地盘，完成对非洲的瓜分和再瓜分。[③] 随着英国在非洲的殖民扩张，英国在非洲建立了庞大的殖民帝国，成为印度洋西岸地区的主要强权。在经营非洲殖民事业的同时，英国也加紧了对印度洋东部海岸地区的控制。1886 年英印政府吞并了缅甸；1895 年英国将在其保护之下的霹雳、雪兰莪、森美兰和彭亨四个邦联组成马来联邦，首都设在吉隆坡；1888 年文莱接受英国的保护，并最终沦为英国的殖民地。[④] 至此，英国以南亚次大陆为中心，控制了印度洋东西两岸的大片殖民地和印度洋上的一些岛屿，由此建立了在印度洋地区的全面霸权地位。当时，在印度洋地区也存在着其他

---

① 赵军秀：《评英法开凿苏伊士运河的矛盾》，《世界历史》1994 年第 4 期，第 31—34 页。

② 于红：《从苏伊士运河的开凿看英法对埃及的掠夺》，《辽宁大学学报》1999 年第 5 期，第 52 页。

③ 高晋元：《19 世纪末英国对非洲的殖民扩张》，《西亚非洲》1983 年第 3 期，第 36—39 页。

④ 何跃：《试析英国在东南亚的早期殖民扩张》，《曲靖师范学院学报》2005 年第 1 期，第 118—120 页。

列强的影响，例如法国和荷兰在印度洋地区也攫取了大片的殖民地，但是其他列强的影响相对较弱，并未对英国的霸权地位形成有效的威胁。

在西方殖民主义者扩展殖民地的同时，印度洋地区人民也逐渐觉醒，开始反抗西方殖民主义者的统治。从19世纪末开始，印度洋地区的本土民族主义浪潮开始兴起。印度洋地区的民族主义浪潮主要有两个来源：第一类是世俗的，很大程度上建立在自由—民主规则之上，就像当年西方的民族主义浪潮一样；第二类则是建立在宗教复兴基础之上，并在很大程度上刺激了宗教狂热和所谓的“吉哈德”伊斯兰。[①] 1905年印度国内爆发了民族革命运动，这场民族革命以“反对分割孟加拉”为导火索，是印度本土资产阶级领导的第一场革命运动。[②] 与此同时，印度洋地区的一些民族主义者也开始不断觉醒，反抗殖民者的统治。然而当时，民族主义者的力量还比较弱小，还没有能力对殖民者的统治进行有效冲击。

20世纪初，欧洲列强之间矛盾不断激化，最终导致了第一次世界大战的爆发。在第一次世界大战期间，虽然印度洋地区并不是列强争夺的中心区域，但是第一次世界大战也对印度洋地区的战略态势造成了重大影响。第一次世界大战中英国保有了其原来在印度洋地区的殖民地，随着奥斯曼帝国的解体，英国还在西亚地区扩展了势力范围。而且第一次世界大战后随着石油作为一种能源资源被发现，西亚在地缘战略中的重要性不断提升，[③] 这引起了西方国家对印度洋地区作为能源产地的重视，增强了印度洋在地缘政治中的战略地位。同时，随着第一次世界大战后民族主义浪潮的加速发展，西方列强也不得不正视印度洋地区风起云涌的民族主义浪潮。

第一次世界大战后，英国在印度洋地区的霸权地位得到巩固，势力不断得到延伸，它依然在印度洋地区的保持着主导地位。英属印度是英国保持其在印度洋霸权地位的基石，然而随着印度国内民族主义浪潮的兴起，英国维持其在印度洋地区霸权地位的柱石不断受到侵蚀，英国在印度洋地区的其他殖民地也面临着相似的境况。同时法、荷兰等国在印度洋殖民地

---

① K. R. Singh, *Indian Ocean Great Power Interventions* (Delhi: Independent Publishing Company, 2006), p. 10.

② 林承节：《殖民统治时期的印度史》，北京大学出版社2004年版，第222页。

③ K. R. Singh, *Indian Ocean Great Power Interventions* (Delhi: Independent Publishing Company, 2006), p. 11.

的统治地位也开始逐渐瓦解。

第二次世界大战爆发加速了西方列强在印度洋地区殖民体系的瓦解。英法等殖民地强国的实力在战争中遭到严重削弱，其在印度洋地区的统治地位也随之下降，而且第二次世界大战的发生也使本土民族主义者的力量得到进一步增强。英国基于南亚次大陆形势的发展，决定从印度次大陆撤出，印巴两国相继独立，同时英国也逐步撤出在东南亚地区的军事力量，英国在印度洋地区的殖民体系逐渐瓦解。此后英国在印度洋地区的霸权地位不断下降，但由于其传统影响力，在第二次世界大战结束后的一段时期内，英国仍然是印度洋地区安全的主要提供者。

第二节　冷战期间印度洋战略格局

冷战时期，国际政治的主要特征是美苏对全世界重要战略地带的争夺，作为沟通非洲、亚洲、大洋洲的重要水域，印度洋也成为美苏争夺的战略地区。历史上作为印度洋地区主导者的大英帝国随着国力的羸弱，逐渐退出了印度洋地区，与此同时，印度从英国殖民统治下赢得独立之后，逐渐成为印度洋地区重要的参与力量。

冷战初期，印度洋地区政治发展面临的主要特征是前殖民地国家纷纷瓦解。从印度尼西亚到埃及以及非洲海岸等地区，民族主义的兴起成为印度洋地区政治发展的主要趋势。经过数年发展，印度洋地区的许多殖民地纷纷独立，成为国际舞台上的主权国家，反殖民化运动直接反对西方国家，同时也影响了新独立国家的外交政策，很多新独立国家选择了支持不结盟运动。① 虽然新独立国家取得了独立地位，然而部分新独立国家依然存在着殖民地国家留下的历史遗产，民族主义者仍然面临着消除殖民地国家残留遗产的重任，此后民族主义者通过艰苦斗争才逐渐取得了对国家发展的主导权。

虽然印度洋沿岸国家对冷战时期的战略格局都产生了不同程度的影响，但是冷战时期印度洋地区战略格局的发展趋势主要由大国所主导，尤其美苏对印度洋地区的力量渗透和角逐成为该阶段的主要特征。本节将主

① K. R. Singh, *Indian Ocean Great Power Interventions* (Delhi: Independent Publishing Company, 2006), p. 13.

要大国的印度洋政策进行讨论，并进而剖析它们的印度洋政策对地区战略格局的影响。

一 二战结束至20世纪50年代

冷战初期，国际政治争夺的焦点水域是大西洋和太平洋，美国和苏联并没有对印度洋投入更多的战略力量，此时印度和西方传统殖民地强国是印度洋上的主要影响力量。特别是南亚地区大国印度，自独立后积极谋求其大国地位。印度首任总理尼赫鲁曾明确表示："印度以它现在所处的地位，是不能在世界上扮演二等角色的。要么就做一个有声有色的大国，要么就销声匿迹。中间地位不能引动我。"① 印度通过思考自己所处的地缘战略环境，认为印度洋可以成为其追求大国地位的主要平台。此外，由于自近代以来被西方国家惨痛殖民，印度部分战略家开始意识到海洋安全对印度国家安全的重要性，并认为只有保证海上安全，才能不使印度遭受外来侵略。

印度早期的战略思想家明显地受到美国海军思想家马汉海权理论的影响，他们积极主张印度应当在印度洋地区发挥主导作用。印度战略思想家潘尼迦最早提出印度应当重视印度洋的战略观念，潘尼迦认为：分析印度防务的各种因素，我们就会明了，从16世纪起印度洋变成制海权的战场，印度的前途就不再决定于陆地边境，而决定于其三面环绕的广阔海洋。② 印度在印度洋地区执行"前进政策"以保证印度对印度洋的控制，③ 印度能继承二战前英国在印度洋地区的首要地位。

虽然印度战略思想家意识到海洋对印度安全和未来发展的重要作用，然而印度独立后并没有采取大力发展海军的政策。主要原因有以下两点：(1) 印度文职政府对海军的轻视。中国学者杨晓萍认为，"印度对海军的发展沿袭了历史思维中'轻海洋'的传统。印度文职政府反对海军扩张，

① ［印度］贾瓦哈拉尔·尼赫鲁：《印度的发现》齐文译，世界知识出版社1956年版，第57页。

② ［印度］潘尼迦：《印度和印度洋：略论海权对印度历史的影响》，德隆、望蜀译，世界知识出版社1965年版，第8—9页。

③ David Scott, "India's 'Grand Strategy' for the Indian Ocean: Mahanian Visions", *Asia-Pacific Review*, Vol. 13, No. 2, 2006, p. 99.

对英国海军的依赖一直持续到英国撤出印度洋之后”。[①]（2）印度独立之后财力有限，而且印度当时主要的战略考量是其南亚宿敌巴基斯坦对其在南亚主导地位的挑战。当时印度将其国防预算主要投入与巴基斯坦的争斗中，印度海军也主要是协从陆军对巴基斯坦进行海上封锁。因此，在印度独立之后，印度在印度洋地区扮演了重要但并非主导型海洋强权的角色。

二战结束后，英国在印度洋地区的军事存在部分削弱。面对风起云涌的非殖民化运动，英国在经过艰难抉择之后，决定放弃在南亚次大陆的殖民统治。尽管在二战后国际地位下降以及南亚国家纷纷独立（印度、巴基斯坦、缅甸相继在1947—1948年独立），英国仍然是印度洋—波斯湾地区的首要强国，在冷战刚刚开始的时候，英国在该地区的重要性不断上升。[②] 然而，1956年埃及总统纳赛尔的苏伊士运河国有化运动是对英国的沉重打击。随着20世纪60年代非殖民化运动的加速，英国、法国、葡萄牙在亚非的殖民地体系纷纷独立。非殖民化运动严重削弱了传统殖民地强国的军事能力，新独立国家不仅放弃了它们与原宗主国的联系，而且许多国家开始与苏联发展密切关系。[③]

由于地理位置的限制，俄罗斯自立国以来，都在积极的寻找出海口。俄罗斯通过历次战争获得了在黑海和远东地区的土地。然而随着世界政治发展，苏联开始将其战略目标转移到印度洋地区。苏联向印度洋地区扩展军事力量是其长期追求的战略，它的构想是通过控制印度洋，在黑海、印度洋、太平洋到日本海的广阔海域上，建成一条连贯欧、亚、非三大洲的海上通道。为了进入印度洋地区，二战后苏联便开始向中东地区进行渗透。[④] 苏联积极发展与中东地区国家的关系，以抗衡美国在中东地区的战略安排，通过增强与印度洋地区国家之间的双边关系，苏联在印度洋地区的影响力稳步上升。

1968年1月，考虑到其国际地位下降和国内艰难处境，英国工党政

---

① 杨晓萍：《南亚安全架构：结构性失衡与断裂性融合》，《世界经济与政治》2012年第2期，第93页。

② Ashley Jackson, “The Royal Navy and the Indian Ocean Region since 1945”, *The RUSI Journal*, Vol. 151, No. 6, p. 79.

③ K. R. Singh, *Indian Ocean Great Power Interventions* (Delhi: Independent Publishing Company, 2006), p. 15.

④ 刘中民：《世界海洋政治与中国海洋发展战略》，时事出版社2009年版，第332页。

府宣布将撤回其在“苏伊士以东”的所有军队。这个决定引起了在印度洋地区存在利益的西方国家的忧虑，当时英国在马来西亚有8万驻军，在艾登有3万多士兵，它们为西方国家提供安全保障。① 在印度洋地区存在传统战略利益的英法等老牌殖民地国家，应对印度洋地区的非殖民化运动，采取了新的努力，即让美国成为西方国家在印度洋地区的新领导者。② 考虑到英国即将退出印度洋地区，美国从美苏争霸全球战略层面考虑，也希望扩展自身在印度洋地区的影响力，阻止苏联势力向印度洋地区扩张。

二 20世纪60—70年代

面对印度洋地区的新局面，美国从20世纪60年代开始经营其印度洋战略。随着美国海军的全球扩张，20世纪60年代初，美国海军希望在印度洋地区建设一个军事中转基地，方便美国海军在印度洋地区的活动。美国认为迪戈加西亚岛最符合美国的战略需求，此时迪戈加西亚群岛正处在英国的控制之下，并且随着英国实力的衰落，英国也希望美国能介入印度洋地区事务，1966年英美两国签署了移交迪戈加西亚群岛的协议，自美国开始谋划其在印度洋地区的战略。刚开始美国在印度洋地区并没有明确的战略目标，获取迪戈加西亚仅仅是为了方便美国海军的军事训练。

英国决定撤出印度洋地区后，苏联也开始积极谋划填补英国留下的权力真空。美苏两国开始在印度洋地区展开对抗，虽然两国没有发生直接军事冲突，但是双方在印度洋地区国家各自代理人间的战争却此起彼伏。③ 从1968年起，苏联开始派出军舰巡弋印度洋，1971年苏联外长葛罗米柯访问印度，印苏双方签订了《和平友好条约》。此外，苏联还与印度洋沿岸国家建立了密切联系，“在毛里求斯路易港、南也门丕林岛和埃塞俄比亚达赫拉克岛及越南的金兰湾等地建立军事基地”。④ 苏联的一系列举动

① Samuel T. Francis, *The Indian Ocean: Its Significant For U. S. Foreign Policy*, Heritage Foundation, No. 14, July 14, 1977, p. 2.

② K. R. Singh, *Indian Ocean Great Power Interventions*, Delhi: Independent Publishing Company, 2006, p. 15.

③ 刘中民：《世界海洋政治与中国海洋发展战略》，时事出版社2009年版，第330页。

④ 杜英：《“印度洋和平区”迟迟未能形成的原因分析》，《安徽师范大学学报》（人文社会科学版）2010年第4期，第451页。

引起了西方国家的密切关注。印度洋水域的封闭性很容易被域外强国所控制，西方国家认为苏联试图通过控制印度洋破坏西方国家的海上贸易交通线。苏联进入印度洋地区是其获得“蓝水海军”能力的自然流露，同时也反映了其整体海军能力和投射力量能力的增长。[①] 印度洋地区丰富的自然资源，尤其是石油资源使该地区在西方国家经济发展中越来越重要。20 世纪 70 年代石油危机的爆发后，能源和海上交通线的重要性更加突出。

苏联在印度洋地区的扩张和石油危机的爆发促使美国开始重新调整其印度洋战略，美国开始扩建海军基地，保证其在印度洋的战略存在。美国认为如果苏联在印度洋的扩张成为事实，印度洋将成为苏联的“内湖”，苏联可以控制西方国家的海上交通线。美国通过一系列战略部署应对苏联的扩张，美国不断提升海军、空军、通信设备以增强其在印度洋地区的力量，其中包括提升迪戈加西亚基地以便使各种类型的美国海军舰船停靠。[②] 通过大规模扩建，迪戈加西亚逐渐成为美国海军在印度洋支援海湾地区作战的重要军事基地，美国极为重视迪戈加西亚岛的战略价值，将其作为控制世界的 8 个“战略岛”之一。[③] 美国扩建迪戈加西亚岛标志着美国开始重新制定其印度洋战略，新战略的重要目标是应对苏联在印度洋地区的扩张行为。与此同时，美国对印度洋地区强国印度进行了威慑，如 1971 年印巴战争中美国派遣“企业”号航空母舰驶入孟加拉湾对其进行海上威胁。

面对印度洋出现的新局面，印度重新思考印度所处的安全环境，开始加重对海军的投入力度。然而由于综合国力所限，印度的海上力量仍然与美苏两国相差甚远，印度依然没有能力成为印度洋地区的主导力量。鉴于印度的现实情况，印度希望印度洋成为和平区，避免印度洋成为超级大国角逐的场所。印度主张维护印度洋地区的安全应当主要由印度洋地区国家承担，任何外部势力都没有必要在印度洋地区驻军。[④] 在印度等相关国家的努力下，1971 年第二十六届联合国大会通过了 2832 号决议《宣布印度

---

① BezboruahMonoranjan, *U. S strategy in the Indian Ocean* (New York, Praeger Publisher, 1977), p. 228.

② Joshy M. Paul, “Emerging Security Architecture in the Indian Ocean Region: Policy Options for India”, *Maritime Affairs*, Vol. 7, No. 1, Summer 2011, p. 32.

③ 刘中民：《世界海洋政治与中国海洋发展战略》，时事出版社 2009 年版，第 336 页。

④ 马嫚：《当代印度外交》，上海世纪出版社 2007 年版，第 199 页。

洋为和平区的宣言》，宣言的目标是确保印度洋成为和平区。然而在冷战的背景下，超级大国对印度洋的争夺不会停止，从印度洋地区撤出军事力量也很难实现。[①] 印度提出“和平区”概念，主要是在自身实力处于弱势的情况下保证自身战略利益的行为，但是印度提出的政策主张并没有改变美苏主导印度洋地区事务的战略格局。此时，印度海军的主要战略对象仍然是巴基斯坦海军。1971 年第三次印巴战争中，由于巴基斯坦的特殊地理位置，印度海军成功地封锁东巴和西巴海上交通线，在肢解巴基斯坦的战争中发挥了重要的作用。[②]

三 20 世纪 70 年代末至冷战结束

20 世纪 70 年代，伊朗爆发的伊斯兰革命以及苏联入侵阿富汗动摇了美国在西亚地区的战略利益。伊朗亲美的巴列维王朝倒台后，新政权对美国采取了敌视政策，甚至扣押了美国在伊朗的外交人员。此时，“美国从太平洋到印度洋的海权链条的北翼彻底崩溃。这时苏联的军事力量距离霍尔木兹海峡仅有 300 英里的直线距离”。[③] 美国对西亚地区发生的政治局势严重关切，并进行了强烈的反制措施。伊朗爆发伊斯兰革命使美国认识到其在印度洋地区军事力量部署的不足之处。在欧洲或者太平洋地区，美国不仅部署了自己的军事力量，而且与这些地区的一些国家拥有军事条约关系。与欧洲或太平洋相比，波斯湾地区并没有类似的部署。[④] 此后，美国增强了在印度洋的海军力量，并将这些力量重点部署在非洲东北部和波斯湾地区，通过加强在上述地区的军事部署，美军取得了关键性的海空便利。[⑤]

美国不仅增强了在波斯湾地区的军事部署，还积极提升与海湾国家的军事关系，特别是沙特。美国意识到在中东地区军事力量和反应能力的不

---

① 杜英：《“印度洋和平区”迟迟未能形成的原因分析》，《安徽师范大学学报》（人文社会科学版）2010 年第 4 期，第 450 页。

② R. N. Misra, *Indian Ocean and Indian's Security* (Delhi, Mittal Publications, 1986), p. 214.

③ 张文木：《世界霸权与印度洋——关于大国世界地缘战略的历史分析》，《战略与管理》2001 年第 4 期，第 19 页。

④ K. R. Singh, *Indian Ocean Great Power Interventions* (Delhi: Independent Publishing Company, 2006), p. 63.

⑤ 万光：《美国全球战略中的中东和海湾》，《西亚非洲》1991 年第 2 期，第 15 页。

足，还提出了快速部署军事力量的理念（Rapid Deployment of Force, RDF）。1980 年，美国宣布提升快速部署军事力量，从其陆军、海军和空军抽出 11 万—15 万士兵，将其空运至波斯湾和其他热点地区。[①]

1981 年里根政府上台后，在重振国威的口号下，美国大力发展军事力量，加强与苏联在全世界的争夺。美国还对其军事资源进行整合以提升在印度洋的战略投送能力，并于 1983 年在佛罗里达成立了中央司令部。里根政府外交政策的重要推动力是反对苏联的“里根主义”。1985 年里根宣布，美国公开支持全世界反对共产主义的革命，无论“自由战士”在什么地方同苏联或其支持的政府进行战斗。美国中央情报局经过美国国会批准向阿富汗的抵抗组织以及安哥拉、埃塞俄比亚的反共分子提供了援助。[②] 在 1980—1988 年的两伊战争期间，美国继续扩大了在海湾地区的影响，特别是 1987 年美国海军在波斯湾的大规模集结。[③] 美国非常担忧敌对的伊朗称霸中东威胁它在中东的主导地位。当时美国在海湾地区集结军事力量，直接目标是针对伊朗，同时也是美国遏制苏联的一种战略部署。[④] 里根政府的全球战略目标是应对苏联的威胁，美国在印度洋地区的战略目标更是非常明确，运用一切可以联合的力量将苏联在印度洋的扩张顶回去，防止苏联利用与印度洋沿岸国家的关系，掌控印度洋海上交通线，威胁美国及其盟友的战略利益。

20 世纪 70 年代，印度受困于国内经济发展问题，其在印度洋地区的影响力仍然有限。然而印度的海军战略目标则进行了部分调整，将紧紧针对巴基斯坦海军威胁的海军战略扩展为保护其不断延伸的海洋利益。1976 年国际海洋法颁布后，印度获得了广阔的专属经济作业区，1977 年英·甘地政府实施了《领海、大陆架专属经济作业区和其他海洋区域法》，将 200 海里以内的沿海水域划为印度的专属经济作业区，总面积达 201.34 万平方公里。[⑤] 印度海洋战略已经不仅要保证海岸线的安全，保护海洋资源不受威胁也成为印度海洋战略的重要目标。印度与苏联之间的准同盟关

---

① K. R. Singh, *Indian Ocean Great Power Interventions* (Delhi: Independent Publishing Company, 2006), p. 63.

② 王玮、戴超武：《美国外交思想史：1775—2005 年》，人民出版社 2007 年版，第 566 页。

③ 万光：《美国全球战略中的中东和海湾》，《西亚非洲》1991 年第 2 期，第 16 页。

④ 同上。

⑤ 张威：《印度海洋战略析论》，《东南亚南亚研究》2009 年第 4 期，第 17 页。

系，使印度方便地获得了苏联海军的帮助。与此同时，印度也开始运用海军力量服务于国家战略，1986 年，印度向南也门派出军舰救援其工作人员，这是印度首次派出军舰到南亚以外区域执行军事任务，它显示了印度不断增长的军事实力和对其海军力量的自信。① 印度海军参与了 1987 年斯里兰卡内战中的维和行动和 1988 年马尔代夫的军事行动。

第三节 冷战后印度洋战略格局

一 冷战后初期印度洋地区的战略格局

冷战后美苏在印度洋地区的角逐不复存在，苏联海上力量从印度洋地区退出。冷战结束对印度洋地区战略格局的影响主要有以下两点：(1) 美国成为印度洋地区海上力量最强大的国家，印度洋成为美国的内湖；(2) 印度洋地区的单边主义行为逐渐取代了多边主义行为，美国领导的单边主义遭到许多大国的反对如法国、德国、俄罗斯、中国倡导的多边主义。② 由于没有了其他力量与美国在印度洋地区进行争夺，美国在印度洋特别是波斯湾地区的外交更加具有单边主义色彩。同时冷战结束使美国的外交战略发生了转变。美国的新战略已经将挑战美国安全的主要焦点由苏联转变为地区冲突与不稳定。③ 美国尤其对中东地区甚为关注，针对伊拉克的扩张行为，美国给予了严厉打击。特别是针对伊拉克入侵科威特，美国率领多国部队对伊拉克的地区扩张进行了打击，防止其他地区强权效仿伊拉克的扩张行为。

美国的战略行为是防止中东地区强国在苏联退出后，填补力量真空。冷战后，美国推行“前沿部署”政策，强调在印度洋地区部署大规模的远洋海军。④ 老布什政府当时的战略目标是，通过海湾战争以及战后中东

① 郑励：《印度的海洋战略及印美在印度洋的合作与矛盾》，《南亚研究季刊》2005 年第 1 期，第 115 页。

② BezboruahMonoranjan, *U. S strategy in the Indian Ocean* (New York, Praeger Publisher, 1977), p. 79.

③ Ibid., p. 81.

④ 转引自楼春豪《印度洋新变局与中美印博弈》，《现代国际关系》2011 年第 5 期，第 27 页。

的秩序安排，确立美国在中东的主导地位，建立一种符合美国利益的地区安全体系。[①] 20 世纪 80 年代，美国对伊拉克和伊朗实施的“双遏制”战略以及老布什政府赢得第一次海湾战争的胜利，使美国增强了在印度洋的军事存在。[②] 通过海湾战争，美国与沙特阿拉伯、科威特、巴林和卡塔尔等中东国家建立了事实上的军事同盟关系，美国实现了在该地区的直接军事存在。[③] 1995 年，美国首次在印度洋西北部的军事基地部署了一支独立舰队，迪戈加西亚继续承担支持美国在印度洋军事行动的角色。[④] 美国逐渐从印度洋海岛走向印度洋地区的周边区域，并获得了在印度洋周边国家部署军事力量的权力。

冷战结束和苏联解体对印度外交政策的影响很大，苏联解体不仅使印度失去了自己在国家舞台上的主要盟友，而且失去了主要的经济援助和军事援助。更重要的是，从战略层面考量，冷战时期印度在印度洋地区主要的对手美国，成为印度洋地区唯一的超级霸权。

除了国际上面临的危机，此时印度国内也遭受了严重的经济困难。1990 年印度谢卡尔政府由于国大党（英）撤销支持沦为看守政府。在谢卡尔政府看守期间，印度财政开支失控，物价飞涨；海湾战争引起了石油价格飞涨，而战乱的发生造成在中东的印度劳工寄回的汇款减少并造成了大批印侨撤回国内。[⑤] 在海湾战争的初始阶段，考虑到印度与伊拉克的传统关系，印度执行了模糊政策，随着事态的发展，印度的政策出现了变化，要求伊拉克遵守联合国决议从科威特撤军，支持联合国授权使用武力，但不参与美国领导的多国部队。[⑥]

面对国内经济困难和苏联解体，印度的海军发展也深受影响，印度很难通过苏联的帮助发展海军。苏联解体中断了印度舰船和武器的主要来源，印度海军发展近乎停滞，1988—1997 年印度海军没有任何新的舰船部署，印度海军实力不断缩水，舰龄老化，旧的舰只继续部署，没有新的

---

① 王京烈：《美国中东政策的演变与发展》，《西亚非洲》1993 年第 4 期，第 14 页。

② P. V. Rao, “Indian Ocean Maritime Security Cooperation: the Employment of Navies and Other Maritime Forces”, *Journal of the Indian Ocean Region*, Vol. 6, No. 1, June 2010, p. 130.

③ 刘中民：《世界海洋政治与中国海洋发展战略》，时事出版社 2009 年版，第 336 页。

④ 马嫂：《试析印度的海洋战略》，《太平洋学报》2010 年第 6 期，第 75 页。

⑤ 孙士海：《印度的发展及其对外战略》，中国社会科学出版社 2000 年版，第 92 页。

⑥ 马嫂：《当代印度外交》，上海世纪出版集团 2007 年版，第 198—199 页。

舰只替换它们。[①] 另外的原因是，冷战后印度开始重视国内经济发展，寄希望于通过国内经济改革提升国家实力，并将有限的资金投入到经济发展，印度的外交政策开始为经济发展服务。

随着20世纪90年代国内经济改革的深入，印度经济走向了快速发展时期。印度开始有更多的资源投入到国防建设，而且随后1998年的印巴核危机，也促使印度转变陆海战略。1998年印巴两国相继进行核试验之后，南亚次大陆已经形成了一种战略平衡态势，巴基斯坦通过核武器弥补了其常规武器的不足，印巴之间形成了“核平衡”。这种状况的出现促使了印度转变安全战略，印度国防开始重视广袤的印度洋地区。“印度核武器试验后，印度国防安全重心及相应的国防资源加速地向印度洋倾斜”。[②] 1998年印度海军首次发布《战略防务评论》，阐述了海军目标以及运用海军力量的手段等，[③] 同时表述了其海军战略：强调印度必须拥有足够的海上军事力量，不仅能够包围而且还能扩张它的海上利益，更能够威慑其他海洋国家对它的海上挑衅，积极应对区域外大国对印度周边地带的干涉。[④] 1998年印度在孟加拉湾的安达曼—尼克巴群岛组建了远东海军司令部，该司令部除了扩大对印度洋的控制，还进一步将其海军力量延伸到了太平洋。[⑤] 这标志着印度海军在保卫本土及其附近海域安全的同时，开始将其海军影响向太平洋地区溢出。

冷战后，中国与印度洋地区国家的联系越来越多，印度洋在中国外交中的地位逐步提升，中国成为印度洋地区主要的参与力量之一。冷战时期，随着中苏两国之间矛盾激化，中国对苏联的全球扩张非常敏感，特别是苏联与中国周边国家的交往更是引起了中国的高度关注，中国担心苏联

---

① David Scott, “India's ‘Grand Strategy’ for the Indian Ocean: Mahanian Visions”, *Asia-Pacific Review*, Vol. 13, No. 2, 2006, p. 105.

② 张文木：《论中国海权》，海洋出版社2010年版，第123页。

③ James R. Holmes, Andrew C. Winner and Toshi Yoshihara, *Indian Naval Stratedy in the Twenty-first Century* (New York, Routledge, 2009), p. 62.

④ 转引自陶亮《印度的印度洋战略与中印关系发展》，《南亚研究》2011年第3期，第56页。

⑤ 郑励：《印度的海洋战略及印美在印度洋的合作与矛盾》，《南亚研究季刊》2005年第1期，第116页。

从北、西、南三个方面包围中国。最初中国的印度洋政策是应对苏联。[①]但是冷战后随着中国经济的持续崛起，中国与印度洋地区国家的联系增多，在印度洋地区的海外利益也逐年上升，许多印度洋地区国家成为中国的重要贸易伙伴。

印度洋地区是世界重要的能源产地，伴随着中国经济的发展，中国需要大量的能源资源，印度洋地区的能源资源正在中国经济发展过程中发挥着越来越重要的作用。在贸易和能源因素的作用下，中国越来越关注印度洋海上交通线的安全，尤其是进入印度洋地区的重要战略要冲越来越引起中国的关注。同时中国经济利益的延展也使自己在印度洋地区的海外利益不断扩展，中国在印度洋地区的投资越来越多，因此保证海外利益的安全成为新的因素。上述因素促使印度洋在中国外交中的战略地位不断上升。

冷战后苏联解体，其势力退出了印度洋地区，美国成为印度洋地区的唯一霸主。苏联退出印度洋战略争夺后，印度洋地区大国试图填补苏联遗留下的战略空白，印度洋地区局势变得日益复杂。伊拉克入侵科威特，使美国开始认真考虑地区大国填补力量真空的战略意图。面对复杂的地区态势，美国决定采取“强制性干预”，打击伊拉克，借以加固其印度洋霸权地位。通过对伊拉克的军事打击，美国增强了与中东地区国家的战略联系，并加强了军事部署，霸权地位得到进一步巩固，继而取得了印度洋地区的“超霸”地位。与此同时，苏联的解体一度导致印度海军力量下降，但是随着经济崛起步伐不断加快，印度海军战略实力重新得到提升。特别是印巴在陆上实现恐怖“核平衡”后，印度开始将国防发展的战略重心向海洋转移，加速了海军现代化建设。随着改革开放政策深入发展，中国经济增长迅猛，与印度洋地区国家的联系日益增多，且印度洋也是中国重要的能源通道，所以冷战后中国在印度洋的影响也不断提升。

纵观该阶段局势发展，由于苏联解体，美国在印度洋地区已没有了实力相当的挑战力量，且美国通过海湾战争加固了在印度洋地区的军事存在，因此美国对印度洋地区的控制达到了“全盛”状态，获得了绝对主导地位。印度在该地区的影响力开始不断上升，已经显现出印度洋地区海军大国的潜力。由于与印度洋地区国家的经济联系，中国开始涉足印度洋

---

① P. V. Rao et al. eds. , *India and Indian Ocean*: *In the Twilight of the Millenium* (New Delhi: South Asian Publisher, 2003), p. 216.

地区，成了印度洋地区的参与力量。

二 “9·11”之后印度洋地区的中美印博弈

“9·11”之前，美国通过原有的优势地位以及海湾战争后的战略部署，形成了在印度洋地区一家独大的局面。然而进入21世纪以来，随着亚洲新兴经济体的崛起，亚洲许多国家正在成为全球秩序中的新角色，影响全球秩序和地区秩序的制定。全球权力转移正在向亚太地区倾斜，各个大国对海洋的关注目光也开始由“大西洋—太平洋地区”向“太平洋—印度洋地区”转移。[①] 特别是新兴大国中国和印度的崛起，使它们与世界经济的联系越来越紧密，越来越重视海洋利益在国家发展过程中的作用。

同样伴随着中印崛起，两国也开始从陆上大国向海洋国家转变，印度和中国也逐渐成为印度洋地区的积极参与力量。“9·11”恐怖袭击后，美国发动了针对基地组织的全球反恐战争，打击威胁美国本土安全的恐怖组织，同时加强对印度洋地区的控制。美国在印度洋地区的总体战略是，摧毁“基地组织”的巢穴，剿灭塔利班残余分子，进而控制从地中海到帕米尔的广袤地带，控制中亚、中东的能源资源和战略通道。[②]

美国在印度洋地区打击恐怖分子的同时，也在积极寻求印度洋地区国家的支持，特别是印度和巴基斯坦的支持。美国尤其对印度寄予了很大希望，认为印度可以成为地区安全的提供者。借着美国全球反恐的契机，印美关系得到了极大发展，美国取消了印度核试验后对印度的制裁措施，同时印度也前所未有地向美国提供了全方位的合作，让美国使用其军事基地。[③] 此外，2008年11月发生在印度最大商业城市孟买的恐怖袭击也说明恐怖分子已经开始通过海上交通冲击印度本土安全，印度也需要加强与美国在印度洋上的合作，防止恐怖分子通过海路发动针对印度本土的恐怖袭击。在联合打击恐怖问题上，印度和美国找到了契合点。在对巴基斯坦问题上，印度同样需要美国向巴基斯坦施压。美国和印度还在维护印度洋

---

① 时宏远：《美国的印度洋政策及其对中国的影响》，《国际问题研究》2012年第4期，第68页。

② 王丽华：《印度洋海权之争——地缘政治视角下的美中印三角博弈》，《云南行政学院学报》2005年第6期，第105页。

③ 张贵洪：《超越均势：冷战后的美国南亚安全战略》，浙江大学出版社2007年版，第132—133页。

地区安全和稳定方面拥有一定合作基础，特别是在保障海上交通的安全领域。

在应对印度洋地区的“失败国家”和海盗方面，印度和美国也拥有共同的合作利益。印度洋地区一直以来是海盗活动的猖獗区域之一，1994—2004 年，印度洋地区东部海盗活动最为猖獗的马六甲海峡和印度尼西亚海域，一共发生了 1050 起海盗袭击事件；同一时期索马里海域仅发生 75 起。① 2006 年底，埃塞俄比亚出兵索马里之后，索马里国内局势持续恶化，该国的海盗也日益猖獗。② 随着时间的推移，印度洋西部地区的海盗活动更加猖獗。

印美两国在上述问题上存在合作，但是两国在对于未来印度洋地区主导权的问题上存在着矛盾。二战后，美国外交的最重要目标是维护和保持其霸权地位，③ 它不希望在任何区域有任何强权挑战其主导地位。特别是印度洋正在成为世界政治中的焦点区域，美国显然并不希望出现挑战其主导权的力量。现在印度可以成为美国的合作伙伴，然而如果印度挑战美国的主导地位，美国肯定会与印度发生冲突。在目前，印度洋大国博弈格局中，美印矛盾其实是真正的主导性矛盾，也是一种不可协调的矛盾。印度正在试图强力挑战美国在印度洋的主导权。④

印度在 1998 年进行核试验后，将其安全重心从陆上调整到印度洋，从根本上是对其主要威胁的判断发生了变化。在陆上，印度的主要对手是中国和巴基斯坦，然而随着印度洋海上安全环境的恶化，印度也开始担心自身的处境。苏联解体后，美国对世界政治的主导地位达到了巅峰地位，形成了权力上的“单极时刻”。美国对世界政治的支配地位达到了制约印度自主的程度，印度的最大担忧是强大的外来者介入地区事务制约印度。⑤ 中国学者张文木认为：在印度洋，美国发起的海湾战争、阿富汗战

---

① 转引自许可《印度洋的海盗威胁与中国的印度洋战略》，《南亚研究》2011 年第 1 期，第 2 页。

② 刘军：《索马里海盗问题探析》，《现代国际关系》2009 年第 1 期，第 26 页。

③ 秦亚青：《霸权体系与区域冲突——论美国在重大武装区域冲突中的支持行为》，《美国研究》1995 年第 4 期，第 52 页。

④ 楼春豪：《印度洋新变局与中美印博弈》，《现代国际关系》2011 年第 5 期，第 27 页。

⑤ ［英］巴里·布赞、［丹麦］奥利·维夫：《地区安全复合体与国际安全结构》，潘忠岐、孙霞、胡勇译，上海世纪出版集团 2001 年版，第 120 页。

争、伊拉克战争造成的毁灭后果，印度海上力量与美国在印度洋地区海上力量的差距等因素，促使印度不断增加海上防务，确保印度洋安全。[①] 这从另一个侧面反映了印度对美国在印度洋的军事行动也保持着深深的战略疑虑，担心美国在印度洋的战略意图可能会对印度的国家安全造成危害。

进入21世纪，印度越来越重视海上防务，加强海上防务力量，印度在印度洋地区及其附近区域越来越采取主动外交。2003年印度总理瓦杰帕伊表示："我们的安全环境从波斯湾到孟加拉湾，横跨整个印度洋，我们的战略思考已经延伸到了这些地区。"[②] 2004年印度公布了《海军学说》，其主要思想是：印度海军战略应转向为"远洋进攻"战略，努力打造一支具有相当威慑力的现代"蓝水海军"。[③]《海军学说》表明了印度向整个印度洋地区扩展的决心，使印度在印度洋战略中有了强制主导性的色彩。

在印度大力发展海军、积极谋求印度洋主导权的同时，美国也在不断调整其政策。美国将保证对印度洋地区战略要冲的控制视为首要任务，只有掌控战略要冲才能保证海上贸易和海上交通线的畅通，才能维护美国霸权赖以生存的根本。特别是近年来，美国对其军事部署做出了明显调整，对印度洋—太平洋航线增加更多的海军力量，同时美国国防官员也表明了增强美国在印度洋和东南亚的力量的意图。[④] 2007年，美国海军表明它将试图在印度洋、西太平洋地区保持前沿存在，而不在大西洋保持该战略，这表明美国海军战略的巨大转变。[⑤] 2010年美国国务卿希拉里·克林顿在《外交政策》上撰文称："美国在将东北亚传统盟友的基地安排现代化的同时，将加强在东南亚和印度洋地区的存在"，"美国会寻找如何增加进入东南亚和印度洋地区的渠道，深化我们与地区盟友和合作伙伴的联系"。[⑥] 2012年6月，美国国防部长帕内塔在香格里拉论坛上公开表示，

---

① 张文木：《论中国海权》，海洋出版社2010年版，第123—125页。

② Atal Behari Vajpayee, "Shrug Off the Cold War, This Is a New World", Nov., 7, 2003, www.indianexpress.com.

③ 马加力、徐俊：《印度的海洋观及其海洋战略》，《亚非纵横》2009年第2期，第51页。

④ John F. Bradford, "The Maritime Strategy of the United States: Implications for Indo-PacificSea Lanes", *Contemporary Southeast Asia*, Vol. 33, No. 2, 2011, pp. 183 – 208.

⑤ Robert D. Kaplan, "Center Stage for the Twenty-first Century-Power Plays in the Indian Ocean", *Foreign Affairs*, March/April 2009, p. 25.

⑥ Hillary Clinton, "America's Pacific Century", *Foreign Policy*, November 2010, pp. 62 – 63.

到2020年美国将把部署在太平洋地区的战舰比例从50%上调到60%。[①] 这表明在很长一段时间内，美国仍然会加重在印度—太平洋的军事力量部署，而且实际上美国已经开始了在印度洋地区新的军事战略部署。

奥巴马上台后，美国开始提出“转身”亚洲战略，积极提升其与西太平洋国家和印度洋地区国家的军事安排。2011年奥巴马访问澳大利亚，就美国海军利用澳大利亚境内港口进行演练达成一致：从2012年年中开始，美国将向澳大利亚北部部署200—250名士兵，几年后美国将逐渐增加，同时美国表示将加强美国军事力量在该地区的巡弋频率。[②] 美国希望将澳大利亚打造成向印度洋地区输送军事力量的支点和基地。

目前美印在印度洋非传统安全事务方面存在着一定程度的合作，但随着两国加速增强在印度洋地区的军事力量，两国在非传统安全领域的合作很难覆盖双方对印度洋主导权的争夺。美国的目标是希望印度成为印度洋安全的提供者，成为美国在亚太网状安全中的一分子，并不希望印度在美国主导的安全体系之外建立一个新的安全体系。如果印度谋求在印度洋地区建立其主导的安全体系，必将挑战美国安全战略的底线。

二战后，美国希望保持在重点区域的主导地位，美国认为如果地区强权逼迫美国从重点区域撤出就是在挑战美国的全球霸权地位，而印度试图寻求在印度洋的主导地位则是出于维护国家安全的角度考虑。从中我们可以看出，美印两国在对印度洋的主导权之争上存在固有矛盾。现在由于美国认定中国可能是其全球霸权的最大挑战者，因此美国希望联合印度制衡中国实力的发展，通过渲染中国现实威胁，维持两国的合作关系。然而，美印两国对印度洋的主导权之争不会因为制衡中国而消失。

21世纪中国经济崛起势头更加迅猛，中国的海外利益迅速向印度洋地区扩溢，在此背景下中国增强了保护海外利益的力度。中国在印度洋不断扩展的影响力引起了美国的高度注意，美国非常关注中国在印度洋的“海上扩张”，美国担忧中国在印度洋迅速上升的影响力，最终会对其霸权形成挑战。部分美国学者认为中国正在通过在印度洋地区的一些国家建

① 陈雅莉：《美国的“再平衡”战略：现实评估和中国的应对》，《世界经济与政治》2012年第11期，第68页。

② “President Obama’s News Conference with Prime Minister Gillard of Australia”, November 16, 2011. http: //www. whitehouse. gov/photos-and-video/video/2011/11/16/president-obama-s-news-conference-prime-minister-gillard-australia.

设海港以及监听站，实施“珍珠链战略”。[①] 中国正在通过实际行动谋划其在印度洋的战略部署，美国认为这会挑战其在印度洋的主导地位。

中印之间由于发生过1962年的边界战争，两国之间缺乏战略互信，印度对中国在印度洋地区的扩展也极为关注。印度对中国进入印度洋的看法在很大程度上受“印度对中印关系总的看法，即印度如何认知正在崛起的中国”的影响。[②] 在中印之间缺乏互信和印度认为中国战略目标不确定性的基础上，印度担心中国在印度洋实施遏制印度发展的“珍珠链”战略。同时印度也可以借助西方国家炒作的“珍珠链”战略，获得实际的战略利益，为其扩展海军力量寻找借口。[③] 为了对抗“珍珠链”战略，印度实施了被外界称为“钻石链”的战略，旨在与印度洋地区相关大国和地区大国增进关系，最大程度的消解中国的同盟关系，从而对中国进行战略反包围。[④] 印度已经从西面的莫桑比克海峡到东面的南中国海扩展其海军存在。它已经在马达加斯加岛、毛里求斯、塞舌尔建立了海军航标和监听站，同时加强了与它们的军事联系，明显的是应对中国在印度洋地区积极的军事合作。[⑤] 客观上，由于印度对中国战略上的不信任，其加强在印度洋地区的军事部署增加了中国在印度洋上的战略压力，主要有：(1) 使中国海上安全面临的压力增大；(2) 对中国继续发展与印度洋国家关系造成了制约因素；(3) 导致中国在印度洋的海上交通线脆弱性增强。[⑥] 在印度对中国在印度洋扩展力量存在深度焦虑的同时，也有印度学者认为中国在印度洋地区的活动目的是保证能源和海上交通线的安全，于是才实施了“珍珠链”战略。从中期目标来看，中国不会将其在印度洋地区建设的港口用于军事目的。中国在印度洋地区进行战略安排的主要意

---

① Robert D. Kaplan, *Monsoon: The Indian Ocean and the Future of American Power* (New York: Random House Trade Paperback, 2011), p. 10.

② 刘兴华：《论中印关系中的印度洋问题》，《太平洋学报》2010年第1期，第52页。

③ 胡娟：《印度的印度洋战略及其对中国的影响》，《东南亚南亚研究》2012年第2期，第9页。

④ 李冠群：《中美印关系与所谓的“珍珠链战略”》，《当代世界与社会主义》2011年第6期，第107页。

⑤ Robert D. Kaplan, “Center Stage for the Twenty-first Century-Power Plays in the Indian Ocean”, *Foreign Affairs*, March/April 2009, p. 28.

⑥ 胡娟：《印度的印度洋战略及其对中国的影响》，《东南亚南亚研究》2012年第2期，第9页。

图是对美印在印度洋海上力量的战略不信任。[1]

可以看出，印度对中国在印度洋地区活动的认识主要有两个方面：一方面认为中国实力增长对其国家安全带来了挑战。另一方面认为中国目前在印度洋地区保证海上交通线安全的战略意图，使中印之间有合作的空间。而且目前印度也认识到中国在印度洋地区仅仅是参与力量，不会谋求主导地位。中国和印度都希望印度洋地区稳定，只有印度洋地区繁荣稳定，中国才能获得稳定的能源供给和安全的海上通道，而印度也能拥有良好的周边环境。

虽然印美对中国在印度洋的扩张有些疑虑，但是两者的疑虑却并不相同。美国虽然对中国在印度洋的“海上扩张”有些担忧，但是现在美国最为担心中国在西太平洋地区的活动。而在印度洋美国也希望中国扮演更大的作用，承担更多国际责任。特别是2008年国际金融危机后，美国实力下降以及印度洋地区海盗问题的猖獗，美国希望中国承担更大的国际责任。2008年中国向亚丁湾派遣舰艇编队打击海盗，美国表示“欢迎中国在内的任何国家派遣军舰保持良好的协同合作”。[2] 与此同时，美国渲染中国在印度洋地区的扩张，希望引起印度的注意从而使中印两国相互斗争，发挥在中印之间的“协调者”的作用，保持自己的主导地位。

由于印度希望谋求印度洋地区的主导权，加之印度海军力量相对于美国海军力量的弱势，因此印度在防范中国的同时，也希望借助中国的力量应对美国在印度洋地区的军事力量。中印遭受西方侵略的历史，使两国深深地感受到维护国家主权和安全的重要性，两国都反对外部力量对本地区事务的干预。虽然近年来美印关系不断升温以及举办双边或多边的联合军事演习，但是两国很难达成军事联盟，主要原因是美国对印度洋地区的强制性外交和印度外交政策中的反干涉存在固有矛盾，而在反对外来力量干涉方面中印两国有着共同的利益。

进入21世纪以来，随着印度洋战略地位的上升，印度洋逐渐走上世界政治的前台，中美印在该地区的战略博弈更加复杂化。然而，在纷乱复杂的地区环境下，我们可以看清楚一些主要的战略动向。

---

① Gurpreet S. Khurana, “China’s ‘String of Pearls’ in the Indian Ocean and Its Security Implications”, *Strategic Analysis*, Vol. 32, No. 1, p. 22.

② 转引自楼春豪《印度洋新变局与中美印博弈》，《现代国际关系》2011年第5期，第32页。

首先，美印两国在印度洋地区存在着主导权之争，这是该地区主要和固有的矛盾。目前由于印度海军力量相对于美国过于弱小，因此印度更多采取了追随强者的外交政策。如为美国在伊拉克和阿富汗的战争提供便利，举行联合反恐军事演习等。与此同时，印度也在排斥域外大国参与印度洋地区事务，如拒绝域外大国加入“印度洋海军论坛”等地区性合作机制。目前印度对美国在印度洋地区提升军事力量部署和频繁军事演习更多的是采取谨慎的态度，即与美国联合举行军事演习的同时，强调自己在该地区的独立作用。

其次，对于中国近年来积极扩展在印度洋地区的影响力，印度是在中印战略互不信任的大背景下思考中国在印度洋地区的战略意图的。然而只要中国不在印度洋地区建设军事基地、寻求主导地位，印度能够接受中国目前提升影响力的方式，印度可以借助中国的力量抗衡美国在印度洋地区的“一家独大”。而且中印两国在保证能源通道安全、打击印度洋地区非传统安全方面拥有共同的利益。

再次，随着金融危机后，美国实力的相对下降，美国希望中印等新兴国家承担一定的国际责任，在其主导下共同维护印度洋的海上通道安全。美国希望中国适当地进入印度洋地区承担其国际责任，而面对印度对中国海军进入印度洋地区的战略疑虑，美国希望在中印之间扮演“协调者”的角色，通过协调两个正在兴起的海军大国保持其主导地位。

最后，在规划印度洋主导权的过程中，印度通过其印度洋国家身份，发起了一系列拒绝域外大国参与的地区机制，印度希冀通过多边方式，建立印度拥有更大发言权的地区合作机制；而美国营造其印度洋战略更多的是通过强制性外交以及一系列军事演习的方式维持其战略存在；中国在印度洋地区更多的是“后起”的重要参与力量，中国积极发展与印度洋地区国家的双边关系，并且积极参与派遣舰艇编队打击海盗保证海上交通线安全。中国与印美在印度洋地区战略利益的最大不同之处是中国希冀成为重要的参与力量而不是主导力量，中国希望成为印度洋地区事务重要参与力量的主要原因是保证海外利益安全和能源供给，同时这也是对印美两国主导印度洋事务战略上不信任的表现。

整体观之，美国在印度洋的主导地位处于下降态势，中印处于上升态势，或者可以说，由于中印的崛起，美国对印度洋的主导权正在“相对下降”。“9·11”事件后，美国增加了在印度洋沿岸地区的军事部署，但是中印的强势崛起，开始不断挑战美国在印度洋地区“一家独大”的战略格局。印度洋地区的战略格局正在从“一家独大”向“三国演义”方向发展，然而中印在印度洋地区的力量仍然比美国弱小，依然没有足够能力挑战美国的主导地位。

在实力下降的背景下，美国希冀通过发挥协调、分担国际责任等方式，保有其霸权地位。在印度洋地区，美国试图通过协调中印等国海上力量，发挥其主导作用。考虑到印度洋日益严重的非传统安全威胁，美国希望通过让中印承担更多国际责任的方式，延缓其衰落的时间。当然美国也极为担心霸权地位遭到中印的挑战，因此在其希望中印分担国际责任的同时，也持续关注中印等挑战力量的战略意图。

第三章　世界主要大国在印度洋的利益诉求及举措

自西方国家在全世界寻求殖民地以来，印度洋便成为世界重要的贸易通道，印度洋地区也沦为海洋强国互相争夺的区域。二战后，美国逐渐取代欧洲国家，成为印度洋地区的霸主。近年来，随着印度洋战略地位提升，美国愈加重视印度洋在其全球战略中的作用。作为昔日印度洋地区的主要力量，欧盟的实力下降，逐渐在印度洋采取了追随美国的外交政策，积极强调印度洋作为全球贸易通道的作用。俄罗斯曾在冷战时期，积极向印度洋地区扩展力量，但是随着实力下降，俄罗斯已不再是印度洋地区的主要战略力量。印度洋是中东地区石油运往日本的主要通道，日本极为关心印度洋战略通道的畅通，在此背景下，近年来日本加强了与印度的海上联系，同时积极维护美国在印度洋地区的霸主地位，以期寻求在该区域的战略利益得到更好维护。

第一节　美国在印度洋的利益诉求及举措

西方国家自近代以来就主导着世界政治发展，大西洋和太平洋充当着欧美大国角逐博弈的主要阵地，因此在20世纪的世界政治中，长期以来印度洋是被人们所忽略的海洋。随着中印等亚洲新兴经济体的崛起、印度洋海上交通线的安全、中东地区石油问题等因素的出现，印度洋地区的重要性也随之凸显，逐渐成为各国争夺的新区域。

印度洋自21世纪以来在国际政治中扮演着越发重要性的角色，已经被公认为21世纪世界地缘政治版图中的战略核心区域。伴随着印度洋战略地位提升，许多印度洋地区的相关利益国家都在不断调整其在印度洋地区的战略利益，特别是作为印度洋地区最强大海军力量的美国。

一　美国的印度洋战略的演变

历史上英国在印度洋地区拥有传统战略利益存在，二战后随着国力衰弱，英国已没有能力维持在印度洋地区的战略存在，加之美国急于在全球扩展力量对抗苏联，英国决定将其在印度洋地区的警察角色移交给美国。

美国从20世纪60年代开始经营其在印度洋的战略存在。二战后初期，美国的战略重心在欧亚大陆的两端，大西洋和太平洋是美国最为关注的海域，当时美国并没有明确的印度洋战略。20世纪60年代初期，美国认为需要在印度洋地区建设中转基地以方便其在印度洋的军事训练。美国认为地处印度洋中心位置的英国领土迭戈加西亚适合美国的战略需求，1966年美英签署了就利用英国在印度洋领土用于防务目的的协议。当时美国在印度洋地区的战略目的并不明确，它从英国手中获取迭戈加西亚更多的是出于美国军舰的海上补给的考虑。然而，此后印度洋地区的发展态势使美国越来越重视迭戈加西亚战略位置的重要性。

随着20世纪70年代石油危机的爆发，海上能源交通线的重要性开始凸显出来，加之美国在西亚的利益受到严重挑战，美国开始加强其在印度洋地区的战略存在，调整了迭戈加西亚在美国战略中的地位，开始以迭戈加西亚为中心建立海军基地。与此同时，随着英国退出印度洋，苏联经常性地在印度洋地区部署军队、苏联与印度建立战略合作关系等因素促使美国海军调整其在印度洋的政策，美国海军巡航印度洋的频率明显增加。[①]苏联正式谋划其在印度洋地区的战略存在，印度洋成为美苏争霸的新场所。美国担心苏联的扩张会使印度洋成为苏联的“内湖”，控制美国的海上交通线，因此美国开始大规模扩建以迭戈加西亚岛为中心的海军基地。美国通过提升海军、空军、通信设备以增强其在该地区的力量，其中包括通过提升迪戈加西亚基地以便能使各种类型的美国海军舰船停靠。[②]美国迭戈加西亚海军基地角色的转变标志着美国对其印度洋战略的调整。

20世纪70年代末期，伊朗爆发的伊斯兰革命以及苏联入侵阿富汗导致美国在印度洋地区面临着更加严峻的形势，美国认为其战略利益受到了

---

① Andrew S. Erickson a, Ladwig C. Walter III b & Justin D. Mikolay, Diego Garcia and the United States' Emerging Indian Ocean Strategy, *Asian Security*, Vol. 6, No. 3, 2010, p. 223.

② Joshy M. Paul, “Emerging Security Architecture in the Indian Ocean Region: Policy Options for India”, *Maritime Affairs*, Vol. 7, No. 1, Summer 2011, p. 32.

严重侵犯。美国开始不断提升海军在印度洋的战略投射能力，并于 1983 年在佛罗里达成立了中央司令部。20 世纪 80 年代，美国对伊朗和伊拉克的“双遏制”政策以及老布什政府赢得第一次海湾战争胜利，使美国增强了在印度洋地区的军事存在。① 此后，美国已经不再满足在印度洋海上寻求战略存在，其军事力量开始向印度洋周边海岸地区扩展。

美国海军战略在苏联解体后就进行了大幅的调整。美国高度重视在印度洋、红海和波斯湾地区部署远洋海军，推行所谓的“前沿部署”策略。② 美国海军在印度洋地区的战略的明显调整是提升军事实力，以应对印度洋地区的内陆国家和保持前沿部署军事力量能力的成功。③老布什发动的海湾战争是美国寻求保持印度洋沿岸存在的重要努力，此后小布什发动的阿富汗战争、伊拉克战争使美国在印度洋沿岸国家部署大规模军队得到实现，美国对印度洋地区的控制能力得到增强。

进入 21 世纪以来，随着全球权力正在由西向东转移，亚洲成为全球经济发展最为活跃的地区之一，亚洲国家在世界政治中的重要性不断加强。印度洋沿岸国家经济的崛起使印度洋的地位越发重要，印度洋正在成为全球强权角逐的主要战场。美国学者认为：印度洋是中美两国在太平洋地区竞争的继续，同时交错着中印之间的地区竞争，同时包括美国打击在中东的伊斯兰恐怖主义，当然也包括美国试图遏制伊朗。④

21 世纪之前，美国的主要战略方向是大西洋和太平洋，随着印度洋重要性的提升，以及欧洲经济的持续疲软，印度洋在美国战略中的地位不断提升。二战后，美国海军仍然保持两洋海军，但是第二个海洋已经由大西洋变为现在的印度洋。⑤ 小布什政府在中东地区打击的主要国家以及奥巴马政府的重返亚太的主要国家都是印度洋沿岸国家，美国国家安全战略

---

① P. V. Rao, “Indian Ocean Maritime Security Cooperation: the Employment of Navies and Other Maritime Forces”, *Journal of the Indian Ocean Region*, Vol. 6, No. 1, June 2010, p. 130.

② 转引自楼春豪《印度洋新变局与中美印博弈》，《现代国际关系》2011 年第 5 期，第 27 页。

③ Rahul Roy-Chaudhury, “US Naval Policy in the Indian Ocean”, *Strategic Analysis*, Vol. 22, No. 9, 1998, p. 1324.

④ Robert D. Kaplan, *Monsoon: The Indian Ocean and the Future of American Power* (New York: Random House Trade Paperback, 2011), p. 9.

⑤ James R. Holmes, Andrew C. Winner and Toshi Yoshihara, *Indian Naval Stratedy in the Twenty-first Century* (New York: Routledge, 2009), p. 107.

的重点关注地区从印度洋西岸国家转移到了印度洋东岸国家，印度洋地区集中了美国的传统安全利益和非传统安全利益。尤其是近年来，美国将其印度洋战略利益和太平洋战略利益加以整体考虑，重新评估“印度—太平洋”航线安全在美国外交中的地位。[①] 美国国务卿希拉里·克林顿在《美国的太平洋世纪》一文中也表示：美国希望在保证美国与东北亚传统盟友关系的同时，提升美国在东南亚和印度洋地区国家的关系，深化美国与该地区盟友及合作伙伴的联系。[②]

二　美国在印度洋的战略利益

随着印度洋地区重要性的提升，美国在印度洋地区的战略利益也在不断延伸。美国重视印度洋地区的主要原因是美国战略利益已经深深地卷入印度洋地区，美国在印度洋地区的战略利益主要有以下几个方面。

（一）保持美国在印度洋地区的霸主地位

二战后美国的重要利益是维持自身的霸权国地位，在区域层次上美国的主要战略是遏制区域强国，防止区域强国独霸区域并进而成为挑战美国全球霸主地位的潜在力量。[③] 冷战时期美国最主要的战略防范对象在欧亚大陆的两端，在印度洋地区的主要防范地带是波斯湾地区，防止萨达姆领导的伊拉克和伊斯兰革命后的伊朗控制波斯湾地区。

进入21世纪以来，印度洋地区已经成为世界重要的贸易和能源活动地区，印度洋地区也进而成为美国全球战略中的重要地区。尤其是近年来印度洋海上交通要冲的安全，中美、美印在该地区的合作，极端武装分子以及印度洋地区的“失败国家”等因素，都将促使美国今后更加注视该地区的战略发展前景。冷战期间，太平洋和印度洋是美国的“内湖”，但是现在这样的霸权将不复存在，美国试图通过权力平衡战略取代它。[④] 美

---

① Michael Auslin, John F. Bradford, The Maritime Strategy of the United States: Implications for Indo-Pacific Sea Lanes, *Contemporary Southeast Asia*, Vol. 33, No. 2 (2011), pp. 183 - 208.

② http: //www. foreignpolicy. com/articles/2011/10/11/americas _ pacific _ century? page = 0, 5.

③ 秦亚青：《霸权体系与区域冲突——论美国在重大区域武装冲突中的支持行为》，《美国研究》1995年第4期，第65页。

④ Robert D. Kaplan, “Center Stage for the Twenty-first Century-Power Plays in the Indian Ocean”, *Foreign Affairs*, March/April 2009, p. 28.

国希望通过掌控印度洋地区的制海权，平衡该地区的主要战略力量，防止崛起力量对美国在欧亚大陆的控制权提出挑战，稳固其全球霸权。[①] 因此我们可以看出，随着印度洋地区战略地位的提升，美国最为担心印度洋地区出现挑战美国在印度洋地区既成的霸权。美国冷战时期在印度洋地区的超强地位以及印度洋重要性没有引起重视，美国可以比较容易地掌控印度洋，然而冷战后随着印度洋地区国家实力的上升以及印度洋地区安全环境的复杂性，美国开始通过联合印度洋地区相关利益国家的方式掌控印度洋，美国的最终战略目标仍然是保持其海上霸权。

（二）海上交通线的畅通，保证贸易航行自由

进入21世纪以来，美国在印度洋地区的战略目标也在不断扩展，美国希望印度洋地区的稳定以保证其利益得到持续扩展，而随着印度洋战略地位的提升，其在世界经济中也正在扮演更加重要的角色。到目前为止，世界贸易仍然主要依赖于海上运输，而印度洋地区的伊拉克地区和“阿富巴”地区是世界上国内政治最混乱的地区，印度洋国际海上通道安全日益受到该地区非传统安全的威胁，如索马里海盗、恐怖主义等问题。海上航行自由是美国霸权的根本，美国最为担心海上交通线受到攻击，影响美国的贸易出口和海上霸主地位。

目前，印度洋的海上交通线都面临海盗的威胁。1994—2004年，海盗活动最猖獗的是东印度洋地区，从2005年开始，东印度洋地区的海盗事件逐渐下降，然而西印度洋地区的海盗事件却急剧上升。[②] 美国作为唯一的超级大国，不断地向世界提供公共产品，保证海洋航道的安全成为美国自身承担的国际责任。此外，美国在印度洋地区坚决阻止任何敌对国家控制该水域，摧毁基地组织在该地区的附属机构。[③] 美国担忧其他一些非国家行为体利用印度洋地区部分“失败国家”混乱的国内局势，获得当地武装的支持，进而利用这些恐怖主义组织打击印度洋上的海上交通线，攻击美国在印度洋地区的军事设施。特别是在西印度洋地区，海上恐怖主义分子已经发动了许多针对美国的恐怖袭击活动，2000年美国科尔号军

---

① 曾信凯：《中国“印度洋困境”中的美国因素》，《南亚研究》2012年第2期，第54页。

② 相关论述可参见许可《印度洋的海盗威胁与中国的印度洋战略》，《南亚研究》2011年第1期。

③ Andrew S. Erickson a, Ladwig C. Walter III b & Justin D. Mikolay, “Diego Garcia and the United States' Emerging Indian Ocean Strategy”, *Asian Security*, Vol. 6, No. 3, 2010, p. 218.

舰曾在该区域遭到恐怖袭击。同时，2008 年发生在印度孟买的恐怖袭击事件也是恐怖分子通过海上发动恐怖袭击的，美国极为担忧印度洋地区的恐怖袭击常态化，影响美国在印度洋地区的战略利益。

（三）控制印度洋地区的战略要冲

考虑到海上交通线安全等因素，美国海军的重要任务是继续控制印度洋地区战略要冲的主导权。当今世界，全球化已经使轮船集装箱运输成为便宜和方便的方式，印度洋占据了世界集装箱运输的 50%，同时 70% 的石油产品运输通过印度洋从中东地区运往太平洋地区。[①] 印度洋是世界上主要的石油海上运输线和主要的商品贸易运输线，而与此同时从印度洋进入其他水域则必须经过曼德海峡、马六甲海峡等战略要冲。保证战略要冲的安全与畅通一直是美国国家利益的重要因素。1986 年美国公布了控制世界 16 个战略要冲的计划，其中印度洋地区有 7 个；美国能源部 1999 年列出了“世界石油 6 大运输要道”，其中印度洋地区有 4 个。[②] 美国一直将控制战略要冲视为其维持全球霸权的根本。

在明确在印度洋地区的战略利益后，美国可以利用其在印度洋地区历史上的战略存在、战略伙伴和资源去维护它的关切，防止地区危机的出现。美国可以通过联盟战略、保持海军实力、在东亚地区保持有力的联盟、与不断崛起的印度培育战略合作伙伴关系，[③] 保护美国在印度洋地区的战略利益。

三　美国在印度洋的主要战略举措

（一）协调平衡印度洋地区内主要海洋力量

进入 21 世纪以来，随着印度洋战略地位的提升，美国逐渐改变了冷战时期相对忽视印度洋的战略。近年来，亚洲新兴经济体崛起、南亚与东亚经济体的融合等因素促使美国将“印度—太平洋”海上航线加以整体考虑。冷战时期东亚与南亚属于相对割裂的经济体，由于东亚国家政治和经济的重要性，随着全球化推进，南亚经济体和东亚经济体正在相互融

① Robert D. Kaplan, “Center Stage for the Twenty-first Century-Power Plays in the Indian Ocean”, *Foreign Affairs*, March/April 2009, p. 19.

② 楼春豪：《印度洋新变局与中美印博弈》，《现代国际关系》2011 年第 5 期，第 29 页。

③ Michael J. Green and Andrew Shearer, “Defining U. S. Indian Ocean Strategy”, *The Washington Quarterly*, Vol. 35, No. 2, p. 187.

合，特别是印度“东向政策”实施后南亚正在融入东亚经济体。美国也开始将印度洋地区纳入美国的整体战略框架，印度洋正在成为美国战略框架中的重点关注区域。

随着亚太经济的持续崛起，世界经济的中心已经转移到亚太地区。中印正在成为世界经济大国，两国对海军的重视也在不断提升，“印度与中国海军实力的增长必将影响美国在印度洋的战略”。[①] 印度洋地区与大西洋地区和太平洋地区不同，美国在印度洋地区并没有类似大西洋和太平洋地区的军事联盟体系，因此美国在保持其全球霸主地位的前提下，希望协调印度洋地区不断上升的印度和中国海军的力量。同时由于中国海军力量的迅猛崛起，美国海军面临的主要任务是运用印度洋上的印度和西太平洋的日本来限制中国的扩张。[②] 尤其在印度洋地区，美国和印度的关系升温迅速，美国从克林顿政府开始重视发展与印度的外交关系，此后在小布什政府和奥巴马政府时期美印关系加速发展。小布什政府时期美印之间签署了《民用核能协议》，美国还希望印度加入美日澳印四国同盟，进一步强化美印关系，奥巴马政府更是公开承认印度已经成为大国，并支持印度加入联合国常任理事国。印度对美国也给予回报，帮助美国在印度洋地区补给，同时参与美国主导的印度洋海啸期间的人道救援任务。

（二）联合区域内相关国家持续提供公共产品

美国提出在印度洋保持前沿存在，已经表明美国印度洋战略出现了很大转变。美国在印度洋地区的战略部署已经从冷战时期的主要依靠海岛发展为控制印度洋沿岸国家，通过前沿部署的方式主导印度洋地区。但由于美国实力下降以及在印度洋地区没有军事同盟体系，加之印度洋地区海盗、恐怖主义等非传统安全因素威胁着海上交通线和美国在印度洋军事基地的安全，美国需要印度洋地区的相关利益国家共同承担国际责任，提供联合护航、联合打击恐怖主义等公共产品。

2010 年美国国防部发布的报告中明确提出：印度洋提供了世界贸易、国际能源安全、地区稳定必要的海上交通线，保证印度洋的海上畅通需要

---

① 参见：http://asiasociety.org/policy/strategic-challenges/us-asia/indian-ocean-and-future-american-power。

② Robert D. Kaplan, “Center Stage for the Twenty-first Century-Power Plays in the Indian Ocean”, *Foreign Affairs*, March/April 2009, p. 24.

该地区军队和政府组织采取集体的合作方式。① 鉴于美国在印度洋地区实力的限制，美国希望印度洋地区的其他海军强国如印度、中国、欧盟等一些国家加入到为海洋安全提供公共产品的队伍中，分担美国过去独自承担的国际责任。

（三）继续保证对战略节点的控制

印度洋地区的战略要冲在美国战略外交中的地位极其重要，美国担忧战略要冲的控制权会受到区域内崛起国家的挑战。近年来，随着印度洋战略地位重要性的加强，美国越发忧虑其对战略要冲的控制权。如有美国学者指出，印度洋两端的战略要冲马六甲海峡和霍尔木兹海峡，正在面临中国和伊朗不断增加的压力。②

为了继续控制战略要冲，美国加大了在上述地区的军事部署。2007 年 10 月，美国海军表明了它将试图在印度洋和西太平洋地区持续保持前沿存在，而不是在大西洋地区，这表明了美国海军战略巨大的转变。③ 2011 年，美澳就利用澳港口进行训练达成协议，美国将向澳大利亚北部部署一个连的兵力（200—250 名士兵），几年后将增至 2500 人。④ 美国向澳大利亚北部增兵，以支援其在印度洋地区的战略截点。美国希望通过前沿存在的方式持续控制区域内的战略截点，打击印度洋地区盛行的海盗，保护美国霸权赖以生存的根本。

美国的印度洋战略调整与中、印两国的崛起密切相连，美国希望发展与印度洋地区最大国家印度之间的战略关系，希望印度能够成为平衡中国在印度洋地区扩张的力量。美国担心中国挑战其的主导地位。美国深陷阿富汗战争以及经历经济危机之后，意识到需要中、印等国家与其共同分担在印度洋地区的国际责任。但是从长远来看，美国提出的“印度—太平洋”概念目的是在防范中国在印度洋地区的扩展，美国将东印度洋作为

---

① US Department of Defense（2010），Quadrennial Defense Review Report. Washington，DC，p. 60.

② Michael J. Green and Andrew Shearer，“Defining U. S. Indian Ocean Strategy”，*The Washington Quarterly*，Vol. 35，No. 2，2012，pp. 177 – 178.

③ Robert D. Kaplan，“Center Stage for the Twenty-first Century-Power Plays in the Indian Ocean”，*Foreign Affairs*，March/April 2009，p. 25.

④ “President Obama's News Conference with Prime Minister Gillard of Australia”，November 16，2011. http：//www. whitehouse. gov/photos-and-video/video/2011/11/16/president-obama-s-news-conference-prime-minister-gillard-australia.

太平洋的附属海域，是在以通过控制亚太地区的边缘区域的方式防止中国军事力量向外扩展。美国可以允许中国的经济利益不断向外扩展，但是在军事上不能超出亚太地区，美国印度洋战略调整的重要防范对象是在印度洋地区扩展军事力量的中国。

第二节　欧盟在印度洋的利益诉求及举措

从历史上来看，印度洋曾经是英殖民帝国的“内湖”，从如今的现实来看，从西边的苏伊士运河到东边的马六甲海峡的印度洋地区对欧洲来说仍然非常重要。不过客观来看，欧洲对印度洋地区影响力较为薄弱，也正因为如此，近年来，欧洲积极实施向东看政策，维护其本身的利益，尤其是那些在印度洋地区有着领土利益的国家，比如法国、英国等。但整体来看，虽然欧洲国家尤其是欧盟追寻美国在印度洋地区开展了很多活动，但更多的从属于美国的全球称霸战略体制，而且现今的欧洲已经没有能力实施全球称霸战略，更为重视的是欧洲经济的崛起，因此欧盟更重视的是印度洋贸易走廊的安全。

一　欧盟在印度洋的利益

（一）领地安全利益

由于历史殖民的原因，一些欧洲国家如今仍然在印度洋上有领土利益。比如英国和法国。英属印度洋领地包括了印度洋上查戈斯群岛（Chagos Archipelago）等2300个的大小热带岛屿，领土面积共计60平方公里。领土位于印度洋马尔代夫南方、非洲东岸与印度尼西亚之间的半途，约南纬6°、东经71°30′位置的海面上。其中名闻遐迩的是群岛南端的迪戈加西亚岛（已经租借给美军作为军事基地）。在这些英国领地上，原住民于20世纪70年代之前被驱逐，如今并没有真正的居民，均是英美两国派遣的军人和承包商。换言之，英国的印度洋领土主要用于军事目的，在领土安全利益问题上只是理论上存在。对于法国而言，印度洋上的领土安全可能更为重要一些。因为属于法国的印度洋领地同时也是小型的经济体，拥有正常的生活人群。而且在这些领地上，宗教成分相对较为复杂，并且也存在民族矛盾，有的领地要求独立的呼声也比较高。因此，对于法国而言，这些领地的安全问题也不容忽视。法国在印度洋上的领地包括凯尔盖朗群岛、留尼旺群岛和马约特岛。凯尔盖朗群岛位于印度洋南部，首府为法兰西港，主岛面积 6675 平方公里。留尼汪群岛为法国的一个海外省，是西南印度洋马斯克林群岛中的一个火山岛，西距马达加斯加 650 公里，东北距毛里求斯 192 公里。该岛呈椭圆形，长约 65 公里，宽约 50 公里，海岸线长 207 公里。该群岛面积合计 2517 平方公里，人口约为 78 万人。居民主要来自欧洲、非洲、印度、马达加斯加、中国等地区或国家。绝大多数居民信奉天主教，有少数居民信奉佛教、伊斯兰教和印度教。进入 21 世纪后，法国再添一印度洋领地。2011 年 3 月，马约特岛成为法国在印度洋上的新领地。该岛 1841 年成为法国殖民地，1946 年获得自治，如今成为法国的海外省。从整体情况来看，在维护印度洋领地安全方面，法国的任务显然要比英国繁重得多。前者的领地已经成为美国在印度洋上的军事基地，后者的多个领地则是小型社区、经济体，领地安全利益诉求更突出。当然，法国在印度洋上的领地不只是负担，也同样具有较为重要的战略价值。比如马约特岛的地理位置对欧盟有利，可以成为欧盟打击非洲东岸国际海盗活动的前哨基地。

（二）通道安全利益

欧盟作为国际贸易的重要主体之一，与亚洲各国的贸易主要是通过印度洋通道来进行的，因此维护印度洋通道安全对欧盟来说也非常重要。对欧盟而言，能源供应安全主要指的是印度洋西部地区，即霍尔木兹海峡及苏伊士运河，而货物贸易则主要涉及横跨印度洋直达远东地区。① 正如有学者指出的那样：欧盟最大的 15 个贸易伙伴均位于欧亚大陆海岸线，其中包括中国、日本、韩国、印度、中国台湾、新加坡以及沙特阿拉伯等。② 因此，欧盟积极在印度洋地区执行护航也昭示了欧盟为了应对在印度洋地区的安全挑战，正积极促推印度洋战略，以维护欧盟的上述核心利益。就欧盟来说，其所担心的对通道安全造成威胁的来源主要包括三个：一是在印度洋上出现对欧盟不利的主导国家；二是恐怖主义势力在印度洋上的渗透可能影响通道安全；三是海盗问题是影响印度洋通道安全的重要隐患。就第一个因素而言，欧盟为了防止在印度洋出现对其不利的主导国

① Radu N. Botez, A European Perspective on Maritime Security Challenges in the Indian Ocean Region, Vol. 36, No. 3, May-June 2012, p. 371.

② James Rogers, "From Suez to shanghai: The European Union and Eurasian Maritime Security", Occasional Paper 77, European Union Institute for Security Studies, Paris, March 2009, p. 22.

家，积极与美国配合，开展在印度洋上的各种行动。对于后两者而言，很难将其严格划分，有研究表明，印度洋上的海盗团体与恐怖主义正日益加强紧密联系。[①] 这种状况的出现对倡导自由贸易的欧盟来说，无疑是个严峻的挑战。

事实上，虽然猖獗的海盗和恐怖活动总是对欧洲海上走廊的安全构成威胁，但欧盟担心更大的威胁可能来自战争冲突导致的对海上通道的封锁，比如印度洋地区的海军大国与地缘政治影响力大国印度、中国、美国以及伊朗之间的冲突可能造成这样的结果。[②] 欧盟对印度洋地区的担心实际上隐含了两个可能冲突风险。一是印度和中国在印度洋地区潜在的冲突。有的学者撰文称中国和印度将展开在包括印度洋上的海洋竞争，尤其是双方在不断扩大对印度洋岛国的影响力。虽然也有欧盟国家的学者认为中印之间的经济合作是一个积极的发展趋势，但另外一些人认为这种合作关系并不能完全排除两国在印度洋地区竞争所带来的负面影响，欧盟认为有必要关注印度洋地区形势的发展，因为正如上文所述，印度洋地区对欧盟至关重要。[③] 二是近年伊朗核问题导致的美伊关系日益激烈。伊朗地处世界能源地缘政治的中心，一旦美伊战事爆发，不仅欧盟无法坐视不理，将被卷入战事，而且欧盟的能源供应将受到重创。对于避免这种情况的出现，欧盟无疑要早做准备。

（三）地缘政治利益

正如上文所说，印度洋曾经是欧洲国家英国的“内湖”，虽然如今主导印度洋的国家已经变成美国，但作为一体化程度越来越高的欧盟来说，继续获取在印度洋地区的地缘政治影响仍然是其重要的利益诉求。就这个层面的利益而言，能够在印度洋地区独自发挥多大的影响主要取决于欧盟在一体化程度方面能够走多远。从发展的事实来看，欧盟虽然在经济一体化方面相当成功，但在政治一体化方面并非一帆风顺。而且随着德国在中欧的崛起，它的地缘政治利益与英国、法国均有所不同，可能与历史上一

---

① 参见宋德星等《欧盟的印度洋安全战略与实践》，载《南亚研究》2013 年第 3 期，第 6—7 页。

② James Rogers, “From Suez to shanghai: The European Union and Eurasian Maritime Security”, Occasional Paper 77, European Union Institute for Security Studies, Paris, March 2009, p. 23.

③ Radu N. Botez, A European Perspective on Maritime Security Challenges in the Indian Ocean Region, *Stragegic Analysis*, Vol. 36, No. 3, May-June 2012, p. 371.

样，逐渐取得欧盟主导地位的德国不可能将兴趣集中于印度洋，而英国、法国等在这方面的兴趣可能要更浓厚一些。但无论如何，在新兴大国不断崛起的世界格局背景下，欧盟确实表现出想成为世界多极格局中的一极。关于这方面的成果，很多作者均进行了研究。在此，我们可以得出一个合理的结论：不管其内部如何看法，只要欧盟有成为一极并与其他大国相竞争的心理需求，那么扩大在印度洋上的地缘政治影响力就是欧盟要走的既定道路。

二　欧盟在印度洋上采取的举措

（一）以主体形式开展“阿塔兰特”行动

2008年，欧盟在印度洋地区的索马里执行护航任务，欧盟不仅与北约一道共同执行护航任务，而且与印度、俄罗斯、中国一样，成为在印度洋地区独立执行护航任务的力量之一。这一点主要体现于其开展的“阿塔兰特”行动上。该行动的主要目标在于：积极采取在印度洋上的安全措施，确保印度洋相关海区和航线的安全，并最大限度地降低海上不安全因素对沿岸国家经济活动和社会秩序的影响。据说，该行动已经取得了较大成效，不仅帮助非盟在印度洋的安全行动提供交通护卫，而且为数千艘民用船舶提供了安全保护。[①] 当然，除了这一重要行动之外，欧盟还在印度洋上开展了其他一些重要活动，与“阿塔兰特”行动一起成为欧盟大力进军印度洋的重要标志。

（二）加强与印度关系

除了开展主体行动之外，欧盟国家积极发展与印度的双边关系以维护海上走廊的安全，尤其是法国和英国表现尤为明显。比如法国积极开展与印度联合军演。在2010年的联合军演中，双方在军演背景中指出：“（假设）面临政治不稳定的岛国，导致军事政变，新的统治者对海峡采取严格限制的政策，国际社会对这种封锁国际交通要道的反应是建立和授权印度和法国的空中和海上力量重新取得在该地区的航行自由。”[②]

就现阶段而言，由于印度洋地区对欧盟的能源供应及贸易极为重要，

---

① 相关情况参见宋德星等《欧盟的印度洋安全战略与实践》，载《南亚研究》2013年第3期，第6—7页。

② Agapanthe：manoeuvres Aeron vales avec la Marine indienne，http：www. defense. gouv. fr/.

有学者指出欧盟不应忽视欧盟在印度洋地区的利益。也正因为如此，欧盟不仅积极参与在印度洋地区的反海盗活动，而且积极与印度洋国家开展联合军事演习。但有学者指出，如果欧盟只是从这个层面来看待印度洋，显然低估了印度洋日益增加的地缘政治与地缘经济影响力对欧盟的重要性。① 这种看法是欧盟国家学者对印度洋地区的普遍主张。实际上，长期以来欧盟依赖美国保证印度洋及通向远东地区海洋走廊的安全，不过现阶段印度洋地区上权力平衡关系的变化对这种依赖提出了挑战。在可预见的未来，美国仍然将是印度洋地区最强大的海军强国，然而毫无疑问，美国将不再是印度洋地区唯一的海军强国了。② 随着美国影响力的萎缩，欧盟内部讨论在依赖美国的心理不断下降的情况下如何应对在印度洋地区出现的各种各样的挑战就成为目前欧盟非常关注的问题。在欧盟国家中，只有法国、英国有必需的能力在印度洋地区为保证通道安全而采取行动，其他欧盟国家由于海军建设能力薄弱，对于印度洋地区出现的安全问题严重依赖美国。比如在 2006 年德国国防白皮书中，虽然德国指出其在一个开放的世界贸易体制不受限制的海上交通体系中有着最基本的利益，德国的海军对保障德国在海洋贸易走廊具有关键的作用，但一个不容忽视的事实是德国海军建设并没有受到相应的重视。③ 他们更倾向于在印度洋地区发展合作伙伴来维护印度洋贸易走廊的安全。这种观念不仅德国拥有，事实上已经成为欧盟国家的共识。比如法国学者在讨论欧盟在印度洋地区角色问题时表示，欧盟应当努力成为印度洋地区的“相对大国”，其含义是依赖印度洋地区合作伙伴，使欧盟在一个更优越的位置上维护自身的利益，即在紧急情况出现时向合作伙伴提供援助，以缓解在印度洋地区出现的紧张局势。④

虽然很难直接看到欧盟对印度洋的整体战略，但欧盟日益加强在印度洋地区的影响力已经是不争的事实。以至于有人断言，欧盟在印度洋地区

① Agapanthe：manoeuvres Aeron vales avec la Marine indienne，http：www. defense. gouv. fr/.

② Volker Perthes，“Der Indische Ozean ist ein neues strategisches Kraftzentrum”，Neue Zurcher Zeitung，Zurich，February 23，2011.

③ Thomas Speckmann，“Profis ohne Mission”，Die Zeit，Hamburg，Oct. 7，2010.

④ James Rogers，“From Suez to Shanghai：The European Union and Eurasian Maritime Security”，Occasional Paper 77，European Union Institute for Security Studies，Paris，March 2009，p. 29.

执行护航任务将成为日后欧盟发展印度洋地缘战略的第一步。① 这一点显然可以从欧盟不断加强与印度的军事互动看出端倪，如德国、法国、英国积极推动对印度洋国家军售。随着欧洲国家大量削减国防预算，欧盟国家的军火商把目光转向了东方，向印度洋国家积极出售武器，促使该地区的军备竞赛日益激烈。② 最典型的例子是2009年德国拟向巴基斯坦出售核潜艇，该消息引起了外界的极大关注，外界认为这样的军事交易将直接推动印巴之间的军备竞赛。③ 近年来，英法竞相向印度出售战斗机更让外界对欧盟加强在印度洋地区的存在充满了关注。拥有良好政治关系的英法，无疑是印度想与之开展军事合作的重要国家。而印度巨额的军购订单无疑对英法具有巨大的吸引力，而且对印军售的实现客观上还会加大法英等西方国家对于印度未来安全和外交战略及政策的影响力。2013年2月13日在法国总统奥朗德访问印度期间，双方达成了一项短程地对空导弹的军购协议，协议价值接近60亿美元。同时印度还计划从法国购买"阵风"战斗机，该战斗机价值达120亿美元。在会谈结束后双方举办的联合新闻发布会上，印度总理辛格宣布："双方就军购项目的磋商非常顺利。短程地对空导弹的合同已经达成共识。在政府获得通过后，有望在印度实现联合研发和制造。"英国同样重视与印度的军事合作，英国希望向印度推销"台风"战斗机。瑞典斯德哥尔摩和平研究所的一项最新统计数据显示：2007—2011年，印度军火采购量居世界第一，采购量占到全球份额的10%。英法两国访印度，有一个重要的目的，就是争抢印度军购大单。实际上，英法对印度洋国家的军售行为显然已经超越了欧盟在印度洋地区进行的护航和海军联合演习行动，标志着欧盟的印度洋政策或战略正向新的方向发展。

第三节　日本在印度洋的利益诉求及举措

印度洋对日本的重要性不言而喻。日本对一些战略性资源的依赖程度

---

① James Rogers, "From Suez to shanghai: The European Union and Eurasian Maritime Security", Occasional Paper 77, European Union Institute for Security Studies, Paris, March 2009, p. 33.

② John Cherian, The Scorpene Deal, Frontline, Chennai, September 24, 2005.

③ Willi Germund and Max Borowski, Pakistan verliert die Lust auf deutsche U-Boote, Financial Times Deutschland, Berlin, July 19, 2009.

非常高，比如石油必须完全依赖进口，而且主要从中东地区进口。正是在这个意义上，印度洋对日本具有生死攸关的作用。

一 日本在印度洋的利益诉求

首先，印度洋无疑是日本最重要的“海上走廊”。印度洋联系着中东和非洲自然资源非常丰富的地区和国家，是日本经济的生命线，而印度对印度洋的影响力正在日益增加。印度三面环海，位于印度洋核心位置，扼守着印度洋上诸多的咽喉要道，战略位置不言而喻。以日本现有的军事实力，难以依靠自身保障这条生命线的安全，以官方发展援助换取印度保障日本生命线的安全是完全可能的。①

其次，有迹象表明，印度洋有可能成为日本穷兵黩武的重要舞台。军事化一直是日本正在努力的目标，早期还遮遮掩掩，现在则已经明目张胆扩大日本海上自卫队的军事影响。事实上，在美国的主导下，日本和印度都曾参与在印度洋上的多边军演，但在这样的军演机制中，不管是日本还是印度，他们所能发挥的影响力都非常有限。因此，谋求双边军演、扩大在印度洋上的军事影响，可能是今后日本努力的方向。

再次，印度洋地区对日本扩大政治影响力同样意义重大。② 扩大政治影响力、成为政治大国一直是 20 世纪 80 年代以来日本政治家努力的目标。成为政治大国的标志之一无疑就是积极发挥在联合国中的作用，甚至成为常任理事国。从日本本身的观点来看，日本显然已经具备了成为政治大国的条件：在经济上，日本是世界上的第三大经济体，人均国民生产总值超过 3 万美元；在科技方面，日本科技位居世界前列，电子、汽车等产业仍然是世界发展的龙头；在军事上，从战斗机到军舰，美国尖端武器的电子装置中所使用的陶瓷部件 95% 均是日本制造的，而且许多日本民用科技可以在需要的时候转化为军事技术，比如卫星、火箭等技术。正因为如此，日本认为其已经达到加入联合国常任理事国的条件。但客观事实上，日本能否在联合国中发挥更大的作用并不取决于日本自身如何认为，而是国际社会的认可。也正是基于此，日本要不断扩大在印度洋地区的影响力。印度洋地区汇集了非洲东海岸、阿拉伯半岛、波斯湾沿岸、印度半

① 杨思灵：《日本对印度的官方发展援助研究》，《南亚研究》2013 年第 1 期。

② 杨思灵：《印日全球战略伙伴关系的发展与影响》，《南亚研究》2014 年第 2 期。

岛及东南亚等地区50多个国家，其中有些国家比如印度、澳大利亚等在国际社会上还拥有较强的影响力，因此，日本积极加强在印度洋地区的影响力对提升自身的国际地位具有重要的现实意义和作用。

最后，谋求与印度的经济合作显然也是日本进军印度洋的重要原因之一。① 21世纪以来，印度经济的崛起吸引了越来越多的关注。具有11亿人口的印度不仅是个巨大的消费市场，而且也是日本所看好的理想投资地，“对外来投资者来说，印度作为最大的市场，可能是最后一块拓荒地”。此外，印度是服务业快速发展的发展中国家，日本则是工业非常发达的发达国家，双方经济发展的互补性非常明显。因此，矿产资源非常丰富的印度对日本有很大吸引力。印度拥有矿产储量近100种，其中云母产量世界第一，煤和重晶石产量居世界第三。印度在煤、铁矿石、铝土、铬铁矿、锰矿石、锌、铜、铅、石灰石、磷酸盐、黄金、石油、天然气等资源均有较为相对丰富的储量。此外，石膏、钻石及钛、钍、铀等储量也比较丰富。稀土是日本高新技术制造业所必需的材料，而印度稀土探明储量310万吨，占全球储量的3%，是世界第五大稀土生产国。印度官方多次表态愿意引进日本公司在稀土提炼和加工过程领域开展合作，以提高印度稀土的价格竞争力。根据日本共同社的报道，日本“丰田通商”综合贸易公司（属丰田汽车公司旗下）已打算与印度东部奥里萨邦合作建设稀土矿提炼工厂。2012年印日正式签署稀土合作协议，标志着两国在此领域的合作取得进展。

二　日本在印度洋采取的举措

印度洋对日本如此重要，那么日本要如何维护其在印度洋的利益呢?普遍的做法是不断加强与印度洋地区国家的政治关系。比如与澳大利亚，在美国联盟框架下，日澳双边政治互动引人关注。2013年1月13日，日本外相岸田文雄抵达悉尼，对澳大利亚进行访问。岸田文雄访澳探讨的议题除地区安全问题外，还囊括了澳日自由贸易协定、双边国防合作等内容。此外，日本还表达了与澳大利亚拓展双边关系、加强海事合作的愿望。

在印度洋地区，日本与印度关系的发展最为引人注目。在政治外交领

---

① 杨思灵：《日本对印度的官方发展援助研究》，《南亚研究》2013年第1期。

域，日本首相森喜郎、安倍晋三（2006）、野田佳彦等均先后访问过印度，这些日本首相大部分在位时间并不长，但在推动日印关系发展方面却立下了汗马功劳。日本首相森喜郎访问印度，双方决定建立全球伙伴关系；安倍晋三访问促成两国建立部长级“日印战略对话机制”。反观印度同样如此，印度总理辛格在其任期对日本的访问多达4次；对于同是印度洋重要国家的缅甸，日本也采取了非常务实的政策。

除了政治外交，军事介入印度洋无疑也是日本采取的重要手段。自“9·11”事件以后，日本就在印度洋地区成功实现了军事存在。当然，客观来看，在印度洋上，日本更看重的是印度的作用。2012年6月10日，日印海军联合军演在日本的神奈川县附近的相模湾进行。尽管此次军演并非在印度洋，但此次军演的开展无疑为日本借助印度扩大在印度洋上的影响提供了基础。早在2005年，日本政府就曾向印度提出一项建议，即为印度在亚太地区联合演习提供军事力量和军事基地，作为回报，日本希望印度在印度洋上向日本提供类似设施的基地。从这点可以看出，2012年6月的军演极有可能是日本抛出的“诱饵”，为日本扩大在印度洋上的军事存在及影响做准备，从而也使印度洋可能成为日本转变为军事大国的重要舞台。①

但日本在印度洋地区最引人注意的还是其经济手段。尤其是自21世纪以来，日本不断加大印度洋地区的援助力度。以印度为例，截至2011年3月，日本与印度签署的贷款协议达到了215个，累计日元贷款33203.7亿日元。截至2011年10月3日，日本对印度官方发展援助执行项目59个。从整个发展趋势来看，尽管日本对外官方发展援助预算不断在萎缩，但对印度的援助却呈上升态势。以日元贷款为例，2000年日本对印度的日元贷款仅为189.26亿日元，2010年增加到了2035.66亿日元，2008年一度达到历史最高点，为2360.47亿日元。② 日本之所以扩大对印度洋地区的援助，其根本目的在于维护其印度洋贸易走廊安全的需要。2011年日本官方发展援助白皮书就直接表明，日本向发展中国家提供官方发展援助能够使日本获得自然资源、能源及粮食的安全供应，而且为了确保日本“海上走廊”的安全，日本将为海岸国家的稳定和发展以及能

---

① 杨思灵：《日本对印度的官方发展援助研究》，《南亚研究》2013年第1期。

② 同上。

力建设提供官方发展援助。①

从最近日本与印度的发展动向来看，双方在两洋（太平洋与印度洋）加强合作已成为必然趋势。②

其一，双方视彼此为印度太平洋地区的天然伙伴。2007 年 8 月安倍对印度进行访问，提出了“两洋交汇”的概念，即太平洋和印度洋。2013 年 5 月辛格访问日本，高度评价了安倍提出的海洋安全概念，认为正是安倍确定了印日双边关系的新框架。辛格在演讲中强调印度太平洋地区正在见证深刻的社会和经济变化，因为其规模以及罕见的发展速度。过去半个世纪以来，印度太平洋地区在自由、机会及繁荣等领域已经历了史无前例的崛起。辛格也指出，印度太平洋地区面临诸多挑战，包括诸多未能解决和有待解决的问题。比如历史遗留问题、发展不平衡、稳定与安全问题。因此，正是在这样的背景下，印日有了为亚洲描绘新蓝图的机会。印度和日本是印度太平洋地区的主要角色，有责任培育和平、稳定、合作的环境，奠定一个持久安全和繁荣的基础。印度与日本关系之所以重要，不仅仅体现在双方的经济发展上，而且也因为印度将日本视为太平洋和印度洋地区“天然和不可或缺的伙伴”。

其二，强调印日共同应对海洋安全。从中东地区到太平洋的海上航道对日本的安全来说具有重要的作用和意义，正是在这个意义上，日本重视与印度的合作。在这里，日本非常重要的一个地缘政治手段官方发展援助无疑说明了问题。自 2003 年以来，印度就是日本对外官方发展援助的最大国家，日本在官方发展援助文件中毫不掩饰地说明了这一目的，即向印度提供官方发展援助主要是为了维护日本海洋走廊的安全。正是在这个意义上，日本一直非常重视与日本在海洋安全问题上的合作。在这点上，印度无疑注意到了日本的需要，同时也是为了扩大在西太平洋地区的影响，印度积极主张与日本在海洋安全方面开展合作。2013 年辛格访问日本提出了加强在海洋安全领域合作的建议：“鉴于印度太平洋连接地区对地区与全球繁荣非常关键，我们应当维护自由航行原则，根据国际法保证航道畅通，和平解决海洋安全问题，并一道努力开发海洋潜力，共同应对海洋

---

① 杨思灵：《日本对印度的官方发展援助研究》，《南亚研究》2013 年第 1 期。

② 此部分引自杨思灵《印日全球战略伙伴关系的发展与影响》，《南亚研究》2014 年第 2 期。

安全挑战，比如海盗。”① 从印度的海洋发展战略来看，有借助东亚国家尤其是日本排除中国在印度洋上的影响力的企图。事实上，有鉴于印度洋及东亚地区是决定亚洲大国平衡的关键地区，有人指出如果印度不与上述地区关键的岛国建立战略伙伴关系的话，印度将在孟加拉湾和阿拉伯海面临来自中国海军的压力。因此，印度谋求与包括日本在内的印度太平洋岛国建立防务合作关系、进行联合军事演习、开展能源合作、举行战略对话就显得一点儿都不奇怪了。②

其三，海军联合演习向常态化和机制化发展。近年来，印日双方在扩大军事影响方面达成了默契，即日本帮助印度扩大在西太平洋地区的军事影响，印度则鼓励日本拓展在印度洋的军事影响力。2013 年 5 月 28 日，印度总理辛格在访日演讲中表示，印日将加强在亚洲和太平洋印度洋上的合作，确保海洋安全。事实上，近年来，印度扩大在西太平洋地区军事影响的趋势越来越明显，比如 2009 年美印日在日本冲绳以东海域举行了代号为“马拉巴尔 09”的大规模海上联合演习，最近的一次印日联合军演是在 2012 年 6 月，两国在日本神奈川县附近的相模湾举行首次海上联合军事演习。这次联合军演有着特别的意义，因为以前日印联合军演多在多边架构中进行，而这一次双方之间独立的联合军演还是首次。2013 年 5 月 26 日，印度外交部常务秘书马塔伊说，“我们将使印度和日本双方的常规海军演练制度化”。这一消息并非空穴来风，因为印度已经邀请日方在印度洋上进行海事演练。

第四节　俄罗斯在印度洋的利益诉求及举措

俄罗斯地处欧亚大陆的“心脏地带”，远离印度洋地区，但这并不表示俄罗斯在印度洋地区没有利益。事实上，俄罗斯不仅在印度洋地区有着重要的利益，而且这些利益始终与俄罗斯的大国目标紧密相连。自沙皇俄国开始，俄罗斯就不断追逐在印度洋上的利益。如何理解俄罗斯在印度洋上的利益呢？俄罗斯又是如何在印度洋上维护自身利益的呢？

---

① Manmohan Singh, “Prime Minister's Address to Japan-India Association”, Japan-India Parliamentary Friendship League and International Friendship Exchange Council, Tokyo, May 28, 2013.

② Brahma Chellaney, Assessing India's Reactions to China's Peaceful Development Doctrine, NBR ANALYSIS, Apr. 2008, p. 36.

一　俄罗斯在印度洋上的利益诉求

（一）地缘政治利益

从地缘政治角度讲，俄罗斯要想成为全球战略影响国家，就必须能够对印度洋施加必要的战略影响。这可以说是俄罗斯在印度洋上最重要的利益之一，也是俄罗斯一直以来努力追求的目标。自沙皇俄国直到苏联时期，在印度洋获得出海口一直是其努力的目标，而这一努力同俄罗斯（苏联）与英国及后来的美国争夺地区或世界霸权紧密相关。

自15世纪以来，印度洋在成就欧洲大国殖民霸权方面发挥了异常重要的作用。以英国为例，英国正是控制北印度洋上的印度，使之成为英国女王王冠上最耀眼的明珠，才使英殖民帝国有了长期存在并继而东进东南亚的重要基础，同时也是英殖民帝国中亚，北抗俄罗斯的重要基础，更为重要的是，通过控制印度洋使亚洲的财富源源不断流入欧洲。因此，从某种意义上讲，正是印度洋成就了英殖民帝国最辉煌的霸权。对于这一点，当时的沙皇俄国无疑看得非常清楚。从欧洲到印度洋地区，地中海可以说是欧洲地缘政治的命门，[①] 对想称雄世界的俄国而言，如果能够直跨黑海，进入地中海，那么英殖民帝国的地位将岌岌可危，因为如果俄国一旦实现了这样的意图，亚洲的财富将直接落入俄国囊中。事实上，从地缘战略影响力的角度来看，这也是今天为什么俄罗斯竭力反对美欧在叙利亚复制利比亚模式的重要原因，如果叙利亚一旦被美欧所控制，那么俄罗斯对东地中海的影响力将丧失殆尽，从而也意味对印度洋与地中海连接的战略要地——苏伊士运河失去战略影响力。

当然，除了对这种关键通道施加影响之外，实际上俄国一直在设法为想从陆上直接打通俄罗斯到印度洋努力，1807—1838年沙俄向中亚进行了14次远征，不过这些远征均被英国所阻击。在此后几年内，俄罗斯将印度确立为远征目标，打击英国霸权，并为此展开两线南进的方针，一条是西线，从中亚西侧直奔向南，另一条则是东线，假道中国境内（新疆北部），直逼中亚南部。对于俄国的意图，恩格斯看得非常清楚：这些征服可以为进攻印度构筑作战所需基地，俄军从北方进攻印度的计划意图相

---

① 张文木：《全球视野中的中国国际安全战略》（中卷上），山东人民出版社2010年版，第38页。

当明显。不过从历史发展的事实来看，沙皇俄国终其一生也未能在印度洋上获得过出海口。

反而是苏联时期对印度洋的地缘战略影响力达到了顶点。二战结束后，由地中海进入印度洋仍然是苏联的首选战略。为此，苏联于20世纪50年代与埃及建立了良好关系，对苏伊士运河及红海的影响力大幅度攀升。20世纪60年代，苏联又利用伊拉克退出由美国倡导建立的“巴格达条约”的机会，与伊拉克签署经济技术合作协定，苏联影响力直逼波斯湾。当然，苏联在印度洋地区的影响顶峰来自20世纪70年代与印度建立起了同盟关系，在此前的1968年，苏联太平洋舰队进入印度洋，在印度洋进行了第一次军事演习。1971年8月苏印正式签订同盟条约《和平友好条约》。1973年，苏联获得穿越霍尔木兹海峡进入波斯湾进驻伊拉克港口的权力。1976年，苏联太平洋舰队分支进驻越南金兰湾，至此，苏联获得从波斯湾到马六甲海峡之间对印度洋施加战略影响的能力。在此后，苏联就通过也门、索马里、埃塞俄比亚、毛里求斯等发展关系来拓展其在印度洋上的权力。而其中最值得称道的一点是1974年，苏联在毛里求斯路易斯港建立起了海军基地。在印度洋上获得这些成就之后，苏联又开始延续沙皇俄国时期的陆上进军印度洋的战略路线——进军阿富汗。事实证明，这是一次非常失败的行动，虽然配合当时的伊朗局势来看，苏联兵锋直指霍尔木兹海峡，但此时的苏联在美欧的竭力抵制之下已是强弩之末，大量的扩张行为最终导致苏联内部问题不断，并最终导致其全面崩溃。

苏联的解体被俄罗斯看成是20世纪的地缘政治灾难。其中最重要的一个结果就是使苏联在印度洋上取得的一系列成果化为乌有。波罗的海、黑海地区大型港口的丧失使俄罗斯对印度洋地区的影响力大幅收缩，对印度洋的进军能力也自然受到了限制，领土重心被推向北方和东方（离印度洋越来越远），在印度洋周边国家的驻军不得不撤出。苏联解体后，俄罗斯一下子从与美国在印度洋上针锋相对变成了在印度洋上无足轻重的国家，只能通过维持与印度、伊朗这些国家的关系对印度洋施加微弱的影响力。

重回世界舞台一直是冷战后俄罗斯的梦想，而要实现这样的梦想，在印度洋地区发挥战略影响力无疑是非常重要的标志。其中的大介入中东事务力度，大力发展与印度、伊朗等国家的关系受到俄罗斯高度重视，尤其与印度的关系。不过从现实来看，俄罗斯很难再获得苏联时代那样的成功。但要想成为世界性的强国，又注定俄罗斯必须能够在印度洋上有所作为。为了达成这样目标，俄罗斯不会在叙利亚问题上与西方妥协，同时也会非常重视同印度的关系。不过，从发展的趋势来看，俄罗斯的这些加强与印度洋国家友好关系的政策遭遇严重挑战。叙利亚自不必说，西方一直想颠覆现政权，而且正在加大武装反对派的努力。就印度来说，虽然两国一直保有“特殊”关系，但这种关系正在被印美、印日关系所挑战。俄罗斯要想在印度洋上重现苏联时代的荣光，并不是说没有可能，只是这种可能微乎其微。

（二）经济利益

回到今天俄罗斯的现实，俄罗斯在印度洋上的其他利益是什么呢？虽然重要性尚未完全体现，但印度洋对俄罗斯对外贸易通道及经济合作仍然具有一定的意义与吸引力。不过就现在俄罗斯对外经济合作的状况来看，印度洋仍然是其对外经济合作的“边缘地带”。俄罗斯历来非常重视与欧盟、中东、独联体开展合作。2012 年欧盟国家在俄罗斯的对外贸易中所占的比重超过 50%，而且贸易额达到俄罗斯 GDP 的 35% 以上，其次是中东国家及独联体，所占比重约为 20%。亚太国家所占比重非常低，印度洋上的印度，作为购买俄罗斯武器最积极的国家，其在俄罗斯对外贸易的排名中尚未进入前十。换言之，在地缘战略能力上，俄罗斯对印度洋地区的影响力已经被边缘化，从经济合作的角度来讲，环印度洋地区仍然未能够进入俄罗斯政治家的议事日程之中。

事实上，俄罗斯正在加大与亚太国家的经贸合作，比如积极加入亚太经合组织，与东南亚国家商谈贸易事项，加强与中韩日印等大国的经贸合作，试图实现俄罗斯东西并重的经贸合作格局。不过要实现这样的格局转变并不容易，因为俄罗斯是横跨欧亚大陆的国家，但其政治经济重心主要在欧洲，远东地区的开发与发展除能源出口外很难看到其他的发展前景。此外，欧洲之所以能够在俄罗斯对外经济合作中占有最重要的地位，主要得益于二者之间的互补性，即俄罗斯出口能源，进口欧洲的轻工业产品（包括高科技产品）。这一点反衬出印度洋地区国家很难繁荣与俄罗斯的经贸合作，因为绝大多数印度洋国家本身就缺乏制造轻工业产品的能力。这可能合理地解释了为什么俄罗斯与诸如印度这样的国家在军事合作领域能够获得很大成功，但在其他方面则平淡无奇。尽管 21 世纪以来，俄罗斯发誓要以能源为武器，实现出口市场的多元化。在某种程度上而言，这是可以实现的，比如通过与东北亚的合作，加强东北亚地区经贸合作在其对外经贸合作中的分量。但这一前景在印度洋地区很难看到，因为虽然印度是新崛起的能源消费大国，但只要有稳定的西亚、中亚、非洲能源供给，印度为没有必要花费巨大的成本从俄罗斯进口能源。除非这些能源是免费的。

客观来看，印度洋对俄罗斯当然重要，但应该是有前提的，即如果俄罗斯仍然想成为世界大国，那印度洋地区的重要性不言而喻，因为如果对印度洋地区发生的事务，俄罗斯甚至都没有话语权，这会是什么样的世界大国呢？不过限于现今俄罗斯的实力与能力，俄罗斯要想完全挖掘其在印度洋上的利益则几无可能。虽然从政治和军事的角度来讲，俄罗斯不断扩大在一些印度洋国家比如伊朗、印度等国家的影响，甚至普京还历史性地想加强与巴基斯坦的关系。但这一切都改变不了、至少是短期内改变不了印度洋是俄罗斯外交战略边缘地带的事实。

二　俄罗斯针对印度洋的重要举措

（一）加大在地中海通向印度洋地区的博弈力度

关于这一点，主要体现在俄罗斯大力参与叙利亚事件并施加主导性影响之上。利比亚沦陷于西方将使俄罗斯在利比亚的影响消失殆尽，作为可以对苏伊士运河发挥重要影响的叙利亚就成为俄罗斯在该地区“必保”之地。虽然并不是唯一的原因，但普京在叙利亚的成功无疑是其被美国《福布斯》杂志评为世界上最具权势的人的重要理由。

（二）派遣护卫舰在印度洋上护航

近年来，俄罗斯以护航为名，不仅向印度洋派遣导弹护卫舰。而且不断增加派遣舰艇的数量。2008 年 10 月，俄罗斯宣布其海军波罗的海舰队的一艘导弹护卫舰启程前往印度洋。2009 年，俄罗斯进一步增加派往索马里海域执行护航任务的舰艇数量，连俄北方舰队的旗舰——“彼得大帝”号这样的重型核动力导弹巡洋舰都包括在内。

（三）加强与印度洋重要国家之间军事合作关系

从俄罗斯外交战略倾向来看，在印度洋上，其最为重视的国家有两个，一个是伊朗，另一个是印度。它对这个国家采取的措施均是全方位的。首先，与这两个国家开展联合军事演习。与印度联合演习最近一次发生在2013年10月25日，与伊朗联合演习最近一次在2013年6月。可以说，俄罗斯与这两个国家的军事演习名目繁多，很难有一个清晰的梳理线索，但并不影响我们得出结论：联合军事演习已经成为俄罗斯加强与印度洋国家印度和伊朗双边关系的重要手段。其次，向这两个国家出售大量先进武器。以印度为例，2008—2011年，俄罗斯占据了印度军火市场的头号份额。印度来自俄罗斯的进口武器价值多达71.6亿美元，占到了印度武器进口总额的51.6%。2012年印度军火进口交易有80%来自俄罗斯，总额达73.4亿美元。与印度一样，伊朗的技术及其系统均来自俄罗斯。客观来看，在俄罗斯与这些国家双边关系中，也日益重视经济关系，但相比来看，这些国家在相关中的经济地位并不高，由于地缘因素的影响，印度、伊朗均不是俄罗斯最重要的经贸伙伴，也导致双方在经济合作领域的成绩非常有限。

第五节　中国在印度洋的利益诉求和举措

海洋不仅具有地缘安全和交通运输等传统意义，其所蕴藏的极为丰富的资源对一国未来的发展和经济实力也有着深远的影响，并日益成为世界各国提高综合国力和地缘战略优势的制高点。中国作为世界上人口最多的正在崛起的发展中国家，陆地空间不足、资源有限，走向海洋是今后中国的必然选择。然而，中国的海洋安全与海洋利益正面临着前所未有的挑战。特别是随着印度洋战略地位的提升和中国开放型经济的发展，未来中国对印度洋的战略需求将有增无减。维护和实现中国的印度洋利益已成为至关重要的现实问题。

一　中国在印度洋的战略利益分析

从历史上看，无论是葡萄牙、西班牙、荷兰、英国，还是俄罗斯、日本、美国等，都是通过走向海洋而崛起成为世界大国的。从现在和未来看，由于海洋的重要性上升，一个世界性大国的崛起，都必须重视海洋和经略海洋，切实维护国家的海洋权益，成为海洋强国，并在国际海洋机构中具有决策影响力。从当代中国来看，中国是一个陆地大国，也是一个海洋大国。中国大陆海岸线18000公里，岛屿6000多个，岛屿岸线14000公里，领海面积37万平方公里，200海里专属经济区300万平方公里，其中部分海域与其他国家的主权主张重叠。[①] 根据国家实力兴衰的历史规律来看，中国当前无疑正处于国力快速攀升的阶段。1978 年改革开放以来，中国积极参与经济全球化进程，经济日益彰显生机和活力。中国正经历从封闭的孤立于世界经济之外的状态到经济全球化的重要参与者的转变，正经历从农业国到工业国、自给自足的计划经济到市场经济的转变。伴随着这些转变，中国的国家利益必将前所未有地向外扩展，中国发展的机遇和挑战都将来自海上。[②] 海洋对任何国家来说都是全球战略中最重要的一部分，对中国也不例外。中国作为一个濒海大国，为了在 21 世纪实现民族复兴和国家富强的伟大战略目标，就必须经略海洋，重视海洋。[③] 中国在印度洋的战略利益由以下几个方面构成。

（一）战略通道利益

海洋是中国参与世界经济全球化、一体化的重要途径，海上交通线是我国对外经济联系的重要通道。中国 80%—90% 的贸易运输量需要海洋通道承担运输，海洋通道直接关乎中国经济发展、能源安全乃至国家安全。进出大洋的权力、确保海上机动的自由是中国和平发展必须确保的基础。印度洋是世界重要的海洋，其边缘有阿拉伯海和孟加拉湾等，并有海峡和运河与其他海洋或大陆相连。另外，印度洋中还分布着许多岛链：西部有索科特拉岛、马达加斯加岛、马斯可林群岛、塞舌尔群岛，中部有查戈斯群岛、马尔代夫群岛、斯里兰卡岛，东部有安达曼群岛、尼科巴群岛、苏门答腊岛，南有阿姆斯特丹岛、凯尔盖朗群岛，它们也具有十分重要的战略价值。

中国加入世界贸易组织后对外贸易在中国促进经济增长中的作用越发突出。对外贸易的增长速度大大超过了中国国内生产总值和世界贸易的增长速度。2004 年中国进出口贸易总额历史性地突破万亿美元大关，取代了日本，名列全球第三位。我国对外贸易规模的还在不断持续扩大，依存度也越来越高，大大超过了世界外贸依存度平均水平。随着中国贸易伙伴的增加和市场的拓展，保障海外经济利益和通道安全就变得更为重要。2000 年中国对欧、美、日的出口分别占出口总额的 16. 47%、20. 92% 和

① 袁孝亭主编：《地理》，人民教育出版社 2007 年版，第 85 页。

② 石家铸：《海权与中国》，上海三联书店 2008 年版，第 1 页。

③ 侯松岭、迟殿堂：《中国周边海域的战略地位和地缘战略价值初探》，《当代亚太》2003 年第 10 期，第 47 页。

16.70%（合计54.09%），2011年分别占18.74%、17.08%和7.76%（合计43.58%）。尽管所占的比重下降，但仍然占有较大份额。而中国对自由贸易伙伴以及新兴市场国家的出口份额不断上升。其中，中国对东盟、印度、俄罗斯和巴西的出口额分别从2000年的6.96%、0.63%、0.90%和0.49%上升到2011年的8.94%、2.66%、2.05%和1.68%。[①]另外，随着中国经济的快速发展，石油进口量不断增加，2011年中国原油进口量达25378万吨，同比增长6%；全年进口原油共花费1966.65亿美元，同比增长45.3%；石油对外依存度达到56.5%，比2010年上升了1.7个百分点。由于中国已成为世界重要的石油进口大国，且目前90%以上的石油进口需要从海上运输，海洋通道在我国能源进口中也具有举足轻重的地位。可见，海洋通道对中国对外贸易、能源进口、经济发展的意义与日俱增，海洋通道安全与否将直接影响到我国的能源安全和经济安全。

（二）能源安全利益

当今人类社会的生存与发展正面临着“资源日趋枯竭、环境日益恶化和人口不断剧增”三大威胁，而海洋蕴藏着极大丰富的战略资源，如石油、天然气、生物、可再生能源、水资源、矿产、化学等人类赖以生存的宝贵资源。[②]

目前，世界上公认，举世闻名的波斯湾是世界上海底石油储量最丰富的地区之一。印度洋海底石油探明储量多达120亿吨，油气资源大约占中东地区探明储量的1/4，天然气储量也多达7100亿立方米。印度洋海域海上石油总产量占世界海洋石油产量的1/3。印度洋海底还拥有大量的金属结核矿，其中锰2000亿吨，镍164亿吨，铜88亿吨，钴58亿吨，相当于陆地上储量的40—1000倍，[③]它可为人类社会的生存与发展提供大量的物质财富。特别是随着世界经济社会的持续发展、人口的不断增长，地球陆上的资源难以为继，海洋为人类提供了广阔的生存与发展空间。[④]辽阔的海域及海洋资源将为我国经济发展提供新的支柱和重要动力。发展

① 梁明：《中国对外贸易：2011年分析和2012年展望》，http：//www. caitec. org. cn/c/cn/news/2012－04/06/news_ 3208. html。

② 周建平、余世建主编：《中国海洋国土知识地图集》，湖南地图出版社2010年版，第38页。

③ 《海洋资源》，百度百科，http：//baike. baidu. com/view/40073. htm#3。

④ 李欠标：《发展海洋经济与海洋运输的思考》，《综合运输》2011年第11期，第66页。

海洋经济已经成为国民经济的新增长点。印度洋海域以及周边国家都蕴藏着大量油气资源，被称为世界能源带。特别是中东和非洲能源资源十分丰富，其中中东石油储量被称为世界“油库”，在世界举足轻重。中东的石油储量占全球60%以上，至少有80—90个油田的最终可采储量超过10亿桶，其中33个超大油田的储量在50亿桶以上。世界最大的加瓦尔油田的可采储量近1000亿桶。中东的石油还具有储量大、分布集中、油田大、油质好、开采成本低、距海近、运输方便等优越条件。按照目前的开采水平，世界石油储量可以开采40年左右，而中东石油可以开采80年。中东石油在未来20年内仍将继续称霸世界石油市场。另外，中东还有丰富的天然气资源，目前中东占世界天然气总储量40%以上，其中沙特阿拉伯、伊朗和卡塔尔天然气资源最为丰富。由于油气资源丰富，开采成本低，使石油成为多数中东国家的经济命脉，并在很大程度上影响着本地区的政局变化及其同域外大国的关系。而北美以及中国、印度等新兴国家是中东石油最重要的市场。目前，中国从中东进口的石油资源占进口总额的一半以上。中东的能源资源对中国的持续发展十分重要。再加上中国从非洲进口的石油资源占进口总额的30%，使中国进口的石油中有80%要通过印度洋运输。与此同时，中国需要的其他重要资源的进口量也大增。例如从印度进口的铁矿石和钢材就占对印进口额的50%—60%。这使印度洋通道成为中国加快经济社会发展的“生命线”。

（三）战略经济利益

在世界经济全球化、区域经济一体化、周边经济一体化加快推进的今天，印度洋沿岸地区不仅在世界格局中的战略地位显著提高，而且对中国战略经济意义也在不断提升。根据中国的贸易增长速度不难看出，对外贸易的增长速度远远高于国内生产总值和世界贸易的平均增速。毫无疑问，今后中国不仅需要进一步拓展同发达国家的经贸合作外，还需大力发展同南亚、东南亚、西亚、非洲等新兴市场的合作。印度洋周边国家正涵盖了南亚、东南亚、西亚和非洲市场，且几乎全是发展中国家，是世界经济增长潜力最大和世界最重要的新兴市场之一。由于印度洋联系国家的广泛性和我国对外开放要扩大同发展中国家经贸合作的现实性能有机地结合起来，使印度洋在中国对外开放战略中居于十分重要的地位，应引起我们高度重视。印度洋地区已经成为中国贸易投资的主要区域，而且还具有相当可观的增长前景。因而，中国战略经济利益的实现诉求，将随着贸易投资在这一地区的增长而日益增长。

（四）战略安全利益

印度洋沿岸地区是关系中国周边安全的重要战略区域。从地缘安全角度而言，印度洋周边地区由一些较小的国家组成，难以形成集体应对地区安全威胁的有效合力。尽管目前印度洋地区有环印度洋地区合作联盟（IOR-ARC）等组织，但由于参加国家多且多为发展中国家，实力有限，至今也没有一股大的力量能把它统一为一个地缘政治实体，导致其易被外部力量所左右。这使印度洋地区是世界上潜藏最多利益纷争的最不安定的地区之一。对中国来说，印度洋是中国许多战略物资的运输通道和贸易通道，而印度洋地区是中国的油库和友好国家，是维护国家安全战略绕不开的区域，对中国崛起有着巨大影响。

当前，美国、俄罗斯、韩国、印度等都已经制定或正在制定21世纪海洋战略和政策。与其形成鲜明对比的是，中国目前不仅在印度洋地区的影响力十分有限，而且至今还未制定印度洋战略，这与中国在印度洋地区巨大的利益和中国未来作为全球性大国的战略角色极不相称。中国在印度洋的战略安全利益直接关系到中国如何突破以美国为首设置的“岛链”，破解“马六甲海峡困局”，以及保障中国越来越大、越来越多的存在于印度洋以及印度洋沿岸国家的贸易、市场和投资等安全。

二　中国在印度洋的战略举措

（一）以双边、多边合作维护印度洋区域安全

由于印度洋地区环境复杂、矛盾众多，中国实施印度洋战略既需要积极发展与印度洋沿岸国家的关系，又要处理好与域外大国的关系。即在发展双边关系的同时努力寻求多边合作。要进一步加强与印度洋沿岸国家尤其是与印度、巴基斯坦、斯里兰卡、孟加拉国、缅甸、马尔代夫等国家的友好合作关系，使其保持长期稳定，以便为构建和谐印度洋奠定基础。特别是中印之间的关系要保持稳定，这一方面是因为印度位于印度洋的枢纽位置，战略地位重要，而目前印度对中国发展与巴基斯坦、缅甸等国的友好关系，甚至对中国的“西部大开发”都存有戒心，认为是对印度利益的威胁，这使其海洋战略有较强的针对中国的意图，如果双方在印度洋问题上不加强合作、交流与沟通，增加互信，很容易造成误解或发生摩擦；另一方面是因为目前中印正在共同崛起，构建和谐印度洋符合双方的共同

利益。与此同时，中国也要处理好与域外大国特别是与美国的关系。因为这些域外大国在印度洋的角力极大地影响了和平、合作与“和谐印度洋”的建设。在目前印度洋已有多个域外大国介入的情况下，未来我们的着力点也应放在区域安全合作和多边合作上，并以多边合作推动印度洋区域安全合作，使印度洋成为和平之洋、合作之洋、和谐之洋、友谊之洋。

（二）以新型的海洋观为指导，多国共建“和谐印度洋”

如果说历史上的一些海洋国家是为了拓疆扩土、掠夺财富、开垦殖民地、争夺霸权而走向印度洋、争夺印度洋海权的话，那么中国则是为顺应全球化的大趋势而走向海洋的。是“走出去”的政策和印度洋利益日益增加要求中国必须关注印度洋的，是和平崛起的发展目标与建设和谐世界的历史任务促使中国走向印度洋的。中国应当发展有中国特色的新型海权理论，并在这种理论的指导下探讨中国参与构建和平、和谐的印度洋的路径。中国特色的新型海权理论是与西方传统的海权观有区别的，它以平等合作、互利共赢的新安全观为指针，以非霸权和非扩张性为特征。在这种新型海洋观的指导下，中国主张建议多国共建“和谐印度洋”，主张各国需要正确处理好和平、合作与竞争的关系。中国要坚持走和平发展的道路，积极维护国际海洋新秩序，将和平、合作、发展、和谐作为中国进入印度洋的基本原则，努力构建和谐印度洋。

（三）积极与印度洋沿岸及相关国家开展军事合作交流

印度洋地区是一个矛盾错综复杂的区域。在冷战后，大国势力不断向这一地区伸展，并在这一地区形成了相互竞争又相互借重的微妙态势。同时这个地区宗教极端主义、海盗、恐怖主义活动频繁，非传统安全问题十分突出，给海上安全带来很大威胁。基于这种情况，大国为了维护自身利益，经常在印度洋显示实力，进行各种军事演习等活动。由于中国在印度洋也有巨大的利益，我国的海军也要扩大在印度洋的影响和提高在印度洋的军事行动能力，积极与相关国家进行军事合作与交流（包括访问、训练、演习等），以更好维护我国的印度洋海洋通道安全。军事演习合作者可以是印度洋周边国家（例如印度和巴基斯坦），也可以是外部的海军强国（如俄罗斯、英国、法国甚至是美国）。合作交流内容包括军队领导人互访、军事交流以及联合搜救和救援、人道主义行动、商船保护、打击海盗等。而且加强军事合作、演习与交流还有利于推动多边安全合作，为世界在印度洋建立新的安全框架起到重要作用。

（四）推进直达印度洋的陆路通道建设

东南亚、南亚与中国山水相连，千百年来双方友好交往不断。历史上中国通过南方、北方、海上三条“丝绸之路”等与印度洋沿岸国家相连，而今国家已批准云南建设中国面向西南开放的“桥头堡”，这将使云南成为中国面向印度洋开放的门户，也是印度洋国家陆路进入中国的重要战略通道。建设直达印度洋的国际大通道不仅可以有效破解“马六甲困局”，支撑中国特别是大西南经济崛起，而且更重要的是可促进中国与周边国家共同发展，为中国未来的发展提供一个更加稳定良好的环境。其中，缅甸的作用和地位十分关键，它是中国连接印度洋国家的桥梁和纽带。目前，中缅油气管道已通气，它连接东南亚南亚的国际大通道正在推进之中。为了加快推进步伐，国家应加强与缅甸、印度、孟加拉国等印度洋沿岸国家的沟通和协调，将连接孟中印缅的国际大通道建设上升为国家决策，共同推进中缅、中孟、中印公路、铁路、航空、油气管道、电信等网络建设。对于经济欠发达的缅甸、孟加拉国应增加援助，协助其推进边境道路，加强与周边国家的通道连接。同时，签署相关协议，提高政府效率，简化程序和手续，降低运输成本，推进通关便利化。另外，还应增加投资，加快缅、孟产业发展，使国际大通道成为共同富裕的希望之路、发展之路。

第四章　印度印度洋战略的发展进程

历史上，印度很早就认识到了印度洋对其生存和发展的重要性。至少在15世纪葡萄牙人入侵印度以前，印度曾是印度洋上的霸主。但是，由于长期的战乱和分裂，印度忽略了对印度洋的经略，一度“有海无防”。近代历史上，印度丧失国家独立也是从印度洋上开始的，在沦为英国的殖民地后，印度洋成了“英国的内湖”。

第一节　印度“印度洋战略”的发展阶段

1947年印度独立后，继承了英国殖民统治者的战略理念，希望把印度洋变为“印度的内湖”。从此开启了印度印度洋战略的新篇章。在两次印巴战争后，印度确立了在南亚的绝对霸主地位。陆路上的一家独大，让印度更加自信，急速地向印度洋扩张。20世纪80年代后，印度把军力投入转向了印度洋。到20世纪90年代中期，印度开始建设“蓝水海军”。印度的印度洋战略的最终目标就是“要把印度洋（the Indian Ocean）变成印度的洋（India's Ocean）”,① 并成为海上强国。正如印度前外交部部长穆克吉认为的那样：“在经过数千年对内陆事务的关注后，我们（印度）开始把目光转向海洋。我们不仅仅要成为陆地强国，还要成为海洋大国。”② 具体说来，印度的印度洋战略可以划分为以下几个阶段：

---

① David Scott，“India's Grand Strategy for the Indian Ocean：Mahanian Visions”，*Asia-Pacific Review*，Vol. 13，No. 2，2006，p. 97.

② Pranab Mukherjee，Speech for the Admiral A. K. Chatterjee Memorial Lecture，Kolkata，June 30，2007.

一　萌芽时期（独立初期至60年代初期）

英国史学家贡纳尔·米达尔曾说过："每一个新生政权的最初的也几乎是本能的反应，就是紧紧保住遗留给它的那份领土。凡是殖民国家通过的地方，新兴的国家就一定要统治。"印度首任总理说，印度政府继承的英印在其他国家的特权是"世袭"的。[①]但是介于独立之初国力的有限，印度首先谋求的是在南亚次大陆上的地位，对印度洋局势关注较少。不论是尼赫鲁还是其他主要政治领袖，对印度洋都不甚关心。[②]所以在这个时期，印度的海洋战略还未成形，海军发展也比较缓慢。

印度海军的前身是"英国皇家印度海军"。英印时期，大英帝国的海军称霸印度洋。由于印度完全依赖于印英海军，所以那时并没有建立自己的海军。直到1934年，"英国皇家印度海军"才正式组建，当时也只是陆军总司令指挥下的一个兵种，兵力有限，基本上没有形成作战能力。印度海军发展于第二次世界大战。特别是1941年底太平洋战争爆发后。1947年印巴分治时，印度分得25艘轻型舰艇，约1万余名官兵。在此基础上，印度海军于1948年建立了海军司令部，同年组建了第一个舰艇中队，随后相继组建了驱逐舰中队、快艇中队和扫雷艇中队，1952年组建了西部海军舰队。[③] 1954年，印度制定了一个全面的"海军更新十年规划"，重新对印度海军未来肩负的作用及其构成进行了重大的评估。[④] 1957年印度世界事务理事会向政府提交了一份关于印度洋防务的报告。但是由于政府主要关注的是印巴局势，这份报告未得到重视。总体说来，这一时期印度并没有真正开始关注印度洋以及海军建设，仍然在依赖英国，忽视了自己的海军建设。潘尼迦当时也大声疾呼道："今后，如果印度再搞纯粹大陆观点的国防政策，那是瞎了眼。以往倒也确是并不需要什么别的政策，因为当时印度洋可算是一个禁区，或者不如说是一个英国的内湖。只要有大英舰队在，印度的安全就有了保障。而今天的情形可不一

---

① 赵晓卓：《南亚雄狮：印度军事力量透视》，华东师范大学出版社2002年版，第19页。

② ［美］科特雷尔：《印度洋——在政治、经济、军事上的重要性》，上海人民出版社1976年版，第304—305页。

③ 孙世海、葛维钧：《列国志·印度》，社会科学文献出版社2010年版，第318页。

④ 郑励：《印度的海洋战略及印美在印度洋的合作与矛盾》，《南亚研究季刊》2005年第1期。

样了。印度已经自由了，如果印度在印度洋上的权力不能由印度自己来维护，这个自由就可说一文不值……捍卫印度海岸的职责，现在是再也不能由英国海军来担当了。”①

二　形成时期（60年代中期至70年代末）

20世纪60年代中期开始，由于国际形势的发展特别是英国国力的衰弱以及印巴力量悬殊的加大，促使印度开始把目光转向印度洋。具体说来，主要有三件标志性的事务促使印度积极实施印度洋战略。

第一件对印度印度洋战略形成深远影响的事件，就是20世纪60年代中后期，由于经济实力的衰弱和战略上的困境，英国决定逐步撤出苏伊士运河以东地区所有海军基地。英国被迫撤离，使印度一时间失去了海上保护伞。因为印度自新中国成立以来，从未把发展海上势力作为头等大事来抓。当然，这也为印度提供了一个填补印度洋战略真空的机遇。但是随后印度洋很快成为美苏两个超级大国争霸的疆场，这对印度的安全构成了巨大的威胁，印度也意识到了问题的严重性。印度国内防务专家认为“超级大国在印度洋的角逐，以及集中于印度洋周边地区的尖锐复杂的冷战和争斗，对印度的安全构成了重大威胁”。② 1966年，印度总理英迪拉·甘地夫人表示，“印度应该抓住这一时机，将印度洋打造为‘印度之洋’”。③ 在印度的积极努力下，1971年，第六届联大通过了不结盟国家提出的议案，宣布印度洋为和平区，要求大国与印度洋沿岸国家和内陆国家举行磋商，以便确保停止进一步扩大大国在这一地区的军事存在，撤除所有军事基地和其他军事设施，不在印度洋部署核武器和其他大规模杀伤性武器。印度洋地区的第三世界国家展开了一场创建“印度洋和平区”的运动，成为在印度洋上与超级大国针锋相对的另一种态势。这构成了

① ［印］潘尼迦：《印度和印度洋：略论海权对印度历史的影响》，世界知识出版社1965年版，第88页。

② 曹永胜：《南亚大象——印度军事战略发展与现状》，解放军出版社2002年版，第208页。

③ Marcus B. Zinger, “The Development of Indian Naval Strategy Since 1971”, *Contemporary South Asia*, Vol. 2, No. 3, July 1993, p. 339.

60 年代末和 70 年代初印度洋上的两大主流趋势。[①]

第二件具有重大影响力的事件就是 1965 年第二次印巴战争。尽管 1964 年印度宣布了扩充海军的五年计划，印度政府开始重视海军，海军军费开始逐年上升且跃居三军的第二位，但是 1965 年印巴战争中印度海军的表现，让印度政府大为触动。在沿海受到巴基斯坦海军袭击的情况下，印度海军束手无策。在印度尼西亚政府应巴基斯坦政府要求，派出军队支援巴基斯坦海军时，印度海军也无法阻挡。为了改变这种被动挨打的局面，印度开始加强海军建设。到 1971 年第三次印巴战争前夕，印度海军实力得到大幅度提升。海军兵力结构也发生了变化，新增加了 4 艘 F 级潜艇、5 艘“别佳”级轻型护卫舰、一批“黄蜂”级导弹快艇。航空母舰上增加了“云雀”型直升机。而巴基斯坦海军当时只有 1 万人，没有航空兵。[②] 1970 年，巴基斯坦海军司令乔杜里公开承认：“巴基斯坦没有足以同印度匹敌的海军力量。”

第三个标志性事件就是 1971 年爆发的第三次印巴战争。通过汲取在第二次印巴战争中海军实力微弱的教训，战争后印度开始重视海军建设。1971 年第三次印巴战争爆发，在面对美国派出的核动力航母“企业号”时，印度才真意识到印度洋海上安全对国家生死存亡的重要性，把目光真正从陆地转向印度洋，开始实施“控制印度洋”战略。

1972 年印度出台了“同心圆”（concentric rings）战略，将印度洋划分为三个区域，即“完全控制区”（内层防区）、“中等控制区”（即外层防区）和“软控制区”三个区。[③]

---

① 常贝贝：《冷战与美国的印度洋政策研究综述》，硕士学位论文，东北师范大学，2009 年。

② 丁一平：《世界海军史》，海潮出版社 2000 年版，第 713 页。

③ 内层防区的范围为专属经济区以外 300 海里以内的海域，东部包括整个孟加拉湾，西部和南部包括阿拉伯海和沿海岸线 600 海里以内的印度洋海域。为了取得对内层防区的制海权，要求印度海上力量，包括海军近海部队、岸基航空兵和海岸警卫队，在敌人来犯之前就能先行攻击敌目标，执行“海上拒止”任务。外层防区的范围包括内层防区以外 300—600 海里的海域。该区由远洋舰队防守，其任务是保卫印度的远海岛屿、海上通道和商船队，对广大海域进行“中等控制和监视”，对内层防区的防御提供早期预警。遇有突发事件，能执行海上力量投送任务，充当海上国际警察。战时能取得控制苏伊士运河、霍尔木兹海峡、保克海峡、马六甲海峡和以巽他海峡等五个进出印度洋通道的能力。使用手段包括航母特遣大队、潜艇、海上远程侦察和反潜飞机以及其他各种远洋专业舰只。“软控制区”是印度洋上外层防区以外的其余部分。

第三次印巴战争战后，印度开始优先发展海军，从苏联购买了大批的军事武器，其目标是“不仅着眼于维护印度的国家安全利益，而且要力争赢得在整个南亚次大陆海军第一强国的地位”。[①] 1976 年，印度组建了南部海军司令部，使印度海军的地区司令部由过去的两个——位于东海岸维沙卡帕特南的东部司令部和位于西海岸孟买的西部司令部增加到三个，海上防务体系初步形成。1978 年，印度海军制定了“20 年发展规划”，为 20 世纪 80 年代海军力量的显著发展奠定了基础。[②] 70 年代中期之后，印度海军理论得到发展。1978 年印度海军参谋长 S. N. 科利（S. N. Kolhi）上将在《海权与印度洋：对印度的参考》（*Sea Power and the Indian Ocean：with special reference to India*）一书中指出：“只要牢牢控制印度洋，印度就有机会在国际社会中发挥有效功用。”[③] 到 1978 年为止，印度军工业得到快速发展，拥有 9 家国营军工企业集团，军工生产总值从 60 年代的 4 亿多卢比增加到 1971—1972 年的 18 亿卢比。[④] 随着印度“控制印度洋”战略的实施和海军力量的逐步强大，印度逐渐掌握了在印度洋上的主动权。

三　快速发展时期（20 世纪 80 年代）

印度从 80 年代开始奉行“地区威慑”军事战略，并不断根据形势的发展加以调整。印度针对不同的目标实施不同程度的威慑。对印度洋地区敌对国家，印度强调保持绝对军事优势，威慑其对印度进行军事冒险；即使发生冲突或战争，印度也有能力战胜对手。在战略部署上，印度一直保持“西攻”、“北防”、“南进”的态势。“南进”即加大对印度洋的控制力度，加强海军力量，推行海上威慑，保持对印度洋周边国家的绝对军事优势。[⑤] 根据潜在威胁的不同，印度海军制定了“层防战略”，将其海洋

---

① Zinger Marcust, The Development of Indian Naval Strategy since 1971, Contemporary South Asia, 1993, Vol. 2, Issue 3.

② Pushpinder Singh, The Indian Navy: Modernization and strategy in the 1980s, Asian Defense Journal, July 1987, pp. 4 – 19.

③ S. N. Kolhi, *Sea Power and the Indian Ocean: with Special Reference to India*, New Delhi: Tata McGraw-Hill, 1978, p. 26.

④ Agarwar, R. K., *Denfence Production and Development*, New Delhi: Arnold Heinernan, 1978, pp. 41 – 43.

⑤ 李文云、葛立德：《普京访印说明什么》，http://www.people.com.cn/GB/channel2/18/20001016/273326.html。

防务由沿岸推至远洋地区。[①] 印度认为其面对的海上威胁主要有两种：一种来自印度洋地区国家，如巴基斯坦、孟加拉、斯里兰卡等国，另一种来自外部大国。对来自印度洋沿岸诸国的海上威胁，印度并不担心，因为印度在印度洋沿岸国家中块头最大，地理位置最好，其他国家的海上力量相对太弱，不会对印度的安全构成威胁。外部大国力量在印度洋的出现是其真正威胁。[②] 为了应对这种威胁，印度开始发展海军的远洋进攻能力。20 世纪 80 年代，印度海军多次访问了波斯湾、红海、非洲东岸等地的印度洋沿岸国家，数艘国产“戈达瓦里”级导弹护卫舰出现在世界其他大洋上。拉吉夫·甘地在执政后不久便宣称：“印度继而控制从地中海到太平洋之间的广大地区。”[③] 1986 年，印度向南也门派出护卫舰，这是印度独立后第一次向外派出军舰。1987 年，印度借帮助斯里兰卡平息泰米尔武装分裂活动，派出数万部队进驻斯里兰卡。1988 年印度军队帮助马尔代夫政府镇压军事政变。从那时起，印度开始为马尔代夫提供军事装备及海上安全保护。在海军装备上，80 年代以来，印度海军开始自行研制和生产导弹驱逐舰、导弹快艇、舰载导弹、舰载飞机等先进的海防武器装备以降低对外国的依赖程度。[④] 80 年代后期，印度当局确立了“大国海洋战略”，航母舰队在其国防和军队建设中的地位和作用更加突出。1986 年，印度再次从英国购买了退役航母“竞技神”号，并进行了大规模的改装。第二年，该航母下水服役，并被重新冠名为“维兰特”号，至此印度海军已经拥有了包括两艘航母在内的相当强大的海上力量。[⑤]

四　稳步发展时期（冷战结束至 20 世纪末）

冷战结束后，随着苏联的解体，俄罗斯海军实力减弱，印度乘机加快实施自己的印度洋大战略。90 年代后印度加大了发展海军兵力的步伐。1990 年起，印度海军开始实施为期 15 年的现代化建设规划，目标是着眼

---

① Jgne Defence Fleek, 1K April ZI, 1984, p. 12.

② 赵晓卓：《南亚雄狮：印度军事力量透视》，华东师范大学出版社 2002 年版，第 29 页。

③ 曹永胜：《南亚大象——印度军事战略发展与现状》，解放军出版社 2002 年版，第 215 页。

④ 谢明：《控制印度洋——印度海军发展窥探》，《海洋世界》1998 年第 10 期。

⑤ 子怀、吴健：《印度大力发展海军力量》，http://mil.news.sina.com.cn/2000-09-28/5593.html。

三维作战的需要，继续提高远岛登陆、远洋反潜和兵力投送等远洋作战能力，建立一支力量均衡、具有威慑力的远洋海军。1995 年，印度制定了《1995—2005 年 10 年装备发展规划》，以增强自主研发生产能力，减少对外国武器装备的依赖。[①] 1998 年印度人民党上台，大力发展海军力量。同年出台的《战略防卫评论》更加强调了印度海军需要发展威慑能力。与此同时，印度也加快了海军基地的建设。1992 年，印度耗资 10 亿卢比，经过四年的建设，在南部海岸的阿尔科南建成了最大的国内海军航空基地，使印度的海上防线向前推进了一大步。为了满足海军兵力和远洋舰只的迅速发展，印度还扩建了位于孟买、维沙卡帕特南和柯钦的三个海军基地。1996 年，印度在西海岸卡纳塔克邦的卡尔瓦尔开始进行一项名为“海鸟”，长达 30 年的基地建设工程。工程完工后，印度将拥有亚太地区最大的海军基地和一套完整的海上作战支援系统。1998 年，印度在安达曼—尼科巴群岛设立第四个地区海军司令部——远东海军司令部。这是印度实施其印度洋战略的关键一步。这样，安达曼—尼科巴群岛就与印度半岛东海岸的维沙卡帕特南、西南部海岸的柯钦和西海岸的孟买一起构成了印度控制印度洋的四大战略支持点，更为重要的是，它大大加强了印度对印度洋的两个最主要的咽喉要地——曼德海峡和马六甲海峡的有效控制力。[②] 整个 90 年代，印度海军获得了空前的发展，其印度洋战略指向更为明确。

五　全面发展时期（21 世纪初至今）

进入 21 世纪后，印度的印度洋战略更加系统化，印度从海军战略理论以及海军力量建设方面，全面推动印度洋战略的实施。

2004 年 6 月 23 日，《印度海军理论》（*Indian Maritime Doctrine*）公布于世，这份新的海军作战理论较为完整地阐述了印度海军发展的总体思路、目的和规划。该军事理论认为，印度海军要贯彻“西出、东进、南下”的战略指导思想，从当前的“近海防御”和“区域威慑”战略转为“远洋进攻”战略。[③] 该理论还提出了“印度洋地区（IOR）控制战略”

---

① 仲光友：《印度正在走向世界军事大国》，《世界经济与政治论坛》2002 年第 3 期。

② 赵晓卓：《南亚雄狮：印度军事力量透视》，华东师范大学出版社 2002 年版，第 33 页。

③ 马加力、徐俊：《印度的海洋观及其海洋战略》，《亚非纵横》2009 年第 2 期。

的新构想：首先，建立“绝对控制区”，即距海岸500公里范围内的区域。在该区域内，印度海军要具有绝对的海上控制能力，确保印度专属经济区的安全。其次，建立“中等控制区”，即距海岸500—1000公里范围。在该区域，印度海军具有控制、监视和反潜能力。最后，建立“软控制区”，即距海岸1000公里以外。①

2007年5月印度出台了《印度海军战略》，提出了“自由使用海洋”。② 一系列海军理论和战略的出台，开启了印度海军进军印度洋的新时代。《印度海军战略》第一章中还专门花费笔墨解释了“理论”（Doctrine）和“战略”（Strategy）的区别与联系。指出，理论源于政府政策，战略又源于理论，战略的成功离不开强有力的理论基础，理论上与时俱进是实现国家利益的需要（见图4－1）。③

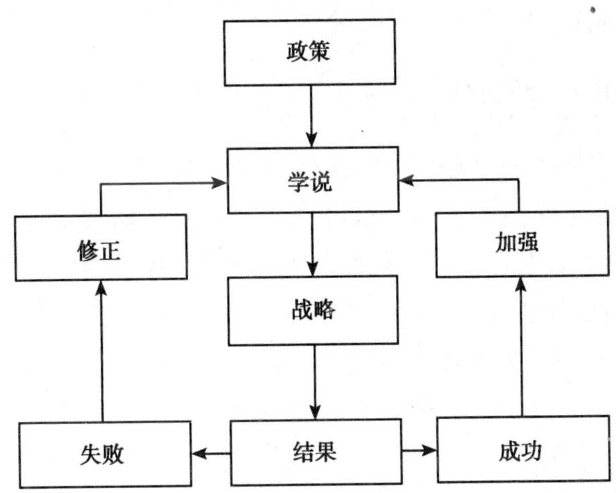

图4－1

资料来源：Freedom to Use the Seas：India's Maritime Military Strategy［New Delhi：Integrated Headquarters Ministry of Defense（Navy），2007］，第6页。

① 丁皓：《转守为攻：印度海军新作战理论简析》，http：//military. people. com. cn/GB/1078/3322132. html。

② Sureesh Mehta，Freedom to Use the Seas：India's Maritime Military Strategy［New Delhi：Integrated Headquarters Ministry of Defense（Navy），2007］，p. 3.

③ Ibid..

《印度海军战略》表述的海军发展理念与印度独立以来在继承基础上慢慢形成的海军思想一脉相承。通过发展强大的海军，构筑并巩固印度在印度洋地区的海上优势，借此向外拓展印度国家利益，确立印度在21世纪的大国地位。至此，印度海军战略基本形成，并融入印度整个国家战略中，进入了全面发展的新时期。

第二节　新时期印度“印度洋战略”发展的背景

要充分理解印度的“印度洋战略”，我们需要全面地了解一下印度的战略文化、印度对印度洋与其国家安全的认知以及当前印度洋地缘态势的最新变化和印度崛起的进程。这四者是印度“印度洋战略”形成的历史文化背景与现实基础。

一　战略文化的渊源

战略文化有助于一国提高把实际战略需求转变为概念的能力。尽管它反映的是一种选择范围，或者说是倾向性范围。战略文化作为干预性变量的时候是以一种间接的、温和的方式作用于更能够影响战略进程的独立变量，但它作为治国谋略所需的一般性知识，在战略缔造中具有不可忽视的重要地位。[①] 探讨印度的印度洋战略，起点应该是印度的战略文化，因为二者不可割裂。正是印度独特的地理位置和历史上被殖民的经历，构建了印度独特的战略文化，而这种独特的战略文化直接形成了印度对于印度洋的战略认识和战略追求。印度的战略文化催生了印度海洋安全观，印度海洋安全观对印度“印度洋战略”的形成产生了直接的、根本性的影响，也决定了印度在印度洋问题上决策与实践的进程。

（一）特殊的地理位置

“一国的地形和位置是决定一国决策者的战略思维方式的关键要素。”印度国土297.47万平方公里（其自称328.78万平方公里）列世界第7位，是南亚次大陆及印度洋沿岸最大的国家。南亚国家呈现“众星捧月”之势，印度居于次大陆的中央，与除两个岛国（斯里兰卡和马尔代夫）以外的所有国家接壤。但印度以外的所有南亚国家都互不接壤。它的西北

① 宋德星：《从战略文化视角看印度的大国地位追求》，《现代国际关系》2008年第6期。

方是巴基斯坦、北边是尼泊尔、不丹，东边是孟加拉国，南端海上两侧为岛国斯里兰卡和马尔代夫。次大陆的四国都与印度接壤的而他们之间没有共同的边界，致使南亚国家的毗邻关系呈现以印度为中心的局面。[①] 这种印度中心的局面导致印度把整个南亚地区看作一个战略联合体，印度把自己的安全视为南亚整个地区的安全，印度认为其他南亚国家的安全举措与自己息息相关，其他国家的外交政策必须考虑到印度的利益和地位。为了确保南亚超级大国的地位，印度不惜诉诸武力。印度独立后通过三次印巴战争削弱、肢解了巴基斯坦，吞并了锡金，紧密控制着不丹和尼泊尔，武力干涉过斯里兰卡、马尔代夫，可谓为所欲为。印度既反对南亚出现"均势"，更反对外部势力的介入；不允许地区小国获得区外大国的支持，更不能容忍巴基斯坦形成能与之对抗的地区影响。从 20 世纪末到现在，南亚"一超多弱"的格局不仅没有改变，还在继续向印度倾斜。进入新世纪，一些域外大国为了自身的利益不断拉拢印度，给了印度比较宽松的"外交气候"，从而更加助长了印度对自己作为"南亚领袖"和"全球大国"的认知和追求。

（二）被殖民的历史

殖民统治时期的历史对印度来说是至关重要的一段历程。这段历史不仅是印度历史长河里的一个重要链接，还是印度政治体制、经济结构、社会结构、文化观念产生巨大变革的时期。印度在这段时期经历的有史以来最剧烈的变革，经历了整个社会的大变动，这对今天印度的影响都是不可估量的。

当时位于南亚次大陆的印度占据着近 300 万平方公里的面积，人口是当时英国的数倍。但是英国统治者利用印度内部割据、分裂和民族矛盾等，利用分化、武力打击等手段征服了这个古老的国度。印度就此屈服在英国的殖民统治之下长达一个世纪之久。在此后漫长的一个世纪里，英国殖民者既是冷漠残酷的破坏者，也是一个功勋卓越的建设者。在殖民统治过程中，英国人毫不留情地从印度掠夺了大量的财富，在当地培育了一种畸形的殖民地文化，传播和树立了殖民地意识。殖民统治使曾经骄傲的印度人饱受其苦，屈辱不堪。但是另外，殖民统治唤醒了印度人，尤其是印度民族资产阶级，使他们重新获得国家意识和地缘优

① 任佳主编：《南亚国情研究》，中国社科文献出版社 2012 年版，第 3 页。

越感。印度对英国勾勒的“大印度联邦”顶礼膜拜。印度资产阶级接受了西方的国家主权观念，逐步建立了民族独立意识。这种意识和西方的地缘政治观一经结合，使他们的优越感越来越强烈。今天初到印度的人都会感叹“不可思议的印度”，确实，展现在世人面前的印度是个多面体，纷繁复杂。历史上曾经有过短暂辉煌的同时也饱受漫长的殖民侵略之苦，这在印度历任统治者心中刻下了深深的烙印，铸就了民族主义的狂热心理。[①] 这是印度战略文化形成的一个主要影响因素，对印度的印度洋战略的影响则更为直接。

二 印度对印度洋及其国家安全的认知

印度海岸线长达6100余公里，拥有1175个大大小小的岛屿。这些岛屿分布在阿拉伯海和孟加拉湾一带，有些距印度本土远达1500余公里。加尔各答港、孟买港均是世界上少有的优良港口。鉴于这种得天独厚的战略地位，印度把印度洋视为印度浑然天成的“后院”。印度洋富饶的资源、便捷的海上交通线为印度发展经济和走向世界提供了战略支撑。但是印度洋的广阔无边也使它成为印度防务最为薄弱的环节。一旦失去海上优势，沿岸地区无险可守，国家安全将会受到严重威胁。这使印度的战略利益与印度洋休戚相关。[②]

航海业在印度历史上也曾出现过短暂的辉煌。不同时期南印度洋曾先后出现过潘地亚、朱罗等一些海军强国。13世纪中期，印度人还掌控着印度洋的海域，没有出现一个可以挑战印度控制权的国家。在16世纪以前，外部势力通常都是借助西北方向的陆路进入印度次大陆的。于是，西北方向的陆路被看作印度防务的薄弱环节，被印度历代统治者高度重视，而海上防务则被一再忽视。海防力量的薄弱最终让印度饱尝苦果，在近代的近二百年时间里付出了惨重的代价。1965年印巴战争之后，印度决定重点发展海军，力争在短期内将其建设成为一支现代化的海上力量。特别是60年代后期，英国在全球进行战略收缩，逐步撤出一些海外军事基地，印度政府提出了“由印度海军填补英国在印度洋遗留下的真空地带”的

① 曹永胜、罗建等：《南亚大象——印度军事战略发展与现状》，解放军出版社2002年版，第1页。

② 胡娟：《印度的印度洋战略及其对中国的影响》，《东南亚南亚研究》2012年第2期。

战略，占领了印度洋一些战略要地。[①] 1971 年，由于国力日渐衰弱，英国最终撤出了苏伊士运河以东的所有军事力量。此后，美国和苏联海军势力争先恐后涌入印度洋，争夺英军撤走后所留下的力量真空。同年，印度成功地通过第三次印巴战争肢解了宿敌巴基斯坦，最终奠定了在南亚次大陆的霸主地位。[②] 消除陆地的心腹之患后，印度政府开始转变"大陆防御观"，日渐发觉和重视海军在现代战争中的地位与作用。[③] 20 世纪 90 年代以来，随着印度的崛起，地缘战略地位、人口规模、经济发展现状与潜力、科技发展水平、政治意志、军事实力以及实际拥有的核威慑能力支撑着印度正在成为一个不容忽视的地区性大国。1998 年，印度的"东望政策"把南中国海纳入其战略利益范围之中。为此，印度正在整合其在孟加拉湾、孟加拉国、东南亚诸国（特别是越南）以及波斯湾等地的经济和军事利益。[④] 印度仍认为，"凡是发生在印度洋区域的任何事情都会对印度国家安全造成影响，因此都应给予关注"。[⑤]

三　印度洋地缘态势的最新变化

21 世纪以来，域外超级大国和地区霸权主义国家在印度洋上不甘示弱，争相表现出咄咄逼人的攻势，印度洋地区的力量布局不断失衡，当前该地区处于地缘格局重构的进程中。从地缘安全角度来看，印度洋地区是美国"新两洋战略"的轴心，是波斯湾局部战争和印巴、巴以等热点冲突聚集地，是当代国际恐怖主义的主要策源地，也是几大文明冲突交汇的地区，其复杂性和重要性可比肩任何地区。从地缘经济角度看，印度洋掌控世界油库——波斯湾及其运输线，其战略经济利益不言而喻。在这种背景下，印度洋地区的地缘政治重构在以下几对矛盾的动态平衡中展开。

首先，域外国家与域内国家的博弈和争夺。一方面，域外大国如美

① 李兵：《印度的海上战略通道思想与政策》，《南亚研究》2006 年第 2 期。

② 时宏远：《印度的印度洋安全战略》，《平原大学学报》2006 年第 3 期。

③ Institute for Defence Studies and Analyses, *News Review on South Asia*, *India Ocean*, New Delhi, 1984, pp. 78 – 80.

④ Ashok Kapur, *Regional Structure in Asia*, Routledge, 2003, p. 134.

⑤ Admiral Sureesh Mehta, Freedom to Use the Seas: *IndiapsMar2itimeMilitaryStrategy*, New Delhi, Integrated Headquarters Ministry of Defense (Navy), 2007 May, p. 59.

国、俄罗斯、日本、欧盟、中国都在争相加大在印度洋地区的战略投入；另一方面，域内国家印度、澳大利亚、沙特、伊朗、南非等国家在本地区也呈现竞争加剧的态势。美国不能接受任何一个国家独自控制某个大洋，从而对美国形成挑战，因此美国不会允许有哪一种势力能够单独主导印度洋。美国在南亚次大陆也要采取一种维持地区平衡的策略。鉴于印度洋之于美国霸权体系的重要战略价值，美国在印度洋地区的海外军事基地数量仅次于欧洲和亚太，美国力图将印度洋上所有具有战略意义的航道、海峡和海域置于自己的严密监控之下。美军要牢牢控制住印度洋的一个重要目的就是遏制其他大国和地区集团力量快速崛起，保证美国能更长久地维持自己的单边优势及霸权体系。一旦该地区国家的政策与美国的战略利益相悖，美国的军事存在就会转换成为一种真正意义上的威胁力量。①

其次，域内国家之间的互动和平衡在重构。与印度海军相比，巴基斯坦海军的实力相对弱小，为了抗衡印度海军的打压，近年来巴基斯坦已大大加强了海军建设，巴前总理贝·布托曾坚决表示如果印度海军继续扩张，对巴海军构成重大威胁时，巴基斯坦海军将不惜代价购买一艘核潜艇，对印度形成反威胁。素有“伊斯兰海上弯刀”美称的伊朗海军，针对超级大国海军向岸性海军战略的新特点，着重加强了沿海地区的海空联合作战能力。② 2009 年澳大利亚防务白皮书也指出：“到 2030 年，印度洋将同太平洋一道成为我们军事战略和防务计划的核心。”③

最后，新的地缘冲突和旧的地缘矛盾并行涌现。如印度与巴基斯坦依然相互敌视，印巴克什米尔问题迄今仍在僵持；印孟、缅孟之间的领海划界存在分歧；阿以矛盾难以化解、中东和平进程缓慢；伊朗核问题导致美伊关系长期紧张，近期更有剑拔弩张之势，等等。这些问题使印

---

① 潘杰：《印度洋——你永远不会平静》，国际在线，http：//gb. cri. cn/3821/2004/08/05/149@256242. html。

② 同上。

③ Australian Department of Defense, “Defending Australia in the Asia Pacific Century: Force 2030”, 2009, p. 37, http：//www. Defence. gov. Au/whitepaper/docs/defence _ white _ paper _ 2009. pdf.

度洋地区的局势动荡不安。[①] 巴以（巴勒斯坦和以色列）冲突仍是中东地区冲突的热点之一，冲突的背后隐藏着深刻的历史根源，既有宗教的、民族的因素，更重要的是大国干预等外部因素，各种因素互相影响、激化，使冲突的复杂性非同一般。2012 年 3 月巴勒斯坦和以色列开始在加沙地带交火，双方的冲突达到了三年来最严重的程度。与旧的地缘冲突并行的是大国争夺加剧带来的新的矛盾。同时，传统安全问题和非传统安全问题交织紧密。当代国际恐怖之一的策源地几乎均集中在该地区。海上恐怖主义、海盗等有组织犯罪日趋严重，危害突出，国际社会治理难见成效。一些环印度洋国家的内部至今还在动荡，还在不断催生出新的暴力组织。

四　印度崛起的进程

在历史上，印度是一个极弱的国家，经常遭受外部势力的入侵，而且几乎每一次统一以及大帝国的建立都是由外族通过征服本土而建立的。由于历史上饱尝外部势力入侵之苦，独立后印度表现出了明显的、排外的民族主义倾向。印度独立以来就具有强烈的大国情结。从以尼赫鲁为代表的第一代执政者开始，就把富国强兵、称雄南亚、确立印度的支配地位和跻身世界大国之列作为印度的长远战略目标。[②]

印度崛起的进程也是印度的印度洋战略构想形成的一个重要内因。印度崛起使印度具备了实施印度洋控制战略的战略基础，也加剧了印度实施印度洋控制战略的战略需要。从 1964 年尼赫鲁去世到 1991 年拉奥政府上台，是印度推行地区霸权的时期。这一时期，印度经历了 27 年共 6 届政府，其中尼赫鲁家族的英・甘地和拉・甘地执政长达 21 年，故称为后后尼赫鲁时期。在这一时期，印度暂时放弃了尼赫鲁时期不切实际的争当世界大国的梦想，将目标定位于争夺南亚地区主导权。这段时期，通过内政外交一系列的举措，印度最终确立起在南亚的霸主地位。[③] 从 20 世纪 90

① 池步云、何光强：《中国在印度洋的利益内涵挑战与维护》，《南昌航空大学学报》（社会科学版）2012 年第 1 期。

② 曹永胜、罗健、王京地：《南亚大象——印度军事战略与现状》，解放军出版社 2001 年版，第 2 页。

③ 赵丕、李效东主编：《大国崛起与国建安全战略选择》，军事科学出版社 2008 年版，第 515 页。

年代实行全面改革以来，印度已经走向崛起并步入大国行列，无论是GDP还是综合国力都在空前快速地发展。1998年，印度进行了核试验，跨过了“核门槛”，成为事实上的核国家。这使印度开始争当亚洲大国，把目光从邻国、南亚转移到了广袤的印度洋，并开启了“东进”的步伐。与此同时，崛起意味着对经济资源因素的追求凸显，这也迫使印度不得不“将目光从陆地转移到海上。进入21世纪，印度推行“印度大放光芒运动”，制定“印度世纪”战略构想，提出了印度要成为世界核大国、信息技术大国、生物技术大国、军事强国、经济强国的战略目标。[①] 这些目标的实现无不依赖印度洋的资源、市场和通道等资源的支撑与保障。

① 赵丕、李效东主编：《大国崛起与国建安全战略选择》，军事科学出版社2008年版，第16页。

第五章　印度“印度洋战略”的举措

海洋战略指的是一国通过对其周边海域制定并实施海洋发展的总体规划，协调处理各种海事活动，维护一国的海洋权益，最终实现国家利益的最大化。[①] 印度长期以来把印度洋视为“印度的洋”，印度的海洋战略在很大程度上就等同于“印度洋战略”。进入 21 世纪，印度官方先后发布了一系列的声明与文件（前文已经陆续提到）：2004 年的《印度海洋声明》（Indian Maritime Doctrine）、2006 年的《印度海军视野文件》（2006 Indian Navy's Vision Document）、2007 年的《自由使用海洋：印度的海洋军事战略》（Freedom to Use the Seas：India's Maritime Military Strategy），通过这些声明和文件，印度陆续阐述了其相对完整的海洋战略。

2007 年《自由使用海洋：印度的海洋军事战略》是目前为止关于印度海洋战略最新的官方文本。在这份文件中，印度明确指出，海洋战略的时间框架会随着地缘政治、地缘经济和技术的变化而变化，而这些因素正在以比以往更快的速度发生变化。鉴于任何战略都置身于它所处的时代和现存的技术背景之下，那么 15 年制定一次海洋军事战略是最相宜的。印度以 15 年为期制定一次海洋战略的选择还基于以下原因：印度是一个发展中国家。印度正不断实现其潜能。在接下来的十年里，印度有望成为一个发挥重要影响的、公认的海权强国；被用于潜在海洋资源的技术当前还处在一个初级阶段，在接下来的时间里这些技术将会变得更加成熟；既然海洋战略与海军能力的综合情况密切相关，那么它就应该有必要的时限以便海军能力发挥作用；计划的太远，一旦超过 15 年，会使战略具有投机

---

① Admiral Sureesh Mehta. *Freedom to Use the Seas*：*India's Maritime Military Strategy*，New Delhi：Integrated Headquarters Ministry of Defense（Navy），2007，p. 3.

的成分，因此，需要分散短期内力量的投入。①

在这些考量的基础上，印度结合其经济、贸易、政治、军事和科学技术等各个层面的实际情况，制定了依托远洋海军控制印度洋的进取型海洋战略。希望通过不断扩展印度的海上利益疆界，最终使印度成为影响遍及印度洋、阿拉伯湾乃至全亚洲的一个世界性强国。②

第一节　印度“印度洋战略”的战略构想

确保印度的海洋安全和海洋利益，控制邻近海域以及印度洋上的战略要点、关键水路，构筑印度海上优势，依托远洋海军，塑造印度洋地区事态的同时对印度洋地区之外的事务施加影响，是印度“印度洋战略”的基本构想。

为了实现这样的构想，印度海军首先要保证印度漫长的海岸线、岛屿领土及专属经济区安全；其次要构建印度对印度洋地区国家的绝对军事优势，以便控制邻近国家的海域；最后，也是最关键的，印度海军还要阻止其他域外大国向印度洋地区渗透。为此，印度需要具备控制苏伊士运河、霍尔木兹海峡、马六甲海峡等战略要地的能力。③ 具体说来，印度实施“印度洋战略”的基本战略构想可以归纳为如下几个方面。

一　控制印度洋关键性战略通道，使印度洋成为印度“所辖之洋”

印度洋拥有的海峡、通道和咽喉要比任何一个大洋都要多。在印度看来，印度洋上分布着如图 5－1 所示的咽喉要道。④

霍尔木兹海峡。霍尔木兹海峡无疑是世界上最重要的战略咽喉要道。它连接阿拉伯海的阿曼湾和波斯湾，可以说是中东地区的“油库总阀

① Admiral Sureesh Mehta. Freedom to Use the Seas: India's Maritime Military Strategy, New Delhi: Integrated Headquarters Ministry of Defense (Navy), 2007, p. 36.

② 胡娟：《印度的印度洋战略及其对中国的影响》，《东南亚南亚研究》2012 年第 3 期。

③ 刘中民：《印度洋与南亚、西亚沿海的海洋战略角逐（下）》，《海洋世纪》2008 年第 12 期。

④ 该部分除注明外，主要引自 Admiral Sureesh Mehta, Freedom to Use the Seas: India's Maritime Military Strategy, New Delhi: Integrated Headquarters Ministry of Defense (Navy), 2007, pp. 25－26.

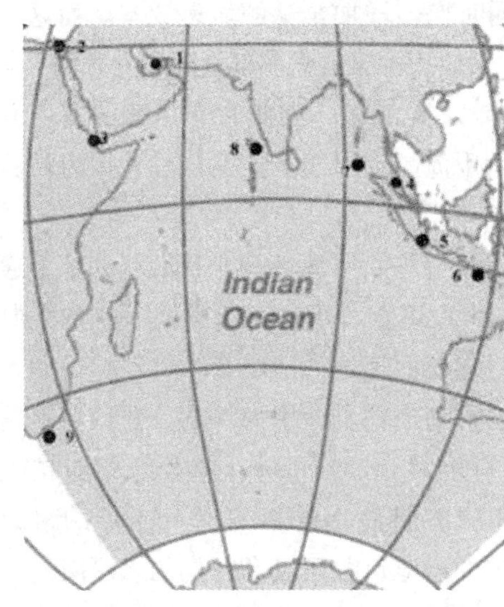

1 霍尔木兹海峡（Strait of Hormuz）

2 苏伊士运河（Suez Canal）

3 巴布·厄尔·曼德海峡（Strait of Bab el Mandeb）

4 马六甲海峡（Malacca Strait）

5 龙目海峡（Lombok Strait）

6 巽他海峡（Sunda Strait）

7 六度水道（Six Degree Channel）

8 九度水道（Nine Degree Channel）

9 好望角（Cape of Good Hope）

图 5－1

资料来源：《自由使用海洋：印度的海洋军事战略》，《东南亚南亚研究》2009 年第 4 期。

门”。有一句谚语这样形容，“如果世界是个鸡蛋，霍尔木兹就是蛋黄”。①

苏伊士运河和红海。苏伊士运河是连接亚洲和欧洲的重要海上门户，全长 105.4 海里。由于苏伊士运河所连接的红海和地中海并没有海平面的差异，因此，苏伊士运河没有设置船闸。若关闭该运河，则亚欧的水上交通便不得不绕道好望角，从而耗费大量的中转时间和交通成本。

曼德海峡和非洲之角。曼德海峡连接亚丁湾和红海。关闭曼德海峡将会使前往苏伊士运河等以上要道的游轮搁浅在波斯湾，从而不得不选择绕过非洲最南端到达目的地。这样无疑会大大增加运输的时间和成本，并削弱游轮的备用能力。

马六甲海峡。马六甲海峡连接印度洋和太平洋，是波斯湾通向东亚和美国的最便捷的海上通道，因此也是印度洋区域（IOR Indian Ocean Regin）一个非常重要的咽喉通道。马六甲海峡的最窄处是菲利普水道（Philip Channel），仅有 1.5 海里宽，这就创造了一个天然的瓶颈，防止货船的碰撞或触底。关闭马六甲海峡，会使全球近一半的海上运输线路发生变化，从

① John Keay, *The Honourable Company: A History of the English East India Company* (London: Harpercolins, 1991), p. 104.

而不得不需要开辟新的航路，与此同时也会增加全球的航运成本。而这一狭窄区域发生游轮事故、漏油风险及大面积污染的概率都会随之上升。

龙目海峡。龙目海峡的最窄处有11.5海里，因此它有足够的宽度和水深使其航运拥挤程度远远低于马六甲海峡。对于不能通过马六甲海峡的大型船只便可通行这条海峡。

巽他海峡。巽他海峡是一个可以代替马六甲海峡和龙目海峡的水上通道，它最北部的入口有50海里长，15海里宽。不过，由于其水深的限制和湍急的水流，使一些大型的船只对它避而远之。

六度水道。通过安达曼—尼科巴群岛去往马六甲海峡的首要通道就是六度水道或Great Channel。从大尼科巴（Great Nicobar）上的英迪拉点（Indira Point）延伸至印度尼西亚苏门答腊岛上的亚齐（Aceh）的最北边，六度水道是一条十分便捷和宽敞的通道，并且没有任何的水深限制。

九度水道。九度水道是从波斯湾前往东亚的船只穿过印度洛克沙威（Lakshaweep）的最直接的通道。

好望角。好望角并不是常规意义上的咽喉要道，但是它南部足够的水深和不受陆地阻挡的航道使其拥有了咽喉要道的资本。因为有时利益的需求和不利的水文条件使一些船只需要临近陆地航行，但这会使它们更容易受到袭击和承担触底的风险，因此，好望角得天独厚的自然条件成为这些船只的选择。

每年通过印度洋上这些咽喉要道的船只多达10万艘，其中包括世界2/3的油轮、1/3的超大货船和一半的集装箱船。① 世界上的煤炭运输也主要通过印度洋到达东北亚和印度。② 经过印度洋的亚洲—欧洲海运线路已超过跨太平洋的海运线路成为世界上最繁忙的集装箱运输通道。③ 在资源竞争愈发白热化的今天，控制印度洋就意味着获取了在海外贸易以及能源运输上的主导权，以及凭借这种主导权对其他国家施加影响的权力。例如，霍尔木兹海峡和马六甲海峡作为印度洋战略要道的地位尤为突出，直接影响到美国、中国、日本等世界上许多国家的利益和命运。印度在印度

① Lee Cordner, "Rethinking Maritime Security in the Indian Ocean Region", *Journal of the Indian Ocean Region*, Vol. 6, No. 1, June 2010, pp. 75 – 76.

② Ibid., p. 69.

③ Andrew S. Erickson, Walter C. Ladwig III and Justin D. Mikolay, "Diego Garcia and the United States' Emerging Indian Ocean Strategy", *Asian Security*, Vol. 6, No. 3, 2010, p. 217.

洋最想实现的构想首先就是控制这些关键性战略通道。

二　主导印度洋地区事务，阻止域外国家的介入，使印度洋成为印度“所治之洋”

印度的“印度洋战略”是建立在西方的海权观基础之上的，在西方的海权观里，“绝对性的控制”是本质上的追求。印度称霸印度洋的战略目标逐渐清晰后，就极力阻止域外国家的介入，希望使印度洋成为印度“所治之洋”。

早在1990年，印度海军参谋长J. G. 纳塔尼海军上将主持起草了《印度海军二十五年远景规划》，并制定了层次分明的海洋控制战略。该规划将印度的海洋控制区域做了内层防区、外层防区、“软控制”的划分。即便是在软控制区，印度也明确提出了要“具有一定海上投放能力”，对域外大国进行“海洋威慑”的主张。即便是当下美国正在极力塑造印度成为亚洲领袖的角色，拉近印美关系，印度对美国的迪戈加西亚军事基地的态度也是有所保留的。印度是排斥任何大国势力在印度洋存在的，拉近与美国的关系是出于地缘政治的考虑和提高自己战略地位的需要。在实施印度洋战略的过程中，印度不可能与美国的战略规划毫无分歧，两国在印度洋地区既有合作，也有分歧与摩擦。印度对中国在印度洋的举动则更为排斥。尽管连印度战略学者自己也认为中国目前及近期将来并不能在印度洋对印度构成实质性挑战，但是印度对中国在该地区的一举一动都颇为敏感，唯恐有朝一日中国海军在印度洋上拥有基地，最终对印度构成严重威胁。2011年之际，塞舌尔邀请中国利用该国基地打击海盗，中国表示将考虑可行性，印度却渲染获取该基地的使用权对中国的第一艘航母下水具有至关重要的意义。①

对于印度未来在印度洋上的角色，有学者分析归纳了三种可能性：第一，成为“搭便车者”，印度海军在海洋监管以及人道主义救援方面发挥积极的作用，但是美国仍然掌握主导权；第二，成为“巡警”，印度较少地以及有策略地插手沿岸国家事务，以维护和促进南亚国家的共同利益；第三，成为“强人”，寻求在印度洋上建立霸权，并有能力把防卫推进到

① Saibal Dasgupta, “Chinese Military Base in Indian Ocean?” *The Times of India*, December 13, 2011.

印度洋外。[①] 就目前印度的实力而论，它现阶段和未来相当长的一段时期都不会具备实现第三目标的实力，应该选择第一和第二种角色，但是从印度“印度洋战略”的基本构想出发，它最终想实现的是第三种角色。它希望能够主导印度洋地区事务，阻止域外国家的介入，使印度洋成为印度“所治之洋”。

三 依托印度洋的战略资源，使印度洋成为印度“所用之洋”

印度海军参谋长泰西利亚尼上将曾指出：“虽然历史上，殖民者是通过印度洋而把印度变成殖民地的，但是今天，印度洋应该为印度的富强做出贡献。”[②] 事实也证明了这一点，20 世纪 90 年代初，印度进行了经济改革，之后经济发展规模和速度都得到显著提升。以 1990—1991 年度固定价格计算，2009—2010 年度印度国民生产总值增加到了 446845.4 亿卢比，也就是说，20 年间印度的国民生产总值增加了 3.5 倍。[③] 与此同时，经济的发展也促进了对资源、市场、能源的需求。在 2025 年之前，印度将超越日本成为继美国、中国之后的世界第三大石油进口国。

印度洋区域蕴藏的自然资源十分丰富（第一章中已经详细介绍）。同时，波斯湾地区的淡水也可以为该地区提供优质的水资源。如果可以对上述资源加以开发和利用，印度资源不足的问题不仅可以迎刃而解，其经济的发展也会有所保障。所以，印度洋被视为印度发展的基地，发展海洋经济不仅是印度的一项基本国策，同时也是国家战略规划的重要内容。[④] 印度是一个能源严重短缺的国家，随着印度中产阶级队伍的不断壮大，印度的石油消费量还将激增，能源缺口将成为印度经济发展的瓶颈。为了缓解这个问题，印度需要充分利用印度洋丰富的海底资源。印度非常珍视印度洋的海底资源，并把这些资源视为印度囊中之物，决不能让其他国家攫取。在 21 世纪不远的将来，印度将成为全世界人口最多的国家。国内庞大的生活需求以及发展需要迫使印度必须充分地利用印度洋。

---

① James R. Holmes, Andrew C. Winner and Toshi Yoshihara, Indian Naval Strategy in the Twenty-first Century, pp. 50 – 52.

② 《印度国防力量的不平衡》，载［印］《战略分析》2009 年 6 月。

③ 文富德：《印度经济改革的成绩与问题》，《南亚研究季刊》2012 年第 1 期。

④ 郑励：《印度的海洋战略及印美在印度洋的合作与矛盾》，《南亚研究季刊》2005 年第 1 期。

四　支撑印度的崛起，牵制其他国家，使印度洋成为印度“所托之洋”

在印度的“印度洋战略”构想里，印度洋是印度完成崛起、参与“争霸”的重要依托，也是印度拓展利益空间，牵制其他国家的重要筹码。例如，尽管印度与中国没有海上分界线，但是中印两国的利益边界并不局限于两国的国土边界。在罗伯特·卡普兰看来，“中国寻求纵向扩张其影响力，即将其影响范围向南扩张至印度洋的温暖水域。印度则试图横向扩张其影响力，分别向东和向西推进到维多利亚时代英属印度的边界范围，这个边界与印度洋平行”。[①] 中国虽然不是印度洋沿岸国家，但随着中国经济的快速发展，对外贸易依存度增大，对海外资源的需求迅速增加，印度洋已名副其实地成为中国生存与发展的“生命线”。中国的贸易权、航运权、领海权通过这条水道紧密联系在一起。但是在一定程度上，印度洋也是中国的“软肋”。在印度洋取得的优势可以成为印度牵制中国的一个重要依托。印度军事专家甚至还想象出了中印如果在印度洋发生海上冲突的情景，认为印度拥有两个中国望尘莫及的优势。首先，中国与印度洋相隔万里，而印度却盘踞着印度洋的战略要地。一旦发生冲突，任何冒险进入孟加拉湾的中国海军舰队将遭到驻防本土及安达曼—尼科巴群岛的印度空军和海军航空兵的迎击。其次，中国在该地区的海军军力将分散在若干相距甚远的节点，而印度海军则力量更为集中，尤其当决定对某一单独的中国舰队实施快速打击时更是如此。[②]

第二节　印度“印度洋战略”的举措

印度“印度洋战略”的核心要义和基本战略构想就是：全面掌握印度洋海域的制海权，同时，尽可能地将印度的利益边界进一步延伸至相邻海域。具体来看，印度“印度洋战略”的主要谋划是综合运用外交和军事手段，针对不同的区域，实施不同的战略部署。印度为实现这些构想所

---

① ［美］罗伯特·卡普兰：《印度洋与美国权力的未来》，吴兆礼、毛悦译，社会科学文献出版社2013年版，第10页。

② Iskander Rehman, “China's String of Pearls and India's Enduring Tactical Advantage”, *IDSA Comment*, June 8, 2010.

采取的战略举措主要包括如下四个方面。

一 建立一支强大的远洋海军

“大国形象的标杆”是拥有一支强大的海军，① 曾任印度外长的贾斯旺·辛格以历史的眼光对此进行了形象的说明，他的解释被披露在《印度的防务》中，他表示：只要回顾印度被殖民化的历史，就会发现印度洋的重要性。如果当时印度拥有一支海军，可能就能躲避被入侵的命运。②

对于海军力量建设，印度海军参谋长苏里什·梅赫塔表示：“印度计划会在十年左右的时间内，战舰拥有量达到160艘，其中将包括3艘航母，60艘作战舰（major combatant）和400架不同类型的战机。”③ 印度海军有55000人，其中有5000名海军航空兵和2000名海军陆战队队员，是世界第五大海军。印度海军目前拥有超过155艘船舰，包括“维拉特”号航空母舰和INSViraat等喷气式战斗机。“蓝水海军”的计划也已经提上了日程，除了积极从国外购买多艘船舰外，印度也正在开发国产潜艇及航空母舰。④

近年来，印度大规模的加强国防现代化，特别是海军建设，以打造一支世界一流的印度海军。对于航母的建设和投入，印度一直十分关注。20世纪90年代之后，航母发展成为其“印度洋控制战略”的首要任务。“维克兰特”（Vikrant）号航母于1997年退役后，当时，新航母尚未服役，因此，从2001年开始，“维拉特”（Viraat）号接受了两年的现代化改装，最终，它的服役年限可以向后延长至2012年以后。与此同时，印度还从海外引进技术，并大力进行自主研发，以此来充实其远洋防务能力。由此可知，航母在印度海洋战略中占据着极其重要的地位，曾有印度的海军官员信心十足的表态，他们要用三艘航母打造三支航母战斗群，以

---

① David Scott, “India's Drive for A ‘Blue Water Navy’”, Journal of Military and Strategic Studies, Vol. 10, Issue 2 (2007 - 2008), p. 39.

② ［印］贾斯万特·辛格：《印度的防务》，麦克米兰印度有限公司1999年，第211页。

③ Walter C. Ladwig Ⅲ, “Delhi's Pacific Ambition: Naval Power, ‘Look East’, and India's Emerging Influence in the Asia-Pacific”, p. 91.

④ globalsecurity. org, “India Navy”, http://www. globalsecurity. org/military/world/india/navy-intro. htm.

此执牛耳于印度洋。[1] 所以，如果印度实现其海上扩军计划，那么，他们麾下就会拥有三个航母战斗群，仅在数量上就成为世界第二大航母拥有国，毋庸置疑，其海上作战能力也将极大地得到提升。[2]

目前，印度所谓的“三航母战略”，具体包括现役“维拉特”号、一艘从俄罗斯购入并经过改装的航母，还有一艘自制航母。同时，它还要再自制一艘航母，预计可以在2017年之前进入海军装备，从而维持其航母战略的延续性。此外，“戈尔什科夫海军上将”号自购买后，也接受了系统的现代化改造，以此迎合“威慑”海军的建设要求。总体来看，自制的“蓝天卫士”号于2006年开工，2012年服役；自制的第三艘航母2010年开工，2017年计划服役。综上所述，按计划，2017年，印度将拥有三支航母战斗群。

另据相关报道，在大力发展航母建设的同时，以核潜艇和潜射导弹为核心的印度海上核力量建设也在紧锣密鼓地进行着。事实上，海上核力量建设一直被印度官方着力强调，尤其是战略核潜艇和海基弹道导弹。曾有海军官员透露，一项为期22年的印度海军现代化建设项目已正式提出，具体包括投资600多亿美元全面升级水面舰船、潜艇及海军飞机等。有国外媒体认为，印度海军将在未来数年进入一个舰艇高升级和高淘汰的时代。据此可以推断，印度成为世界上第六个拥有陆、海、空“三位一体”核打击力量的国家指日可待，而他们的“蓝水海军”则会具备“航母加核武”特征，不仅能全面控制印度洋，也能走向太平洋。

在加强建设舰艇装备的同时，印度还加强了对印度洋区域的监控和向海外拓展的能力。将向外采购舰载战斗机与预警机提上日程即是佐证。

纵观印度海军发展史，可以很明显地观察到，印度的“世界级”海军战略大致有三个阶段：[3] 第一个阶段，建设最大的亚洲航母舰队。自20世纪中期以后，发展本国航母舰队一直是印度努力的方向。1957年，自购买英国的“维克兰特”号轻型航母后，印度一举成为亚洲最早的航母拥有国。80年代后期，“大国海洋战略”进一步提升了航母舰队在国防和

---

① 张威：《印度海洋战略析论》，《东南亚南亚研究》2009年第4期。

② 曹永胜、罗建等：《南亚大象——印度军事战略发展与现状》，解放军出版社2002年版，第219页。

③ 王德华：《印度海权意识变强烈 世界级海军战略分三步走》，http://mil.news.sina.com.cn/2005-07-07/1217303708.html。

军队建设中的地位。1986 年，印度再次购买英国的退役航母“竞技神”号，并对此系统升级。第二个阶段，建设“三位一体”核打击力量。自 2002 年起，“75 号工程”计划开始实施，这是一系列为建立“强大的蓝水海军”服务的国防工程。第三个阶段，建设特混舰队，落实“东方海洋战略”。这一阶段的目标主要是，建立一支既能掌握印度洋控制权，又能出征太平洋的“蓝水海军”。

二 通过政治外交手段，提升在印度洋地区的地位

步入 21 世纪以来，印度积极致力于在印度洋充分发挥区域性影响力。印度正在实施一系列旨在改善战略形势的相关政策，其中既包括灵活的外交政策和互惠的经济政策，又有军事援助和干预，通过这些举措，印度正在与印度洋沿岸国家及主要外部力量构建关系网。印度海军参谋长阿伦·普拉卡什曾说：“维护印度洋区域的安全与稳定是印度的责任，不论这是否是我们的本意。因此，我们不仅仅要依靠经济和海军实力，利用政治和外交手段发展与周边国家关系更是我们需要努力地方向。基于此，印度必须保持地缘政治敏感性，并可以就任何地缘变化做出迅速且坚决的反应。”① 印度外交部部长认为，关于印度的地区外交，还需要更广阔的战略空间和更强大的战略自主性，另外，还需要开发安全缓冲地带。有一些细心的学者认为，“为了将自身影响力扩散至伊朗到缅甸和越南的广阔地带，印度正在采取一系列外交手段，具体有：签署贸易协定、海外直接投资、定期联合军演、双方能源合作以及建设各种基础设施等手段”。与此同时，印度洋海岸沿线更是印度发挥影响力的重要区域，希望在此区域保障印度洋多道“门户”的“安全”。最后，重新激活“环印度洋经济合作圈”也在印度的计划内，该组织成立于 1997 年，然而运行效果一直不佳，印度希望该组织能够真正创造效益——不仅能够促进印度洋沿岸国家的经济发展，也能加强这些国家之间的团结。②

作为连接大西洋和印度洋的水域，西南部印度洋也是印度投入外交力量的重点区域。在这里，它不仅加强与毛里求斯、马达加斯加、莫桑比克

① C Uday Bhaskar, “China and India in the Indian Ocean Region: Neither Conflict nor Cooperation Preordained”, p. 317.

② 时宏远：《印度对中国进入印度洋的认知与反应》，《南亚研究》2012 年第 4 期。

和塞舌尔发展友好关系，同时，也与法国和南非保持着安全合作。印法两军自 2001 年起开始在印度洋海域开展年度联合军演。另外，印度巴西南非对话论坛也帮助印度顺利推动了三国在好望角的联合军演。

西北部印度洋曾是印度的主场，19—20 世纪初期，英属印度主导着这片水域。然而现在，美国抢占了当年印度的风头，美军在该区域的活动直接受美中央司令部负责。不过，虽然印度在此地的行动会受到限制，但它仍然十分关注与卡塔尔和阿曼的关系。反观这两个国家，他们亦把印度看作在该区域可以平衡美国的力量。印度与阿曼自 2003 年以来，就海上安全合作、训练和军演达成了多项防务协定。① 2008 年，印度与卡塔尔也达成了相关安全协定。

在中部印度洋区域，英属印度洋领地和马尔代夫群岛被认为是两条关键的岛链。印度和马尔代夫的关系最近几年也保持了良好的态势。印马双方于 2009 年签署了一项重要军事协议，马方将担杆岛（Gan Island）上原属英国海、空军的军事基地的使用权授予了印方。另外，为应对在马领土附近的海盗和非法活动，印方一直在马方的专属经济区实施监控活动。同时，印方也协助马方的海岸安全和海盗事务。

东北部印度洋也一直是印度的重点防务领域。最值得关注的便是其在安达曼海域投放的军事力量。安达曼—尼科巴群岛联合司令部是印度在此区域成立的首个三军联合作战司令部，于 2001 年成立，专门负责该地区的防务。关于该基地的建设，正在进行的工作有：三个可以停靠大、中型军用战舰的军港或基地正在兴建；坎贝尔湾和希布普尔等处的海军航空兵站也正在进行扩建，机场跑道也会在原有基础上得到加长。② 而整体的基地规划也已经出台，具体包括：斥资 20 亿美元用于增加战舰和部署海上侦察机；原有的布莱尔港和卡尔尼科巴两处空军基地的主跑道会被升级和扩建；为使苏—30 多用途战斗机和伊尔—78 空中加油机等各型战机进驻，卡莫塔岛和小安达曼岛等多处还将新建军用机场。因此，总体来看，什普尔海军航空兵基地、三军司令部、卡尼克空军基地、卡迪普海军基地和新启用的巴兹海军航空兵基地从北至南依次部署于该群岛周边。

---

① Saurav Jha, “India Strengthens Military in Gulf”, UPI Asia. com, November 3, 2009; Saurav Jha, “India to Sell Small Arms to Oman”, *India Defense*, April 6, 2010.

② 《印度增兵盯防马六甲海峡　欲阻中国战时进印度洋》, http: //news. qq. com/a/20120530/000532. htm。

另一个需要关注的焦点是印度与该区域内国家安全关系的发展。重点的双边关系有：印新、印马、印越和印泰。其中与新加坡的双边关系最为惹眼。从1994年开始，印新每年在印度洋和南中国海轮流举行联合演习。2000年1月，新加坡总理吴作栋访印，11月，印度总统纳拉亚南回访。2002年4月，印度总统瓦杰帕伊访新，11月，新加坡贸工部长杨荣文访印，并建议签署“东盟—印度自由贸易协定”。2005年6月29日，印新双边合作达到高峰，两国总理在印度签署了涉及贸易、投资、银行业开放以及服务贸易等多个领域的全面经济合作协议。2010年5月，双方再次签订协定，印无商标药品进入新市场的准入要求被降低，另外，若印度药品已获得美、英、加、欧和澳等国的批准，便可直接在新加坡注册登记。最后，牙科、护理、建筑、会计和文秘等人才资质互认制度也被确立下来。印新双方还表示，还要进一步加强旅游、商业和人才等方面的经贸合作，继续消除贸易壁垒，并逐步充实协定项目内容，2015年，希望实现双边贸易额突破320亿美元的目标。除了与新加坡关系密切之外，近年来，印度与马来西亚也进行了多方面的合作，2010年6月，两国举行了联合反海盗演习；2011年2月，印马全面经济合作协议（CECA）签署；2012年5月，避免双重征税协议（DTAA）签署。此外，印度与东盟也于2010年签订了自由贸易协议。

印度在马六甲海峡的军事动作也需要得到注意。从1992年开始，“马拉巴尔”联合军事演习由印美海军推动实施。2002年，美商船由印海军护送顺利通过马六甲海峡。2012年6月，印日首次联合军演在马六甲地区举行。同年，代号为“米兰”的军演也在上述地区进行，军演由印度海军和其他13国海军共同举行。另外，如上文所述，印度希望通过扩建安达曼—尼科巴群岛的海军基地，从而全面监视马六甲海峡。前文提及的巴兹海军航空站就是坎贝尔湾航空站改造后的名称，改造后，各类战斗机和运输机都可以在这里部署。巴兹基地于2012年7月31日正式启用，印度海军参谋长维尔马上将在启用仪式上郑重表示，巴兹基地的启用意义重大，它不仅能帮助印度更好的监控孟加拉湾和马六甲，还可以更坚实的支持印军在该地区的海上军事活动。

三　抢占海上交通线和战略要地

海上交通线和战略要地是印度海权的重要因素，换句话说，想要取得印度洋的战略主动，就必须控制印度洋的交通线。①《印度海洋军事战略》于2007年出台，其中对印度海洋利益区的重要级别进行了划分。首要利益区主要有五个，第一个是阿拉伯海及孟加拉湾，印度大部分的专属经济区、岛屿领土和他们的延伸都在这片区域内。第二个是印度洋的进出咽喉通道，具体包括：马六甲海峡、霍尔木兹海峡、曼德海峡和好望角。第三个是印度洋各岛国。第四个是波斯湾，这里是印度进口石油的主要供应地。第五个是印度洋区域的重要国际航道。而南印度洋地区、红海、南中国海、东太平洋地区则被划分为次要利益区。

四 遏止域外大国对印度洋地区事务的介入

印度认为中国和美国是干预印度洋地区事务的主要域外大国，它担心这些域外势力会增加印度洋格局变化的复杂性，使印度洋局势难以掌控。印度一直试图把外部军事力量从印度洋给排挤出去。美国同样不能容忍任何一个国家独自“坐大”印度洋。美印在印度洋地区对主导权的诉求其实是一种难以调和的矛盾。美国在印度洋海域——阿拉伯海和波斯湾的大规模军事存在令印度颇为担忧。美国和西方不断增强的军事存在会对印度洋地区安全环境的塑造发挥长效影响。对于中国，由于历史和现实等种种原因，印度一直将中国视为其称霸南亚和印度洋的主要障碍。印度国防部长费尔南德斯曾公开宣称，“中国是印度最大的威胁”，“来自中国的威胁比来自巴基斯坦更大”。中国虽然不是印度洋沿岸国家，但是印度洋是中国通向南亚、中东、西亚、欧洲、非洲和大洋洲的重要通道。随着中国外向型经济的快速发展，中国对海外市场和海外资源的需求会进一步增加，中国在印度洋地区的利益诉求和影响都在上升，印度对此感到非常不安，必将采取相应的举措对中国进入印度洋形成牵制。

---

① Admiral Sureesh Mehta, *Freedom to Use the Seas: India's Maritime Military Strategy*, New Delhi: Integrated Headquarters Ministry of Defense (Navy), 2007, p. 60.

第六章　印度“印度洋战略”的主要特点与发展趋势

冷战结束后，印度把战略重点从邻国、南亚延伸到了广袤的印度洋，开始由大陆防务观向海洋防务观的转变，实施新的战略目标——控制印度洋，并逐渐形成了具有印度特点的“印度洋战略”。① 进入21世纪，发展远洋海军、转向印度洋的战略得到了议会和舆论界的广泛支持。印度防务界、学界等对印度洋的紧迫感越来越强烈。印度的印度洋战略形成了鲜明的特征和明显的发展趋势。

第一节　印度“印度洋战略”的主要特点

时至今日，在印度的国家安全观和防务理论下应运而生的“印度洋战略”已经发展得相对成熟、完整，而且特点鲜明。总体来说，比较突出的特点可以归纳为：继承性、扩张性、霸权性以及实力与目标值的不相称性。此外值得一提的是，印度的“印度洋战略”具有明显的“中国因素”。

一　继承性

1947年，印度统治阶层历尽艰辛从英国人手中收回政权，同时他们也从英国殖民主义的地缘政治思想、领土扩张理论以及国家安全观中“受益匪浅”。不管是印度统治者还是印度精英阶层，都对英帝国在南亚

---

① 早在20世纪六七十年代，印度防务界就存在大陆防务观和海洋防务观两种战略思想。1971年第三次印巴战争成为印度海洋观念的一个转折点。在战争中，印度海军大显身手，从东西两面出击，切断了东、西巴之间的海上联系，封锁并瘫痪了东、西巴沿海的主要通道，有力地配合了陆军队东巴的围歼。

次大陆建立的辉煌成就非常欣赏，潜移默化中他们便以“大英帝国天然的继承者”自居，要继续扮演过去英国在这一地区的角色。综观印度独立后的历史就会发现，印度一直是个“不消停”的国家，在半个世纪的时间里，印度先后发动了三次对巴基斯坦的战争，并最终通过第三次印巴战争将其肢解；1962 年印度挑起中印边界战争；吞并锡金王国；使不丹成为它事实上的“保护国”，对尼泊尔施加种种影响；出兵斯里兰卡和马尔代夫，干预泰米尔民族与当局的冲突；1998 年公然进行核试验，挑战世界核军控机制，等等。① 印度这些不安分的举动背后与其“南亚天然的主人”、“大英帝国的继承者”的心态是密不可分的。

印度原本是一个海洋传统历史悠久的国家，但遗憾的是，历史上印度始终缺乏统一的地理意识与民族国家概念，这导致了印度的海洋传统的分裂和地区性。印度各个地区和各个邦之间对于海洋有着不尽相同的认识。英国人的到来结束了印度政治割裂的局面，使印度拥有了确定的领土版图和统一的军队，整个南亚次大陆开始进入一个共同的战略框架之中。在这个战略框架之下构建起来的印度海洋意识才是完整的、统一形态的，囊括了整个印度洋的。② 此外，印度次大陆北接高山、南临大海的半封闭环境，使英国在鼎盛时期的势力范围，西起霍尔木兹海峡，东到马六甲海峡，完全控制了印度洋的咽喉要地，使印度洋成为英国的“内湖”。这段记忆唤醒了印度的海权观。

英印殖民时期，印度充当了英国在东方殖民体系的政治、经济中心的角色。一战前夕，印度洋上的暗流涌动唤醒了印度的海洋意识。战争的威胁在 20 世纪 30 年代不可避免地波及印度沿岸，英国统治者无法再忽视印度来自海洋面临的安全关切和建立海军的需要。③ 印度在英国影响下建构起来的自己的海洋意识，耳濡目染英国的海上霸权和海洋战略传统之后，印度的统治阶层习得了一种带有明显的继承性的海洋意识。

1947 年印度独立后，尼赫鲁和他所领导的印度政府崇尚大英帝国的

---

① 曹永胜、罗健、王京地：《南亚大象——印度军事战略与现状》，解放军出版社 2001 年版，第 1 页。

② 宋德星、白俊：《论印度的海洋战略传统与现代海洋安全思想》，《世界经济与政治论坛》2013 年第 1 期。

③ Singh, K. R., “The Changing Paradigm of India's Maritime Security”, *International Studies*, 2003, 40 (3).

“印度中心论”的观点，全面继承了英印殖民时期的战略。所谓“印度中心论”就是以印度当为核心，逐步将印度影响力由近及远的向外拓展，最终使印度成为世界舞台上的中心。印度著名外交家潘尼迦在《印度和印度洋》一书中是这样阐述夺取印度洋控制权重要性的：“在恰当，关键的地方建立海空军基地，使之环绕印度形成一个保卫圈，在这个圈内建立一支力量强大的能捍卫内海范围的海军，那么，关系印度繁荣和昌盛的海洋就能受到保护，成为一个安全区。”① 这种战略思想无疑是英国殖民主义的地缘政治思想的继承和延续。

二 扩张性

控制印度洋，成为从印度次大陆一直向东延伸到印度尼西亚群岛的政治、经济中心，是印度大国构想的重要实践。印度认为一支强大的海军是实现这一宏伟目标所必须具备的，“特殊的地理位置和大国的雄心促使印度不仅仅要在该地区起力量平衡作用，而且强有力地投送能力也是必须的”。②

在2007年印度公布的《印度海洋战略》中，印度海军基于对印度战略利益重要性上的区分，在印度洋上勾勒出了印度的“首要利益区”与“次要利益区”。印度海军上将麦赫塔曾这样谈论“首要利益区”和“次要利益区”在当前印度海洋战略中的地位时，他说：“依据当前的实际情况，印度的主要精力会集中在首要利益区，只有次要利益区与首要利益区产生紧密关联的时候，或者次要利益区影响到了未来海上力量部署时，我们才会将次要利益区纳入考虑。”③ 尼赫鲁曾预言，“大西洋终将会被太平洋所取代，成为全世界的中枢神经。印度尽管相比之下在地域上远离太平洋，但是终究也会成为能够影响那片海域的重要角色。在印度洋地区一直到中亚细亚，印度也将要发展成为全世界的中心”。④ 前总理拉甘地曾宣称，在控制五大海峡的基础上，印度也应不放弃控制从太平洋到地中海间

---

① ［印］潘尼迦著：《印度和印度洋——略论海权对历史的影响》，德隆等译，世界知识出版社1965年版，第5页。

② G. V. C. Naidu, op. cit, p. 53.

③ Admiral Sureesh Mehta, Freedom to Use the Seas: Indiaps Mar. 2. itime Military Strategy, New Delhi, Integrated HeadquartersMinistry of Defense (Navy), 2007 May, p. 1601.

④ ［印］尼赫鲁：《印度的发现》，世界知识出版社1956年版，第712页。

的形势”。前国防部长费尔南德斯直言，“印度的利益范围横跨阿拉伯海的北部至南中国海”。[①] 听其言，观其行，印度在言行之中都不加掩饰地透露了其对海洋扩张性的利益诉求。

三　霸权性

印度根据印度洋当前的战略态势、印度洋的战略利益及印度海军现在有的实力水平，提出了“维护印度洋地区的和平与稳定，保卫印度本土安全的双向战略”。然而，实际上印度常常是借“维和”之名而行使排挤其他国家之实。印度堂而皇之地扩张军力，高呼“安全”的口号为自己一步步地扩大在地区乃至全球的影响力。按照印方官方陈述，就是要绝对排除印度洋区外的大国在印度洋区域内的军事存在，从而在这一地区营造一种以印度为核心的向心力，使保障印度洋地区和平的重任交由印度掌控。印度极力推行不结盟的政策，进而使印度洋地区合作处于印度趋于主导之下。印度数百年以来都和波斯湾、阿拉伯沿岸国家保持了密切的联系，未来印度还将继续寻求与印度洋区域内的国家构建非比寻常的经济、贸易等联系。例如，印度重视在中东发挥重大作用的伊朗，把伊朗视为应对巴基斯坦的战略性后方，积极协助伊朗建设在阿拉伯海的恰赫巴哈港口，[②] 还试图建设一条从伊朗出发，途径巴基斯坦到达印度的能源运输通道。此外，印度还不断向“民主化”进程中的缅甸抛“橄榄枝”，试图与缅甸构建新的交通、军事和经济联系。通过这些举措，印度可以和印度洋上虽小却至关重要的国家建立紧密联系，确保在印度洋中小国家中的主导地位，阻挡他国染指印度的利益，使超级大国止步于印度洋的地区事务之外。

四　实力与目标值的不相称性

争做海权强国，进而扮演在全球事务中起主导作用的角色，是印度孜孜以求的战略目标。以目前印度的实力来看，印度的影响力还仅能覆盖南亚次大陆和喜马拉雅山地区。尽管印度政府已将海军列为优先发展的力

---

① 见费尔南德斯在印度战舰“布拉马普特拉”下水典礼上的讲话。参见《举行大规模军事演习，印度“大国梦”让人揪心》，《中国青年报》2001 年 5 月 8 日。

② 有观点认为正因为如此，美国试图孤立伊朗的意图无法实现。见［美］罗伯特·卡普兰《印度洋与美国权力的未来》，吴兆礼、毛悦译，社会科学文献出版社 2013 年版，第 14 页。

量，但现今印度海军取得的发展和实力仍旧远远落后于世界性军事大国，而缺乏两栖作战又是印度海军的又一大软肋，使印度海军的作战能力无法摆脱近海的现状。

印度洋重要的地理位置使任何一个大国都不会轻易放弃对其施加影响的机会。域内外大国必将对印度推行的印度洋战略形成钳制。特别是索马里海盗猖獗的近期，联合打击海盗成为各国参与印度洋区域的安全保证或利益争夺的前沿战地，而西欧、美国、俄罗斯等强国更直接染指了印度洋地区事务。美国是印度在印度洋地区影响力的最大挑战者。美国为攫取、拓展在全球的利益，在印度洋修筑了迪戈加西亚军事基地。该基地处在印度洋的南纬 7°、东经 72°，紧邻美国在印度洋上另一个重要的战略支点——马尔代夫群岛。迪戈加西亚伫立在地理区位极为关键的位置。凭借美海空军的领先优势，一旦迪戈加西亚上配备战略轰炸机以及远程战斗机，包括亚丁湾、斯里兰卡、马六甲海峡、保克海峡、阿拉伯海等战略十字路口区域都将被该基地战略轰炸机所覆盖。与美国的中东军事基地形成南北呼应的迪戈加西亚，能使美国从全局上控制整个印度洋。不过，受区外中、俄、日等大国的压力和权力制衡，使独霸印度洋的欲望成为印度的幻想。

从印度的军事实力以及面临的制约因素来看，其印度洋战略具有实力与目标值的不相称性的特点。

五　具有显明的中国因素

巴基斯坦是印度海军发展的针对对象，然而随着印度国力的增长，海军实力的不断壮大，印度海军不拘于区域内的利益，转而将目光投向了区外的大国。美国的军事存在虽然令印度不满，但印深知无法与实力强大的美国抗衡。中、日两国是印度最为关注的，尤其是对中国。自 20 世纪中印边界冲突以来，印加深了对中国的误解，印宣称的所谓的“中国威胁论”更使印度国内包括政治界、军方、知识界乃至民众深信不疑。此外，与中国建立友好关系的印度洋沿岸国家，如巴基斯坦、缅甸等，都被印度打上了危险提防的旗号。① 印度的安全战略始终无法摆脱中国的身影。

---

① Jasjit Singh, “‘Indian Ocean and Indian Security’ in Satish Kumar”, ed. *Indian Defence Review*, July 1988, p. 24.

中国海军始终恪守与邻为善的理念，同印度在海洋权益方面基本没有直接的冲突。然而与中国“与邻为善”的态度相反，印度一味声称受到了中国潜在的威胁，并捏造臆造了所谓的“中国威胁论”。背离、歪曲了中国的和平崛起和与邻为善的理念。

印度的印度洋战略中的中国因素表明了中印关系的症结是印度对中国的猜疑。而印度盲目地想借其臆造的中国欲望、所谓的“中国威胁论”，从而迎合西方对中国的提防、甚至以敌对的态度，进而从西方换取实际的、战略的利益；与此同时，也使其找到十足的借口来发展、壮大印度洋上的印度力量。

第二节　印度“印度洋战略”的发展趋势

发展远洋海军、建构海洋战略、拓展海疆，是印度争当“有声有色”的世界大国的重要依托。随着印度洋地区的地缘格局的演变、印度自身实力的发展，在与域外国家的互动进程中，印度的“印度洋战略”表现出诸多发展趋向。

一　印度将继续强化在印度洋地区的海陆空三军实力

印度岛屿领土主要由东面的安达曼—尼克巴群岛（Andaman and Nicobar archipelago）和西面的拉克沙岛屿（Lakshadweep）组成，这些岛屿在地理上远离印度次大陆，被视为印度安全的脆弱地带。尤其是被称作印度东方门户的安达曼—尼科巴群岛，[①] 总面积约 8325 平方公里。散布在孟加拉湾东南部的安尼—群岛由 572 个大大小小的岛屿组成，岛屿南北相距 1000 多公里，群岛与印度大陆相距约 800 公里。由于该群岛位于马六甲海峡这一海域咽喉的西部入口处，据守着从南中国海经马六甲海峡进入印度洋的关键航道，战略地位格外突出。

2012 年 5 月，卡尔尼科巴空军基地迎来了大型军用运输机 C－130J，这标志着基地的相关军用设施已达到了满足各型军用飞机的起降，具备远距离快速投送部队的能力的较高水平。21 世纪初，印度政府和军方便意

---

① Gurpreet, S. Khurana, *Maritime Forces in Pursuit of National Security: Policy Imperatives for India* (Institute for Defence Studies and Analyses, New Delhi, 2008), p. 5.

识到了安尼群岛的重要性，并于2001年在此成立了专门负责安尼群岛地区防务的安尼群岛联合司令部，这是印度的第一个三军联合作战司令部。近期，“向东看”战略正成为印度为更有效地向亚太地区拓展其军事势力的新举措。为确保其在必要时可凭借军事实力有效地限制或阻止中国等其他军事强国经巽他海峡、马六甲海峡进入印度洋，印度正部署增强其在安尼群岛的军事存在，[①] 也必然会继续加强在印度洋地区的海陆空三军实力。

二 海上东扩步伐加剧

2000年，印度宣称“南中国海到阿拉伯海的北面都是印度的利益范围”，包括航空母舰、核动力潜艇在内的综合海军舰队均是印度大力发展的范畴，欲将整个西太平洋地区和南中国海纳入印度的海上活动范围。有的印度学者认为，印度国家利益涉及的地方就是其战略疆界。作为在印度洋有重大战略利益的东南亚，被印度称作“延伸的周边地区”。[②] 为扩大海上霸权，印度甚至提出了“东方海洋战略”。目前，印度正在迫不及待地推行其面向东方、进军南中国海的“东进”战略。未来，印度海上东扩步伐将进一步加剧。

对印度的东扩举措，英国《简氏防务周刊》曾这样评论道：“进入到南中国海是一个大胆举措。印度正在走出它的传统势力范围，到新的地区进行尝试。”[③] 印度于2006年便开始介入南海争议，印度国有石油天然气公司不顾中国的反对，在中国所属海域内和越南政府达成了两个区块的开采协议。

“大国平衡”是东南亚国家历来奉行的战略。新加坡、越南、印度尼西亚、缅甸等东盟国家纷纷看好印度崛起的势头，青睐印度不断提升的军事实力，在联合军演、军售、人员培训等领域的合作蓬勃发展。印度在东南亚地区的军事影响力正在逐年增加。

---

① 《印度向印度洋基地大举增兵扼守马六甲防中国》，人民网，http://military.people.com.cn/GB/18032231.html。

② ［印］贾斯万特·辛格：《印度的防务》，麦克米兰印度有限公司出版，第373页。

③ 曹永胜、罗建等：《南亚大象——印度军事战略发展与现状》，解放军出版社2002年版，第227页。

三　加强与美国、日本的合作

冷战结束后的十年间，美印关系相对冷淡。此后，美国和印度都不断调整自己的国际战略，两国关系有所发展。近年来，出于现实利益的相互需要，印美关系迅速升温。布什在其任内明确表态“要塑造印度在21世纪成为世界性大国”。[①] 奥巴马也在演讲中提出“美国与印度友好关系的发展将会造福全世界。印度人民应该相信美国人民是他们最佳的伙伴和朋友”。[②] 事实上，不允许任何国家单独控制某个大洋是美国的原则。在南亚地区，维持地区平衡、牵制地区大国，决不允许某一大国单独控制印度洋是美国的战略。[③] 印度与美国存在重大的分歧与矛盾，但是在近期以及未来相当长的一段时间内，为了对付日益严重的国际恐怖主义、伊斯兰极端组织，保护印度洋海上运输线以及牵制正在崛起的中国等现实需要，印美会继续加强在印度洋的合作。

四　中国因素会凸显

印度抵制任何印度洋以外的国家染指印度洋，尤其是中国。中国是印度实施安全战略所无法忽视的对手，随着金砖国家中、印这两个人口大国经济的发展和综合国力的崛起，中印间会有很多合作和协作，但碰撞和摩擦也是无法避免的，中国可能成为印度海洋战略的重要因素。印认为中国海军在印度洋的活动已经展示出了中国已经具有远洋作战的能力。为弱化中国在印度洋的影响力，印积极调整提升了在该海域地区的防御力度，意图把海军力量延伸至太平洋，从而使防御范围拓展，进而可以抵消中国在靠近南亚次大陆的部署给印度带来的所谓“威胁”。

在这种背景下，印度战略思想家和国防机构都对中国在印度洋的存在保持高度关注和异常警惕。国外有些别有用心的媒体声称中国正通过资助等各种方式取得军舰海外停泊基地，主要包括巴基斯坦、孟加拉国、缅

---

① Daniel Twining, “America's Grand Design in Asia”, *The Washington Quarterly*, Vol. 30, No. 3, Summer 2007, p. 82.

② K. Alan Kronstadt and Paul K. Kerr, “India-U. S. Relations”, *Report for Members and Committees of Congress*, October 2010, p. 2.

③ 郑励：《印度的海洋战略及印美在印度洋的合作与矛盾》，《南亚研究季刊》2005年第1期。

甸、柬埔寨以及泰国等国家的有关港口和机场，据此杜撰了中国的“珍珠链”战略。这本来是子虚乌有，但是印度国内许多人认同所谓“珍珠链”战略，从而反映出印度对中国的疑虑。甚至有印度学者提出了应对中国“珍珠链”战略的方案，包括封锁关键的航道、截留中国商船、插手南海争端、与美国共享海上侦察情报等一系列措施。① 中印关系虽然在不断改善，但两国始终缺乏战略互信，中印关系充满复杂性、不确定性。印度谋求在南亚和印度洋地区拥有排他性的主导地位的既定战略方针是不会改变，可以预见随着自身力量的壮大，印度在处理对华关系时将体现出更加强硬的姿态，在印度洋问题上印度的“中国因素”未来会更加凸显。

五　建立印度主导下的印度洋地区多边机制，充当地区利益代言人

论及种族、文化和感情，南亚国家及印度洋沿岸的一些岛国与印度都有着千丝万缕的联系。例如，塞舍尔、马尔代夫和毛里求斯等国都居住着不少印度人，而在经济、技术和安全方面的落后，促使他们走近，并向这一区域内的大国印度寻求帮助。而面对拥有印度洋地区广大的国土面积、众多的人口和丰富的资源的印度，其他沿岸诸国对印在该区域内的归属感和主人感是远远无法比拟的。② 印度不仅将印度洋视为自家后院，区域内地理、历史给予的强烈归属感使印度认为自己当仁不让、理所应当地在印度洋地区挑起重任，保证区域内的安全和利益的同时，要力图避免他国，染指印度洋，从而保证印度在印度洋的主导地位。通过与印度洋及附近海域国家的广泛接触，配合以武力控制印度洋地区的战略，印度力图建立印度主导下的印度洋地区多边机制，充当地区利益代言人。

2008 年印度主办了旨在通过合作建立印度洋安保机制的“印度洋海军论坛”，出席的国家包括澳大利亚、埃及、法国、斯里兰卡、南非等。现今已有 33 个国家作为会员国参与了论坛。印度通过“印度洋海军论坛”扮演作为印度洋沿岸国家利益代表者的角色。如印度海军司令苏里什·梅赫塔曾说：“印度洋许多国家海军都希望印度能促进地区海上安全。因此，印度发起一个参与广泛的论坛，就共同利益展开讨论并提出问

① Iskander Rehman：“China's String of Pearls and India's En-during Tactical Advantage”, IDSA Comment, June 8, 2010.

② 郑励：《印度的海洋战略及印美在印度洋的合作与矛盾》，《南亚研究季刊》2005 年第 1 期。

题，这是明智的举动。”

印度洋是印度历史、文化、经济和国家安全战略的依托，是保障印度的稳定发展和将来强大的重要载体，因此印度将坚定不移地实施“印度洋控制战略”。印度的印度洋战略演进过程反映出印度争做世界大国的战略图谋。一步步演进的同时，印度的印度洋战略还将“东扩”到更广阔的领域，对中国也将产生重要影响。印度和美国、西方将会加强合作，印度洋的地缘格局也将重新构建，域外力量统治印度洋的传统格局将被打破。崛起成为一个海洋大国，是未来印度无法阻挡的趋势，但目前的印度距实现这一目标还存在很大的差距。印度洋安全局势的复杂化客观上仍然提供了中美等国的更多参与的机会。

第七章　印度在印度洋面临的机遇和挑战

印度作为印度洋沿岸最大的国家，坚持推行为印度谋求在印度洋特殊战略地位的印度洋战略。印度一方面强调推动其海军现代化建设和建立一支足够强大的“蓝水海军”，确保海上安全，并且一旦局势需要，可有效保障连接波斯湾、霍尔木兹海峡、印度洋和马六甲海峡的国际海上通道；另一方面日益重视强化其在印度洋的地缘政治优势，日益重视海洋外交，积极改善和拓展与印度洋地区国家的关系，并致力参与和尝试主导相关的多边合作。可谓文武并进、软硬兼施地推行它的既定策略。但是在这一战略实践中，印度既面临前所未有的机遇，也面临不容忽视的挑战。

第一节　印度面临的机遇

印度之所以提出海权强国的战略，与其独立以来发展到今天积累、构建起来的这些条件是密不可分的。综合国力的提高为印度提供了实施“印度洋战略”的物质基础；大国梦的逐步实现为印度提供了实施“印度洋战略”的战略支撑；美国等国家支持印度在印度洋地区发挥更大的作用，为印度实施“印度洋战略”创造了较为宽松的国际环境；印度洋地区合作的兴起为印度主导地区事务创造了机制和平台；印度作为印度洋区域内超级大国的地位为印度获取了实施“印度洋”战略的天然优势。可以说，正是这些内外交织的机遇促成了印度“印度洋战略”的形成和实施。

一　综合国力的提高

综合国力是一个国家通过有目的的行动追求其战略目标的综合能力，是国家战略资源的分布和组合情况的总和，被用来实现一国既定的战略目标。综合国力的大小强弱，显示着一国的发展水平。对内，它反映满足国民需求、解决国内发展等问题的实际能力。对外，它在根本上决定着一个国家在国际上的地位和作用。印度综合国力的提高为其在国际体系中的战略地位提供了坚实的基础，也直接从经济、科技、政治、文化、安全等方方面面为印度提供了实施“印度洋”战略的物质基础。

经济快速发展。自1947年印度独立后，印度采取了“内向型”经济政策，对全球经济活动参与较少。20世纪90年代后，印度进行了经济改革，其经济政策变得越来越开放，逐渐成为一个外向型经济体，这也促成了印度与其他国家的经济增长，从而极大的带动了印度经济的发展，成就了印度神话。印度自1991年经济改革以来，经济增长率维持在7%左右。在2004—2008年，印度经济增长速度加快到9%。近年来印度经济发展成就显著，是世界上仅次于中国的“世界第二增长引擎”，也是耀眼的金砖国家成员。据国际货币基金组织根据购买力平价计算，2011年印度超越日本成为世界第三大经济体。若以GDP衡量，印度也已跻身世界前十位。在主要经济体中，印度仅次于中国，是增长第二快的新兴经济体。

创新的科技和软件产业成为亮点。印度成为全球软件中心，这同时也加强了印度与美国、加拿大、英国等国家的联系。IT产业的兴起也改变了人们对传统南亚国家形象的认识。此外，得益于政府对IT教育的重视，印度培养了大量高素质的使用英语的年轻人，印度也成为软件技术人员的“输出国”。印度有229所大学和96所认证大学。这些大学为印度崛起提供了丰富的人才储备。此外，印度的生物技术、制药、汽车制造、航空等发展潜力巨大。虽然印度经济也曾一度受到全球经济危机的影响，但一个欣欣向荣的印度仍为世界所惊叹。

民主政治趋于稳定。印度被西方国家奉为“世界上最大的民主国家”，它推行西方国家推崇的价值观。“民主价值观”已经成为印度改善与西方大国关系的重要口头禅。应当说，近年来印度的经济发展成就与其相对稳定的政治体制有一定关系。稳定的政局对经济的发展提供了有力的支撑。当前，印度的民主政治虽然还很不完善，但是毕竟持续推进了66年。印度社会虽然面临方方面面的矛盾，但是总体说来还是在不断趋于稳定的。虽然印度至今仍偶尔有小规模的不稳定、骚乱，但是当前印度民主制度在一定程度上可以把多方政治力量纳入合法的、理性的政治斗争轨道，因而可以避免大规模暴乱、暴力革命的发生。民主政治不断趋于稳定，这为印度的崛起提供了有力保障。

文化软实力快速提升。印度有着丰富、灿烂的民族文化，与许多文明之间有着悠久而密切的联系，从罗马、伊朗、东亚一直到东南亚，影响十分广泛。今天，印度文化的软实力随着印度经济实力和国家地位的提升快速地风光再现。印度的文化产业正经历蓬勃发展。瑜伽融入全世界的主流文化，成为印度的一块耀眼的招牌。以宝莱坞为首的印地语电影不但风靡南亚次大陆，在中东许多伊斯林国家也很受欢迎。宝莱坞以及 Kollywood、Tollywood 构成了印度的几个主要影视基地，组建了印度的庞大电影业。每年印度出产的电影数量以及售出的电影票数量世界排名第一。①

综上所述，随着综合国力的快速发展，印度对未来的自信也日益增长，印度的印度洋战略也获得了较强的物质基础。

二 大国梦的逐步实现

从 20 世纪 90 年代以来，印度开始呈现出明显的崛起态势，当前印度正在成为一个不容忽视的地区性大国。

首先，通过外交斡旋，安理会常任理事国中的大多数国家对印度“入常”给予了肯定的态度。印度领导人始终坚持认为印度应获得和其他大国平起平坐的世界大国地位。安理会常任理事国的席位将赋予印度同美、俄、法、英、中、五国同等的发言权和决策权。《联合国宪章》中规定：“非程序性决议案除了必须在 15 个理事国中获得 9 票以上赞成票数以外，还必须获得 5 个常任理事国的全部一致赞同才能通过。”这项规定赋予了常任理事国非同一般的权力。1994 年第 49 届联合国大会上，印度就正式提出要求成为安理会常任理事国。时至 2004 年，印度与日本、德国、巴西组成了“四国联盟”，发表共同宣言，高调展开了“入常”的强劲攻势。印度入常之路仍困难重重，但美国等国家对印度“入常”的态度可以看作对印度崛起势态的一种认可。

其次，印度成功成为实际拥有核武器的国家。1998 年 5 月印度人民党政府在博克兰地区开展了五次代号为“沙克蒂”的核试验。此后，时任印度总理的瓦杰帕伊公开宣布印度正式成为核国家。印度成为公开拥有

① 罗森：《印度软实力初探——论印度发展软实力的优势与劣势》，《亚非纵横》2011 年第 5 期。

核技术但拒不加入《核不扩散条约》的国家。1998 年之后印度不顾国际舆论的压力，继续发展核技术。步入 21 世纪后，印度核运载工具特别是核弹道导弹也在迅速发展。2003 年 1 月，印度政府公开发布印度核战略发展的文件。比起核原则草案，作为正式的官方文件，该发展战略既没有包含"三位一体"的核力量部署内容，也没有明确"最低限度"的含义。这实际上是别有用心的为印度将来可以不断扩充核武库预留下了空间，是一种故意为之的模糊处理。[①] 据统计，从 1998 年至 2012 年，印度进行了 60 次核导弹试验。[②] 虽然印度目前还拥有足够多的浓缩铀储备，可再制造 30 枚核弹，但据外界估计，印度的核弹头大约会在 40—80 枚，不仅少于巴基斯坦的核弹数量，甚至仅为中国拥有核弹数量的 1/5。在民用核能方面，印度与美国正式达成合作协议，美国不但放宽了从 1998 年开始实施的对印技术出口限制，而且还取消了对印度购买"双用途"（即军用和民用）技术的禁令。美国还正式宣布取消对印度实施的高科技产品和核技术禁运政策。尽管没有得到国际社会的正式承认，但印度已经成为核大国。

最后，印度成为南亚地区唯一的强国。在南亚板块上，印度处于中心位置，除南亚岛国斯里兰卡和马尔代夫外，其余南亚国家都围绕在印度周围，形成众星捧月的态势。印度也通过三次印巴战争，肢解了巴基斯坦，成为南亚地区无可匹敌的唯一强国。印度无论在国土面积、综合实力上都是南亚国家中的翘楚，印度也在南亚地区组织——南盟中发挥着领导作用。由印度组织主办，"印度洋海军论坛"目前有 33 个会员国，主旨是通过合作建立印度洋安保机制。

三　较为宽松的国际环境

冷战时期，美国与印度劲敌巴基斯坦结成盟友，印美关系较为疏远。冷战结束后，随着印度实力的增强以及巴基斯坦战略地位的削弱，美国逐渐加强了与印度的合作。克林顿时期美印关系得到实质性的改善。乔治·布什时期印美两国关系实现了突破性的发展，两国在民用核能技术方面开

---

① 章节根：《印度核武器化进程一波三折》，《当代世界》2007 年第 11 期。

② Understanding the Arms "Race" in South Asia Toby Dalton, Jaclyn Tandler, http: //carnegieendowment. org/2012/09/13/understanding-arms-race-in-south-asia/dtj0#.

始合作。2010年美国总统奥巴马率领250位高官抵达印度，对印度进行了里程碑式的访问。这次访问规模创下了美国历史之最。双方领导人就两国关系、地区及国际事务达成了多项共识，并且签署了总价高达100亿美元的贸易协定。奥巴马的此次访问已被外界视为美国南亚战略印度“唯一”时代的开启，因为此次访问打破了美国历届总统访问南亚国家的传统，即美国总统在访问印度的同时也必将访问巴基斯坦。2011年美国前国务卿希拉里·克林顿在到访印度南部港口城市钦奈期间表示：“这不是我们大家可以只顾着向里看而忽视外部的时代，这是一个充满机遇的21世纪，到了印度需要站出来领导的时候了。”① 可见，美国乐见印度在亚太地区甚至是全球范围内承担一定程度上的领导作用。美国在亚洲安全合作的一个重点是建立能防止或劝阻中国扩大在该地区影响的机制。美国南亚问题专家阿什利·特利斯认为，美国应当加强同印度、日本和东南亚主要盟国的关系，从而构建一种结构性限制，限制中国在该地区不断增长的实力和影响。② 在这种战略意图的驱使下，印度几乎是美国水到渠成的选择。奥巴马总统也在其演讲中表明，美印两国迅速发展和不断深化的双边关系可以惠及全世界。印度人民应该相信美国民众是他们最好的朋友和伙伴。③ 美国前国防部长盖茨在其任期内也认可将印度看作一个可信的战略伙伴，并称在印度洋乃至印度洋以外更宽阔的地区，印度应该是一个“安全的净（net）提供者”。④

部分美国学者认为，“鉴于美国与印度的关系在近年来所取得的突破，美国应该进一步拓展和提升和印度的关系，为美国在印度洋地区争取一个强大的、可信赖的战略盟友，以便有效维护美国在印度洋地区的战略利益”。⑤ 2013年7月美国副总统拜登对印度进行了为期4天的访问，涉及了双边关系以及地区性事务等。拜登在接受《印度时报》采访时表示，

① 《希拉里呼吁印度在亚洲扮演更大胆的领导者角色》，http：//news. ifeng. com/world/detail_ 2011_ 07/21/7855958_ 0. shtml。

② 仇华飞：《美国学者研究视角下的中美战略困境》，《当代亚太》2012年第1期。

③ K. Alan Kronstadt and Paul K. Kerr，“India-U. S. Relations”，*Report for Members and Committees of Congress*，October 2010，p. 2.

④ Saroj Bishoyi，“Defence Diplomacy in US-India Strategic Relationship”，*Journal of Defence Studies*，Vol. 5，No. 1，January 2011，p. 77.

⑤ Nathaniel Barber and Kieran Coe，“China in the Indian Ocean：Impacts，Prospects，Opportunities”，*Report for U. S. Government's Office of South Asia Policy*，Spring 2011，p. 26.

美国对与印度开展经济合作十分感兴趣，此外美国还关注美印核合作、印度东向政策以及印度在阿富汗重建中的角色。美国领导人对印度的数次访问及讲话都反映出印度在美国亚太战略中的重要地位。美国对印度的拉拢，将会有利于印度进一步参与国际事务，也有利于印度借助美国力量增强自身实力。与此同时，美国也希望在印度洋上与印度开展合作。截至2011 年，美印两国开展了多达 56 次的军事合作，这创下印度与另外一个国家的次数最多的军事合作。[①] 从 2002 年开始到 2011 年 11 月，美印签订的军售协议有 20 项，价值多达 60 亿美元。[②]

四　印度洋地区合作的兴起

印度洋海域广阔、沿岸国家众多，且该地区自然灾害频发。为了应对传统安全与非传统安全威胁，印度洋沿岸国家开展了积极的多边以及双边合作，合作机制的构建给予印度更为广泛的平台以发挥影响力。

在传统安全威胁方面，由于印度洋沿岸各国经济社会发展差异较大并且种族、宗教问题突出，致使这一地区并不太平。有资料显示，印度洋地区发生的武装冲突占世界总体武装冲突的 50%。[③] 为此，印度积极与印度洋沿岸国家开展联合军演，如 1995 年开始的旨在加强各国军队之间协调能力的“米兰”军事演习。

印度洋地区也是非传统安全问题凸显的区域。美国著名学者卡普兰在分析了印度洋地缘政治、经济、宗教、社会等因素后表示：“那种仍在把印度洋地区当做世界政治边缘地带的看法显然是偏颇的。猖獗的索马里海盗、印度孟买特大恐怖袭击（2008 年恐怖分子是从海上登陆的孟买）已非常充分证明印度洋在逐步成为 21 世纪的中心。”[④]在 1994—2004 年这十年间，在印度洋东部的马六甲海峡和印尼海域一共发生了 1050 件海盗袭击案件，该地区成为海盗最猖獗的地区。同样在这段时期，索马里海域发生了 75 件海盗案件。据英国全球政治与经济信息咨询公司（Geopolicity）

---

① U. S. Department of Defense, *Report to Congress on U. S. -India Security Cooperation*, November 2011, p. 3.

② Ibid., p. 5.

③ Sergei De Silva-Ranasinghe, Why The Indian Ocean Matters? *Diplomat*, March 2, 2011.

④ Robert D. Kaplan, “Center Stage for the 21st Century—Power Plays in the Indian Ocean”, *Foreign Affairs*, Vol. 88, No. 2, March/April 2009, p. 17.

的调查报道，2010 年印度洋附近海域以索马里海盗为主的海盗活动造成的经济损失总额达 70 亿—120 亿美元，海盗活动如不加以遏制，这一数字到2015 年或将增至150 亿美元。① 为了打击海盗，维护印度洋地区航道安全与畅通，同时维护印度在印度洋上的权威，国家社会加大了在印度洋上的护航。从国际安全的角度看，印度的积极参与，有利于维护各国商船在印度洋上的安全，同时分担其余国家海军参与护航的压力。从印度国家战略的角度看，印度积极参与在马六甲海峡开展的打击海盗活动，意在对马六甲地区施加影响，完善印度的海上安全屏障。一旦顺利达到目的，印度便处于进可攻、退可守的有利位置。一旦国际局势出现任何紧急情况，印度可以通过封锁马六甲海峡，切断前往印度洋东部的航道，阻止区外国家的海军进入印度洋。印度海军还能顺利地进入南中国海和太平洋，在亚太地区构建印度的军事影响力。②

印度洋地区特别容易受到海啸、地震、洪水等自然灾害的影响。为了共同应对自然灾害，印度洋沿岸国家也展开了积极的合作，共享海啸预警、建立地震监测站点等。

发展与沿岸各国经济合作也是印度积极参与该地区合作的主要动因。印度洋沿岸国家经济发展相对落后，为了促进合作、实现共同发展，1993 年南非外长在访问印度时首次提出了建立环印度洋区域合作的构想，1994 年毛里求斯外长访问印度时再次提出了建立“印度洋经济圈”的设想。1995 年，印度、南非、澳大利亚、肯尼亚、毛里求斯、新加坡以及阿曼共同签署了推动印度洋经济圈计划的联合声明，环印联盟由此孕育而生。该联盟是印度洋地区唯一的经济合作组织。该组织成立后，印度积极参与组织内的各项事务和合作。

五　印度作为印度洋区域内天然大国的地位③

尽管印度洋从来都不是印度的洋，但不可否认，由于历史和地缘因素，印度始终在印度洋地区具有强国地位，发挥着不可替代的影响。西南部印度洋是连接大西洋和印度洋的重要水域。在该地区印度注重发展同毛

① http：//news. 163. com/11/0510/04/73LS1BVV00014JB5. html.

② 许可：《印度洋的海盗威胁与中国的印度洋战略》，《南亚研究》2011 年第 1 期。

③ 部分资料转引自陈利君、许娟《弹性均势与中美印在印度洋上的经略》，《南亚研究》2012 年第 4 期。

里求斯、马达加斯加、莫桑比克和塞舌尔的关系，并注重发展同法国及南非的安全合作。自 2001 年以来，印法两军在印度洋海域开展年度联合军演。印度还通过举办印度巴西南非对话论坛，成功推动了三国在好望角海域的联合军演。

历史上印度在西北部印度洋地区扮演了重要的角色。19 世纪以及 20 世纪初期，英属印度是该区域的主导力量。特鲁西尔酋长国（阿拉伯联合酋长国的旧称）、亚丁（现在的也门）都受制于英属印度。直到 1947 年，英属印度卫戍部队还驻扎在波斯湾海域。如今，由于美国在海湾地区的主导地位，削弱了印度在该区域的影响。美国中央司令部直接负责美军在西北印度洋上的活动。尽管受到限制，但印度仍然热衷于发展与该区域国家的安全合作。在该区域内，印度特别重视发展与卡塔尔和阿曼的关系。这两个国家都把印度看成是平衡美国在该区域的重要力量。2003 年以来，印度与阿曼达成了多项有关训练、海上安全合作和联合军演的防务协定。① 2008 年印度也与卡塔尔达成了相关的安全协定。

在中部印度洋上有两条关键的岛链——英属印度洋领地和马尔代夫群岛。1988 年印度军队帮助马尔代夫时任总统加尧姆镇压了斯里兰卡“泰米尔”雇佣军在马尔代夫制造的政变。从那时起，印度就帮助马尔代夫军队进行训练并提供武器装备，印度海军也为马尔代夫提供海上安全保护。2009 年印马两国签署了一项重要的军事协议，马尔代夫允许印度使用该国担杆岛上原英国海军和空军的军事基地。

印度十分关注东北部印度洋的安全状况。首先，印度在安达曼海域投放军事力量。20 世纪 90 年代中期，印度开始在安达曼岛上为安达曼尼科巴海陆空三军司令部建设军事设施。其次，发展同区域内国家的安全关系。例如，重视发展与新加坡、马来西亚的双边关系。最后，印度希望在马六甲海峡发挥更重要的作用。2002 年印度海军护送美国商船通过马六甲海峡，这是印度向海洋大国迈出的关键一步。当前印度更是加强了对海军的投入。为了加紧实现对印度洋的控制，向南中国海及亚太扩张势力，印度官方称，“从阿拉伯海到南中国海都有印度的利益”。为此印度提出将其专属经济区扩大到 200 海里以外，加紧在马德拉斯、卡尔瓦尔等地修

① Saurav Jha, “India Strengthens Military in Gulf”, *UPI Asia. com*, 3 November, 2009; “India to Sell Small Arms to Oman”, *India Defense*, 6 April, 2010.

建海军基地，正式启用了新的海军港口基地。2001 年印度成立了海军远东司令部，将触角向前伸展了 1000 多公里。2008 年印度主办了“印度洋海军研讨会”，强调印度洋沿岸各国合作应对海上交通线威胁，以突出印度在印度洋安全事务上的主导作用。

第二节 印度面临的挑战

尽管印度在印度洋上具有得天独厚的地理优势并且作为发展潜力巨大的金砖国家有望在印度洋上大显身手，但是由于受到自身及外部因素的制约，印度难以成为印度洋上的霸主。

一 经济发展势头强劲但出现减缓趋势

印度想要成为印度洋上的霸主，必须有足够的财力支撑。尽管印度自 20 世纪 90 年代进行经济改革以来取得了累累硕果，但不可否认的是，印度经济热度正在下降。受全球经济放缓和国内党派斗争的纷扰，以及连续的腐败问题影响，近年来印度经济发展陷入困境。按照印度中央统计局的估算：2012—2013 财年第二季度的 GDP 增长率仅为 3. 21%，低于预期的 3. 3%。2012 年国际评级机构标准普尔将印度 2013 年经济增速预期从 6. 5%下调至 5. 5%。标准普尔和惠普两大评级机构曾相继将印度主权债务评级展望下调至负面，为投资级的最低评级“BBB -”，印度也由此成为金砖国家中第一个失去投资评级的国家。[①]这是最低的评级，也是前景展望为负面的唯一一家。2013 年瑞士洛桑国际管理发展学院（IMD）发布的《世界竞争力年度报告》中，印度从 2012 年的第 35 位下滑到 2013 年的第 40 位。

印度经济增速大幅放缓、通货膨胀高位运行、卢比持续贬值，使印度央行陷入了是控制膨胀还是保持增长的两难困境，只能通过数次降低现金准备率来保证银行系统流动性的充裕。受欧美市场需求缩小的影响，出口也出现了连续下滑，让印度经济雪上加霜。低税收、高支出也致使印度政府的财政状况进一步恶化。印度政府 2011—2013 财年的财政赤字占到

① 周明喜：《（路透社）标普：印度或成第一个失去投资级评级的金砖国家》，http：//intl. ce. cn/specials/zxxx/201206/12/t20120612_ 23401852. shtml，中国经济网。

GDP 的 5.9%，远远超出 4.6% 的预期目标。①

印度经济发展放缓，使本来的贫困等民生问题较为严重的印度，难以有足够的实力支持其印度洋战略的发展，因为这项综合性的海洋战略需要以经济作为基础。

二　军事发展能力不足

在军事上，印度同样面临着发展困境。尽管近年来印度在军事装备以及军事技术研发等方面取得了有效的突破，特别是在象征军事能力的航母制造技术上成果显著，但是总体上，由于工艺落后、基础设施薄弱，印度自主研发能力并不强。因此印度舰只制造周期要比世界先进国家长 0.5—1 倍。②此外，航母的研发和制造是一项巨大的工程，不仅涉及造船业，还与钢铁、电子、航空、机械、自动化等行业相关。印度国防工业能力薄弱。据官方统计，目前印度 70% 的武器装备依靠进口。③

舰载机机型也是航母作战能力的核心体现。以印度国产首艘航母“维克兰特”号为例，由于受到平台尺寸限制，“维克兰特”号的主战机型为俄罗斯专门为印度制造的米格 -29K。但美、英、法、俄以及中国将主要配备的是 F/A -18 “大黄蜂”、俄版米格 -29K、“阵风” M、F -35B 与歼 -15，这些机型在飞行性能上要优于米格 -29K。

与其他军事大国相比，印度还存在非常明显的差距。就目前印度所掌握的军事技术和配备的武器装备而言，不足以维护印度在印度洋上的霸主地位。更为严重的是，腐败问题已经蔓延到了印度军队内部。2012 年 5 月 31 日，印度陆军参谋长贾伊·库马尔·辛格宣布正式退休，但他在剩余任职时间内不断爆料和引起争端，暴露了军队内部以及军队和政府之间存在的种种问题。据《印度时报》披露，2012 年 3 月，由于不满印度国防部对自己出生日期的更正申请以及贿赂之事的处理，辛格越过国防部部长安东尼，直接给印度总理办公室写了一封信，称“印度的坦克部队缺

① 俞文岚、许娟：《印度：国大党面临任期考验，谋求经济改革》，载陈利君主编《2012—2013 南亚报告》，云南大学出版社。

② ［俄］佛拉基斯拉夫·尼科利斯基尼古拉·诺维奇科夫：《21 世纪印度海军装备》，《现代军事》2012 年第 7 期。

③ 程文渊：《印度国防工业能力薄弱　三年出口军火不足 2 亿美元》，http://www.dsti.net/Information/News/79709。

乏弹药、其空军97%的装备已经过时”。蹊跷的是这封密信很快被泄漏给印度各大媒体，印度国内一片哗然。部分印度官员认为辛格本人就是“泄密者”，但辛格却称“我给总理的信件是陆军长官和国家领导人之间的机密行为，其内容泄露无异于叛国”。

三 大国在印度洋上的博弈对印度形成牵制

随着国际格局的变化，全球能源问题的出现，印度洋海上通道的安全形势和其地位的不断上升，印度的迅速崛起以及印度洋新秩序的构建，印度洋地区的力量格局正在经历重大变革，印度洋日渐成为各大国关注的区域。印度洋上的老牌霸主美国和“新贵”印度以及在印度洋拥有重大海外利益的中国构成了一个战略三角。在这个架构内，三国既共同致力于构建“共享”印度洋的理念，又各具战略意图。

（一）美国在印度洋上的经略

美国早期海权战略的重点并不在印度洋，美国的海权战略发展经历了一个从北美大陆东岸（大西洋西岸）到西半球权制海权和亚太制海权（太平洋），再到全球制海权的发展过程。冷战铁幕降下后，印度洋才真正成为美国的海洋战略重心。冷战期间，为了制止苏联南下，美国以印度洋上的迪戈加西亚基地为中心，构建了一个囊括北印度和中亚地区在内的战略网络。冷战后，美国成为唯一超级大国，牢牢掌握了对印度洋的制海权，美国也将印度洋视为“自己绝对的海权利益所在”①。

美国的印度洋战略是置于其全球战略框架之下的，美国的全球战略目标是确保美国在全球国际体系中的主导地位，遏制任何一个地区大国成为美国国家利益的挑战力量或反对力量。因此，美国对印度洋的战略目标核心是继续保持对印度洋的绝对主导权。

美国主要通过投放军事力量的手段以获得对印度洋的制海权。美国海军作战部长、海军上将迈克尔·马伦在2007年提出了“千舰计划”，期望以此实现主导全球海洋制海权的目标。迪戈加西亚基地的建立与扩建确立了美国主导印度洋事务的霸主地位。该基地位于印度洋中部，可支援中东和波斯湾，监视和控制印度洋海域。基地占地2700公顷，驻有1500名

① 孙晋中：《美国对印度的政策与美印关系》，《国际问题研究》2003年第4期。

官兵。基地拥有港口、海军航空站、通信站和其他后勤设施。①

（二）中国在印度洋上的经略

中国关注印度洋是在改革开放之后，对印度的战略关注也主要集中于地缘经济利益和能源通道的安全。随着中国海外利益前所未有地向外拓展，以及中国经济继续高速发展所面临的能源资源问题的突出，“中国的政治经济利益已不再局限于南中国海，而是已经涵盖整个印度洋区域”。②

由于目前中国没有公开表明自己的印度洋战略，使一些国家大为猜测甚至歪曲中国的战略意图，最为突出的就是美国等国家所渲染的“珍珠链”战略。对于中国在印度洋的战略目的，西方学者主要持两派观点。一派认为，中国正通过建立军事和海军据点，发展同印度洋沿岸国家关系并大肆扩张在印度洋地区的影响力。以实现孤立印度、削减美国在区域影响力的目标。另一派认为，中国只是简单地寻求经济发展以及成为新兴的负责任的大国。③诚然，中国目前确实致力于发展“两洋战略”，但两洋战略的侧重是有所不同的。如果说太平洋战略攸关中国生死，那么印度洋战略则事关中国发展。对于一个主权国家而言，生死存亡是最根本利益。在太平洋海域，存在涉及我国最核心利益的台湾问题和南海问题。所以作为非印度洋国家的中国没有理由也没有必要在印度洋上投放大量兵力，以实现称霸印度洋的目标。与美国和印度在印度洋上注重发展硬实力相比，中国更加看重软实力在该区域的影响。也就是中国所采取的主要战略手段不是军事投放，而是通过外交、援助、援建和发展经贸合作以加强同印度洋沿岸国家的关系。

（三）其余大国在印度洋上的经略

此外，俄罗斯、日本和澳大利亚等国也在印度洋上拥有重大利益。冷战时期，南下印度洋就是苏联的战略目标，直到现在俄罗斯也没有放弃对这一目标的追求。俄罗斯积极参与亚丁湾护航便是一个例证。此外，2009年澳大利亚防务白皮书指出：“到2030年，印度洋将同太平洋一道成为我

① 达巍：《美国在全球的主要军事基地及军事设施》，《国际资料信息》2012年第6期。

② C. Raja Mohan, Sino-Indian Naval Engagement, ISAS Brief (Institute of south Asian studies, National University of Singapore), No. 103, April 16, 2009.

③ John Hartley, Differing Perceptions of China's Role in the Indian Ocean Strategic Analysis Paper, 21 June 2010.

们军事战略和防务计划的核心。”①甚至有学者提出美国、印度以及澳大利亚构筑军事合作机制以共同应对中国的挑战。“9·11”事件发生之后，日本以支援美英等国对阿富汗塔利班政权采取军事行动为名，通过了《反恐特别措施法》，日本自卫队得以出兵印度洋。2011年日本公布的国防政策指导方针也指出，日本将加强同印度以及其他国家的合作，确保从非洲、中东到东亚的海上安全。②

域外大国对印度洋的关注和介入加剧了印度洋力量格局变化的复杂性。

四 印度洋公海定位不可挑战

作为世界四大洋之一的印度洋，除遵照《联合国海洋法公约》（以下简称《公约》），规定的有关国家领海区域和专属经济区之外，其余大部分面积都属于公海。

因此印度海作为公海，各国在印度洋上都享有航行自由的权力。印度若想称霸印度洋，扼守印度洋上的主要海峡及通道，必然受到世界舆论的谴责。即便是专属经济区，根据《联合国海洋法公约》的规定，所有国家在专属经济区内均享有航行和飞跃自由（前提是必须适当顾及沿海国家的权利和义务，遵守沿海国制定的有关法律和规章）。由于《联合国海洋法公约》有不完备之处，不少规定还存在争议，出现了对条约的不同解释，也就增加了相关事态的复杂性。例如，对于外国军用舰机是否可以在沿海国家专属经济区及其上空进行海空军事侦察活动，一些国家认为，此种活动是对沿海国国家安全利益的侵害，但是海洋大国美国则认为在专属经济区及其上空从事这些活动是“航行和飞跃自由”，“具有和平目的”，“不违反国际法”。关于军用船舶在专属经济区内进行水测量活动，美国也认为不属于《公约》规定的海洋科学研究，因此不归沿海国管辖。③ 由于《联合国海洋法公约》的相关规定以及由于《公约》漏洞所造成的解释不一，致使一个国家很难像16世纪那样称霸海洋。

---

① Australian Department of Defense, “Defending Australia in the Asia Pacific Century: Force 2030”, 2009, p. 37, http://www.defence.gov.au/whitepaper/docs/defence_ white_ paper_ 2009.pdf.

② Japanese Ministry of Defense, “National Defense Program Guidelines for FY 2011 and beyond,” December 17, 2010, p. 9, http://www.mod.go.jp/e/d_ act/d_ policy/pdf/guidelinesFY2011.pdf.

③ 参见薛桂芳《〈联合国海洋法公约〉与国家实践》，海洋出版社2011年版。

第八章　印度实施“印度洋战略”对自身和其他国家的影响

由于印度洋地区战略的重要性，许多区域外大国和区域内国家都在本地区存有广泛的利益，印度所实施的印度洋战略必然会与他国产生互动，相互影响。研究印度实施印度洋战略对自身与他国的影响具有十分重要的理论意义和现实意义，不仅有助于对印度的印度洋战略进行深入了解和前景预测，也有助于我国正确思考在印度洋地区如何与印度进行互动的问题。

第一节　印度的印度洋战略对印度的影响

20 世纪波斯湾发现油气资源后，印度洋战略地位迅速上升。目前，波斯湾石油储量和产量都占世界首位。同时，印度洋沿岸有许多重要港口，海洋运输发达。1947 年印度摆脱英国的殖民统治获得独立后，以尼赫鲁为首的印度执政者就确定了国家的长远发展战略目标：挺进印度洋，跻身世界大国之列。今天，印度作为世界上正在崛起的大国，获得了前所未有的实力提升，实施自己的印度洋战略终于变为可能。然而，成为世界大国的标准是多种多样的。从现实主义的角度来看，一个国家之所以可被称为“大国”，是由于它拥有其他大多数国家无法比拟的物质力量，即硬权力，包括政治、经济、军事等方面的综合实力。最激进的现实主义者则将这种权力完全等同于军事实力，例如约翰·米尔斯海默在其著作《大国政治的悲剧》中称：“大国主要由其相对军事实力来衡量。一国要具备大国资格，它必须拥有在一场全面的常规战争中同世界上最强大的国家进行一次正规战斗的军事实力。”① 新自由主义者对大国的衡量标准基本上

---

① ［美］约翰·米尔斯海默：《大国政治的悲剧》，王义桅、唐小松译，上海人民出版社 2008 年版，第 4 页。

与新现实主义者的观点相同，只是认为国家作为理性的行为体追求权力的方式并不总是通过冲突来实现，也可以通过合作或者国际制度实现国家利益，所以军事实力作为衡量大国的标准是片面的，还需要强调国家的经济、政治、文化影响力方面的因素。建构主义学者则认为国际体系建构了行为体的身份和利益，身份决定利益，利益决定行为。亚历山大·温特认为国家的利益包括四个方面，即生存、独立、经济财富和集体自尊。① 如果是大国，就必须在这四个利益标准上获得比其他国家更多的满足。

总的来看，国际体系中的大国必须有硬权力，即物质性权力，包括政治、经济、军事实力等方面具有超群的实力；以及软权力，即文化、制度、价值观、生活方式等方面具有强大的影响力和感召力；同时还需要与其他国家在国际体系中进行互动，逐步建构起自己的大国身份与对自己大国地位的自我认同。按照这样的逻辑，印度实施的印度洋战略明显与其谋求大国地位的战略目标具有相关性，主要表现在以下三个方面。

一 实施印度洋战略有利于印度获取真正的世界大国地位

（一）实施印度洋战略能帮助印度获得与大国地位相匹配的物质性权力

印度在印度洋的利益与印度的物质性权力息息相关。从政治的角度讲，印度如果能在印度洋地区的事务中发挥相应的影响力或是在地区政治进程中起到决定性的作用，就标志着印度成为国际政治大棋局上的主要棋手。印度洋区域包括48个岛国或沿岸国家，其中非洲国家18个、中东国家11个、南亚国家7个、东南亚国家6个、5个岛国和澳大利亚，法国和英国在印度洋上还有几个岛屿。印度洋地区的人口总数为26亿，大约为全世界人口的39%，大部分都属于极其贫困的人口。该地区的种族、宗教、文化、政治体系和经济制度都非常多样化。② 当今世界很多重要的国际政治议题都以印度洋地区和沿岸国家为舞台背景，例如中东问题、反恐、能源安全、核扩散等。印度如果能在印度洋地区的各项事务中发挥积

① ［美］亚历山大·温特：《国际政治的社会理论》，秦亚青译，上海人民出版社2008年版，第230—231页。

② Sam Bateman, Jane Chan, Euan Graham, ed., *RSIS Policy Paper: ASEAN and the Indian Ocean* (Singapore: S. Rajaratnam School of International Studies, Nanyang Technological University, Nov. 2011), p. 8.

极作用，有效参与和影响印度洋地区内重要的国际政治议题，将是印度成为世界大国的重要标志。

从经济的角度讲，印度洋对印度经济乃至世界经济的发展具有重要意义。印度洋的经济价值主要表现在能源和航道这两个方面。印度洋地区自然资源丰富，是世界上海洋石油产区中最大的一个，约有全球海洋石油总量的1/3。同时，矿产和海洋生物资源也十分丰富多样。[①] 另外，印度洋还有许多重要的海洋运输要道，这些咽喉要道可以限制或封锁印度洋至关重要的海上交通运输或者空中航线，从而影响一些国家的对外联系与福祉。这些咽喉要道包括：马六甲海峡、巽他海峡、曼德海峡、霍尔木兹海峡、好望角、莫桑比克海峡等。印度洋还通过苏伊士运河和红海连通了地中海。随着能源需求的急剧上升，印度洋上的发达国家和发展中国家都对本地区海上交通线和咽喉要道的安全非常敏感。对于印度自身来说，印度洋的海上通道也事关印度的经济发展与社会稳定。印度97%的对外贸易途径海上，约50%的石油和80%的天然气来自近海的专属经济区，另外30%的石油则来自波斯湾。[②] 可以说，印度洋航运的畅通关系到印度的国计民生。

从军事的角度讲，印度洋关系到印度的国家安全。从历史上来看，印度曾被从海上而来的海洋强国，英国殖民统治长达近两个世纪，丧失海洋安全的教训可谓刻骨铭心。从地理位置看，印度三面环海，拥有6000多公里长的海岸线，其中，根据《联合国海洋法公约》中关于专属经济区的规定，印度大约有1370平方英里的专属经济区，有人甚至将印度称为亚欧大陆深入印度洋的“印度半岛”，海洋安全对印度国家安全显得十分重要。[③] 这样的地理位置使印度能向西控制阿拉伯海，向东控制孟加拉湾，并向南深入印度洋。有学者指出，作为崛起中的大国，印度确实有自己的霸权愿望，需要在自己的“后院”里获取优势地位与权力。“印度的

---

① 宋德星、白俊：《21世纪之洋——地缘战略视角下的印度洋》，《南亚研究》2009年第3期，第32页。

② 潘志平主编：《中南亚的民族宗教冲突》，新疆人民出版社2003年版，第179页。

③ E. g. S. Cohen, *India*: *Emerging Power* (Washington, D. C: Brookings Institution Press, 2001); S. Ganguly, ed., *India as an Emerging Power* (London: Frank Cass, 2003); B. Nayar and T. Paul, *India in the World Order*: *Searching for Major-Power Status* (Cambridge: Cambridge University Press, 2003); Y. Bendersky, “India as a Rising Power”, *Asia Times*, 20 August 2004.

战略位置、规模和庞大的人口使印度领导人相信自己国家的伟大以及在印度洋地区独一无二的优势地位。”① 未来，印度在崛起的过程中，也需要保障自己在印度洋地区的经济利益与通道安全，并使自己在处理和参与本地区国际事务的过程中拥有投送力量的能力。所以，不论是从国家安全的角度来看，还是从印度大国崛起的战略需要来看，印度洋对印度的国家安全和未来发展来说都非常重要。

（二）实施印度洋战略有助于构建印度的大国身份

实施印度洋战略是印度大国身份自我建构所需的必要因素之一。自独立以来，印度就一直怀揣着自己的大国梦。印度领导人和广大民众基于对国家的热爱和对印度文明的信仰，一直坚信印度将成为世界上举足轻重的国家。印度独立之前的1946年，尼赫鲁在其著作《印度的发现》中就指出：“印度不能在世界上扮演二等角色，要么做一个有声有色的大国，要么就销声匿迹。”同样是在1946年，尼赫鲁为印度争取联合国安理会常任理事国时就称：“她（印度）的地理位置、她的潜力以及她是涉及中东、印度洋以及东南亚等地区防务问题的关键枢纽这一事实……都表明了印度地位的重要性。”② 尼赫鲁甚至认为，印度成为一个世界性的大国是一种必然的发展趋势，因为“印度既拥有世界上最为古老的文明，又具备现代民主政治体制，而且还是亚洲最先挣脱殖民统治的国家，因此在道义上有着一种天然的优势”。③

由于印度有这样的传统思想，使其从独立之初开始就认为自己有“世界大国”的身份定位。如果说身份构建利益的话，那么印度独特的地理位置表明，印度洋包含在了印度国家利益关切的范围内。同时，印度通往大国之路上的重要目标也是重要途径之一，就是成为海洋强国。而对于印度来说，最为重要的大洋就是印度洋。尼赫鲁认为，印度在印度洋、中东、东南亚的经济与政治活动中都处于中心位置，他在1948年指出，“任何发生在印度洋地区的事情，都会影响到印度或是受到印度的影响，这是

---

① G. Tanham, “Indian Strategic Thought” (1991), K. Bajpai and A. Mattoo, eds., Securing India. Strategic Thought and Practice (New Delhi: Manohar: 1996), pp. 1 - 111, 30.

② J. Nehru, “India and the Membership of the Security Council”, 30 October 1946, *Selected Works of Jawaharlal Nehru. Second Series.* Vol. 1 (New Delhi: Jawaharlal Nehru Memorial Fund, 1984), ed. S. Gopal, pp. 464, 66.

③ 赵干城：《印度：大国地位与大国外交》，上海人民出版社2009年版，第49页。

没有办法的事情”。[①] 然而，不论是对于印度大国地位的期许，还是成为印度洋地区主导国家的梦想，在尼赫鲁时代都没有得到实现，印度在很长时间里不仅没有获得相应的实力来影响印度洋地区的事务，反倒使自己深陷国内问题与地区冲突之中。但自独立之日起，印度的大国梦一直深入人心，印度洋也从未离开过印度战略家的视野。随着近年来经济的发展，印度已经成为世界上正在崛起的新兴大国之一，印度加快实施印度洋战略也是对自我大国身份的建构。

在印度战略家和政治家的脑海中，实施印度洋战略是印度获得世界大国地位的必要条件。因为印度洋战略的实施在给印度带来实际物质利益的同时，也会使印度在国家崛起的道路上更加自信。进入 21 世纪以来，印度每一届政府都偏爱将印度洋战略与印度所追求的大国地位联系在一起。首先挥舞起海洋战略大旗的就是印度人民党（BJP）政府。2000 年 6 月，时任外交部部长的贾斯旺·辛格（Jaswant Singh）到新加坡访问时就公开谈到，“考虑到印度国家的规模、印度专属经济区的广度、印度的贸易路线等因素，印度的安全关注早已超出了南亚，扩展到了东至波斯湾，西至马六甲海峡的广大地区”。[②] 而瓦杰帕伊政府的战略目标是：“计划在 20 年内使印度成为一个能影响整个印度洋的世界大国。”[③] 在印度人民党之后上台的国大党，比起其前任政府，在海洋战略上的雄心一点也不逊色。2004 年曼莫汉·辛格（Manohman Singh）总理在一次讲话中谈到，“我们的战略足迹已遍布非洲之角（非洲东北部）、西亚、东南亚，我们更远大的目标是触及整个印度洋地区。在意识到这一现实之后，就应该让我们相应的战略思考和防务计划更加充满活力”。[④] 前印度海军参谋长阿朗·普拉卡什（Arun Prakash）上将在一次采访中强调，“印度不断提升的国际

---

① Nehru, “Nationalisation and Private Enterprise”, 28 March 1948, *Selected Works of Jawaharlal Nehru*, *Second Series*, Vol. 5 (New Delhi: Jawaharlal Nehru Memorial Fund, 1987), pp. 385 - 396, 394.

② J. Singh, June 2000, cited A. Mattoo, “ASEAN in India's Foreign Policy”, F. Grare and Mattoo, eds., *India and ASEAN* (New Delhi: Manohar, 2001), pp. 91 - 118, 105.

③ M. Farrer, “India Moving to Dominate Indian Ocean”, *Asia-Pacific Defence Reporter*, June 2002; V. Raghuvanshi, “India Aims to Project Power Across Asia”, *Defense News*, 10 November 2003, p. 10.

④ M. Singh, “PM's Address at the Combined Commander's Conference”, 24 October 2004, http://pmindia.nic.in/speech/content.asp? id1/437.

地位使印度在从波斯湾到马六甲海峡的广大地区产生了战略相关性”。[①]可见，在历届印度领导人的思想中，印度在印度洋的战略与印度不断提升的国力和国际地位一起得到了发展。

二 实施印度洋战略将使印度海军的力量和地位得到提升

一个国家海洋战略的实施离不开海军力量的有力支持。海权理论自诞生之日起，就带有浓厚的军事色彩。海权理论创始人阿尔弗雷德·赛耶·马汉（Alfred Thayer Mahan）的著作《海权对历史的影响》中所要阐明的基本观点就是，国家应当拥有和利用优势海军力量确保对海洋的控制，进而实现国家的战略目标。[②]

印度周边的海域广阔，所属岛链与本土距离较远，适宜发展海军。独立之后，虽已充分认识到了印度洋的重要性，但由于技术水平和经济发展落后，印度一直缺乏一支强有力的海军来支撑自己的印度洋战略。在印度独立之后的很长时间里，印度海军的地位显得并不那么重要。尼赫鲁曾指出，如果要探寻一条使印度成为世界海洋大国的道路，那么“印度海军将为印度在决定世界事务的国家行列中获取一席之地”。[③] 可恰恰相反的是，在尼赫鲁的年代里，印度海军一直处于“边缘化”的地位。由于印度一直以来的战略关注重点在南亚次大陆地区，而且印度独立以后与其他国家之间的冲突主要还是在陆上展开的（例如与巴基斯坦和中国的冲突），这导致印度海军地位得不到重视。更有意思的是，独立之初的印度海军依然由英国人掌管，直到独立11年后的1958年，拉姆·达斯·卡塔里（Ram DassKatari）才取代英国人斯蒂芬·卡利尔（Stephen Carlill）成为第一位印度籍的海军参谋长。1971年印巴发生冲突，印度海军的出色表现让印度政府看到了海军的重要性，在20世纪80年代，印度加强了与苏联的合作，使其海军得到了一定的发展。但随着苏联的解体和印度经济的下滑，导致印度的海军建设受到重创，在1988—1997年，印度几乎没

---

① Prakash, Interview, Rediff on the Net, 23 February 2005, http://in.rediff.com/news/2005/feb/23inter1.htm.

② 参见［美］阿尔弗雷德·赛耶·马汉《海权对历史的影响》，安常容等译，中国人民解放军出版社2006年版。

③ K. Vaidya, *The Naval Defence of India* (Bombay: Thacker, 1949), p. 32.

有新舰艇下水。[①] 1999 年印度在与巴基斯坦的对抗冲突中成功使用海军对巴基斯坦进行了封锁，让海军的力量再次得到重视。

21 世纪以后，印度人民党政府和国大党政府在面向印度洋的战略思想指导下，逐渐加强了印度海军的建设，并使印度海军的地位得到空前提升。特别是印度洋战略的实施将使印度不断加强海军建设。

（一）海军军费不断上升，作战能力不断提高

为了实施印度洋战略，需要投入足够的资源，从而全方位地加强海军力量。在独立之初，印度海军的军费预算只占整个国防预算的 4.7%—4.8%。在尼赫鲁的支持下，印度海军军费在国防开支中的比重在 20 世纪 50 年代曾达到 10.1%，但随后在 60 年代又下降到了 7.9%。[②] 在 70 年代初期，印度海军军费只能够分配到国防预算的 6.6%，直到 70 年代末也只勉强维持在 8.8% 左右的水平。[③] 80 年代，在苏联的支持下，印度海军军费在 1985—1986 财年达到了国防预算的 12.5%，80 年代末继续升至 13.5%。[④] 90 年代初，印度海军的军费在国防预算中的比重又略有下滑，为 12.7%。[⑤] 印度人民党政府上台后，由于政府对海洋战略的重视，印度海军的军费支出在整个国防预算中的比重在 90 年代末上升至 14.5% 的新高。[⑥] 进入 20 世纪以后，印度的国防支出不断增长，海军军费也随之持续上升。2003 年印度海军军费占到了整个国防支出的 17%。[⑦] 2012—2013 财年，印度的国防预算比上一年度增长了近 17.3%，为近年来的最大涨幅，其中海军军费开支为 69.4 亿美元，占整个国防预算的 19%，[⑧] 可谓达到独立以来的最高水平。综合来看，印度的海军军费支出总体呈上升趋势。进入 21 世纪以后，尤其是近年来，随着印度经济实力的增长，以及

---

① David Scott, “India's ‘Grand Strategy’ for the Indian Ocean: Mahanian Vision”, *Asian Pacific Review*, Vol. 13, No. 2, 2006, p. 105.

② Figures from Roy-Chaudhury, *Sea Power and Indian Security*, Table 7. 2, pp. 187 – 188.

③ David Scott, “India's ‘Grand Strategy’ for the Indian Ocean: Mahanian Vision”, *Asian Pacific Review*, Vol. 13, No. 2, 2006, p. 104.

④ Ibid.

⑤ Ibid, p. 105.

⑥ Ibid, p. 107.

⑦ Ibid, p. 110.

⑧ Defence Talk, “India's Defence Budget 2012 – 13”, http://www.defencetalk.com/indias-defence-budget-2012 – 13 – 41001/.

海洋战略规划的实施，印度海军军费的增长更加迅速。目前印度海军军费开支占国防预算的比例与其他大国相比还是较低的，例如美国2013年的军费预算议案中海军军费占国防预算的25.4%以上。① 所以，可以肯定的是，随着其印度洋战略的实施，印度海军军费开支还将不断增加。

近年来，印度海军一直致力于成为"印度洋地区的主要支配力量"和"海军强国"，努力从人员、装备和训练等多个方面提升其整体实力。今天的印度海军（包括海军航空兵、海军陆战队）装备有航空母舰、潜艇、护卫舰、驱逐舰、导弹艇、巡逻艇、扫雷艇、登陆艇等，是世界第五大海军，其组织机构也在不断完善。印度海军按印度半岛的西、东、南部和安达曼—尼科巴群岛及附近海域划分为西部、东部、南部三个司令部。东部海军司令部还下辖设在安达曼群岛布莱尔港的远东海军司令部，分别驻维沙卡帕特南和孟买的东、西两支舰队，另有驻在维沙卡帕特南的潜艇司令部和驻果阿的海军航空兵司令部，已成为一支结构完善、快速发展、优势突出、与时俱进的重要军事力量。

为了使印度海军在国际舞台特别是印度洋上发挥更大的影响力，在未来15年的时间里，印度计划为海军注资600亿美元。除了更换已经老旧的海军舰艇外，印度海军计划在现有的132艘作战舰艇的基础上，于2017年扩展至150艘。目前，印度还有49艘水面舰艇和潜艇在建，其中45艘由印度的工厂制造，未来五年内这些舰艇将投入使用。印度海军的整个发展计划主要是着眼于获取新型的攻击性潜艇、航空母舰和舰载攻击机、远程补给舰、两栖作战平台、护卫舰和驱逐舰。具体来讲，印度计划在2050年前获得5艘国产核动力潜艇和24艘柴油动力潜艇。在面临唯一一艘正在服役的航母——"维拉特"号即将退役的情况下，印度海军已计划获取另外三艘新的航母。第一艘就是俄罗斯建造的"维克拉马蒂亚"号；第二艘是正由印度自己的船厂建造的维克兰特号航母，计划于2015年服役；而海军希望规模更大的第三艘航母能在2017年服役。在未来10年内，海军的各类作战和支援飞机也将上升至400架。② 可以预见，为了实施印度洋战略，印度将会在未来数十年中加大资源投入，不断扩展海军

① Figures from U. S. Navy website, "DoD Fiscal 2013 Budget Proposal Released", http://www.navy.mil/submit/display.asp?story_id=65326.

② Sergei DeSilva-Ranasinghe, "Potent and Capable: India's Transformational 21st Century Navy", *Strategic Analysis Paper*, May 3, 2012, pp. 4-5.

的规模，以提高海军的整体作战能力，使印度海军能够向印度洋的远海地区投送力量，有效保障其海洋利益。

（二）加快海军任务的转型

随着世界经济全球化进程的不断推进，国家之间的相互依赖程度不断加深，作为世界新兴经济体之一的印度与其他国家之间的联系和交往不断增多，这使和平稳定与经济发展对印度来说十分重要。所以，虽然印度与巴基斯坦等邻国之间的关系存在龃龉，但很难想象短期内印度会与其他国家爆发大规模的全面战争。但在当今世界非传统安全问题不断凸显的背景下，印度海军的任务除了确保自己在常规战争中拥有击败对手的能力之外，也希望与其他国家的海军一道，实现任务转型，以应对未来传统安全与不断凸显的非传统安全问题。在印度洋地区，印度希望通过实施印度洋战略，使其海军能够在应对本地区的非传统安全威胁方面发挥更加积极的作用，提高印度海军的国际地位和影响力。

近年来，印度海军提出了更加积极主动的作战方针，意在从实现海军任务的“近海防御”到“远洋纵深防御”的转变，努力提高其在海上的控制和威慑能力。同时，积极采取措施提高其应对非传统安全的能力。目前，印度海军已经在应对非传统安全问题和人道主义救援、灾害救助等领域投入了相当的力量。例如，在反海盗方面，2001—2002 年印度海军在马六甲海峡海域进行了反海盗巡逻。2008 年印度与美国、中国、英国、德国等国家一道，开始派出海军在索马里海域执行反海盗任务。在人道主义救援方面，自 2004 年之后，印度海军先后部署过 27 艘战舰和 5000 名人员帮助受自然灾害影响的马尔代夫、斯里兰卡和印度尼西亚。2006 年和 2011 年，印度海军还部署过相当的军事力量开展人道主义援助和灾难救助行动，帮助受到“锡德”飓风影响的孟加拉和受到“纳尔吉斯”飓风影响的缅甸，并且承担了一些南亚国家公民从黎巴嫩、利比亚的撤离疏散任务。① 随着印度综合国力的增强，印度海外利益的不断扩展，印度海军在救灾、人道主义救援、反恐等方面的能力不断提升。可以预见，未来印度海军在印度洋地区还会承担更多类似的任务，以适应时代的发展和变化，并以此扩大自身在印度洋地区的影响力。

---

① Sergei DeSilva-Ranasinghe, “Potent and Capable: India’s Transformational 21st Century Navy”, *Strategic Analysis Paper*, May 3, 2012, p. 3.

（三）加强与区域内外国家之间的海军交流与合作

近年来，印度海军与其他国家之间的防务合作日趋频繁。2005 年，印度海军赠予塞舌尔一艘海上巡逻船、一架海洋侦察飞机和两架直升机。2007 年 7 月，印度海军在马达加斯加建立了监听监视设施，用于监视过往东非海岸的船只。2008 年，印度与阿曼在海洋安全合作方面签署了防御合作协定，与卡塔尔签署了防御合作协定，并促成两国联合训练演习。2009 年，与马尔代夫签订防御约定，马尔代夫让印度海军和海岸警卫队的舰艇在其海域巡逻打击海盗，让印度人员为其部署 26 个海岸雷达，并且重新为印度的空中监视行动开放了领空。印度还承诺要在马累建一所有 25 张床位的军医院。除了与印度洋区域内国家不断密切的军事合作关系之外，印度海军还在不断加强与美国、日本、俄罗斯和东南亚国家之间的军事合作关系。2007 年，印度、美国、日本、澳大利亚和新加坡开始在孟加拉湾进行联合军事演习，2012 年 4 月，印度海军又与美国海军在孟加拉湾举行军演。这些军演从一个侧面反映了印度与区外大国在印度洋事务上加强合作的倾向。未来，印度海军将不断加强与其他国家之间的合作，海军将成为印度国家外交战略中不可或缺的一部分。

三　实施印度洋战略将使印度的对外关系趋于复杂

印度实施印度洋战略难免会对其他国家造成影响。虽然印度实施印度洋战略的首要目标是维护其在印度洋地区的利益，但不可排除印度自己的国家利益与其他国家的利益发生冲突的可能性。同时，印度实施印度洋战略的背后需要的是强大军事力量的支持，而单方面的扩军行为难免会给其他国家带来戒心，甚至造成地区的“安全困境”。对于区域内的小国来说，它们一方面希望印度能够在地区内承担更多的责任，为地区创造有益的公共产品，维护地区的和平与稳定；但另一方面，特别是对于处于印度周边的南亚国家来说，印度洋力量的增强难免会带来一种潜在的威胁。这种担忧是不可能轻易消除的，尤其是对于那些与印度存在利益冲突和历史纠葛的国家来说，更是对印度海军力量的增长非常敏感。

同样不可忽略的是，世界上的大国几乎都在印度洋地区存在自己的利益诉求，并且能够将自己的力量投送至该地区。例如美国、中国、日本等国家和地区都在印度洋存在广泛的利益诉求。基于各自不同的利益考虑以及国际政治形势的发展变化，这些国家和地区对印度实施印度洋战略的态度是不同的，而长远来看，这些国家能够在多大程度上接受印度步入印度洋大国的战略行动，是值得探讨的。

第二节　印度的印度洋战略对印度洋沿岸主要国家的影响

印度的“印度洋战略”的目的之一是打击海盗、防范冲突、保护印度洋航道安全。但鉴于印度在印度洋地区的特殊地理位置，以及印度海军所奉行的积极政策使其表现出主导印度洋地区的战略意图，所以印度的战略将对相关地区国家和印度与其他大国的关系造成影响。

一　印度的印度洋战略对印度与南亚国家关系的影响

（一）南亚地区国际关系的基本现状

总的来看，目前南亚地区的国际关系有以下两个方面的特点：首先，印巴关系的对抗性是地区国际关系中最重要的问题，对地区稳定与安全有重要的影响。其次，在南亚地区，印度的综合国力要大大强于其他国家，冷战结束以后，南亚地区其他国家与印度的差距逐步扩大，这使印度与周边其他小国关系既相互依赖，又存在冲突和矛盾。

第二次世界大战结束以后，南亚国家普遍获得了民族独立，但和世界上很多殖民地区一样，南亚国际关系是以冲突的形式展开的，印度和巴基斯坦之间的冲突成为南亚地区国际关系的主要矛盾。印度和巴基斯坦之间的对抗根深蒂固，在独立之前，矛盾表现为穆斯林要求实现自治，而独立之后两个新兴国家的矛盾又围绕竞争性的领土如克什米尔地区而展开，两国爆发了三次战争、数次接近战争的边缘以及许多次小规模的冲突。最终的结果是，印巴两国关系持续性对抗，两国的国内问题非常容易影响到两国的双边关系。正如一些学者所言，印度的世俗、联邦宪法以及它的帝国遗产，使许多巴基斯坦人怀疑印度想要重新统一南亚次大陆。巴基斯坦宣称是伊斯兰国家，这一意识形态原则又加剧了印度人的担忧，担心自己由各种种族群体和宗教组成的脆弱联合体会分崩离析。① 冷战期间，南亚地区政治与安全斗争的主线是围绕印巴两国而展开的，他们之间的对抗也受

① ［英］巴里·布赞、［丹］奥利·维夫：《地区安全复合体与国际安全结构》，潘忠岐、孙霞、胡勇、郑立译，上海世纪出版集团2010年版，第99页。

到了冷战的渗透。巴基斯坦在与印度的斗争中最初是寻求与美国联合，后来又与中国形成伙伴关系。中印边境冲突发生后，使中巴两国的合作关系更加紧密。80 年代时，巴基斯坦重新获得了美国的支持，以反对苏联对阿富汗的占领。印度是“不结盟运动”的创始国之一，虽然一开始奉行不结盟的政策，但是从 60 年代开始，印苏之间的合作关系就开始逐渐成形，苏联给予印度不少军事支持，1971 年两国正式确立了合作关系，并签署《印苏和平友好合作条约》，该条约带有明显的针对第三国的意向，因为该条约第九条规定：“在一方遭到攻击或进攻威胁的情况下，缔约双方应立即进行磋商，以消除这类威胁，并采取适当措施保证两国的和平与安全。”① 这说明冷战已沿着南亚地区传统的冲突分裂线渗透进南亚地区的国际政治中。虽然印巴冲突是南亚地区国际政治最主要的议题，但是其他的南亚小国却没有完全卷入到两国的冲突中去，该地区也没有分别以印度和巴基斯坦为中心形成相互对抗的联盟，印巴之间的冲突一直维持在双边关系层面上。冷战结束之后，印巴之间的领土边界问题、部族冲突等问题依然继续存在，对抗局面不仅没有得到根本性缓解，有时甚至十分恶化。由于两国都获取了核武器，军事对抗带来的巨大破坏性大幅度提升。时至今日，印巴关系作为南亚地区最重要的地区政治议题，依然时常摩擦不断，两国之间存在的问题也没有得到根本性的解决。

南亚地区的其他小国与印度都存在广泛的政治、经济、文化、社会上的联系，它们一方面与印度关系密切，另一方面又惧怕印度在地区内的超强地位最终会损害自己国家的利益。第二次世界大战后，南亚的小国与印度无论在政治还是在经济上都存在一定程度的依赖，例如，印度对尼泊尔和不丹的运输和贸易有巨大的影响力，不丹在政治上对印度也形成一种“依赖”。斯里兰卡、马尔代夫等国家的国内政治和社会与印度也有千丝万缕的联系，印度还曾经介入和干涉过这些国家的国内政治。孟加拉等国则因为河流水资源分配、移民等非传统安全问题与印度存在纠纷。

冷战后，南亚地区的“安全政治与国内不安全的联系，依然延续着冷战模式。以印度为一方，以尼泊尔（围绕边界、贸易和运输协议、移民、水资源等问题）、孟加拉国（围绕水资源分配、移民、反叛扩溢等问题）和斯里兰卡（围绕泰米尔政治问题）为另一方，相互紧张的关系时

① 马加力：《印度与俄罗斯的战略伙伴关系》，《和平与发展》2001 年第 2 期。

断时续”。[①] 虽然印度与周边小国存在的一些问题已经得到某种形式的解决或已经结束（例如斯里兰卡的内战已于2009年结束），但印度独大的局面并没有发生变化，其他南亚国家与印度的差距不是缩小而是扩大了。冷战期间，南亚地区唯一能和印度抗争的国家是巴基斯坦，然而反恐战争之后巴基斯坦由于国内不稳定因素增多，经济增长率下滑，使巴基斯坦与印度对抗的资本正在逐渐丧失。在印度经济快速崛起的背景下，其他南亚地区小国对印度的依赖性会逐渐增强，但同时他们也面临着印度独大带来的风险。有学者认为：印度在南亚次大陆有能力威慑所有其他南亚国家，这对其他南亚国家产生了巨大的压力。而印度奉行的政策是建立在防范和压迫他国的基础上的，这种周边政策必然导致印度与邻国关系发展困难。而更大的问题在于印度并不这么看，印度学者认为印度在南亚乃至亚洲的主导地位是由印度的地理位置所决定的。[②]

（二）印度的印度洋政策与周边关系

近年来，印度加快了实施印度洋战略的步伐，这对印度与其他南亚国家之间关系产生了重要影响，这些影响主要包括以下三个方面：

第一，印度实施印度洋战略具有促进印度与南亚周边国家关系发展的一面。目前，南亚地区的其他国家都看到，不论是现在还是未来，印度在地区内都将处于超强的地位，于是，南亚地区的其他国家都十分希望印度在实施印度洋战略时为地区和平、稳定与发展提供更多的公共产品。而印度也清楚的认识到，自己地区内的大国地位需要得到周边国家的认可和接纳，才能使自己获得更好的周边安全环境。因此，从印度方面看，其实施印度洋战略既是为了满足自己的大国身份地位的需要，也是为了为地区稳定与繁荣提供公共产品。而且只有这样，才能使其他国家承认自己的大国身份，并在一定程度上支持其印度洋战略。鉴于印度在南亚地区内拥有其他国家没有的实力，印度就应当承担更多的责任。在南亚次大陆周边的印度洋地区，如果印度加强对这一区域打击海盗、贩卖人口、贩毒等跨国犯罪行为，在自然灾害发生时利用自己的海上力量及时援助受灾国，以有效确保这一海域的航运安全，周边国家也会对此持欢迎态度。印度目前也确

① ［英］巴里·布赞、［丹］奥利·维夫：《地区安全复合体与国际安全结构》，潘忠岐、孙霞、胡勇、郑立译，上海世纪出版集团2010年版，第105页。

② 赵干城：《南亚国际格局的塑造与中国的抉择》，载《南亚研究》2010年第1期，第29页。

实展开了一些行动，例如在孟加拉湾开展反海盗行动、在2004年和2006年进行救灾行动等。因此，作为地区大国的印度，如果能在维护地区安全和促进地区繁荣方面开展行动，并与地区内国家保持有效沟通和协作，本地区内的国家是欢迎的，也有利于印度改善与周边国家的关系。

第二，南亚地区的其他国家对印度的印度洋战略不可避免地会抱有疑虑。这首先是因为印度的印度洋战略作为一种海洋战略，其主要特点就是持续扩充自己的海军力量。扩军的行为会引起周边国家的不安，特别是巴基斯坦。巴基斯坦与印度曾经发生过三次大规模战争，以及多次小规模的冲突和对抗，而且目前两国依然有众多问题尚未解决，未来两国爆发军事冲突的可能性依然存在。在1971年的第三次印巴战争期间，印度海军在阿拉伯海和孟加拉湾两个方向上成功的对巴基斯坦进行了封锁和轰炸，巴基斯坦“两翼”的海上联系完全被切断，最终巴基斯坦输掉了这场战争，而失败的直接后果是“东巴”永远从巴基斯坦的版图上分离了出去，成立了今天的孟加拉国。1999年，印巴两国爆发卡吉尔冲突，印度海军在卡拉奇和巴基斯坦沿海地区的军事部署有效的迟滞了巴基斯坦在卡吉尔地区的军事行动，印度海军对卡拉奇港口的封锁造成巴基斯坦90%的贸易和石油进口被迫中断。① 考虑到这些深刻的历史教训，巴基斯坦对印度的海军扩张是十分敏感的。不论印度扩张海军是声称为了维护地区安全或是指明针对其他区域外大国，巴基斯坦都不可能对此放心，并且会坚决反对。其次，南亚地区虽有“南亚区域合作联盟（SAARC）”这一地区组织，但是在这一区域组织架构下却没有地区安全合作机制。也就是说，印度在南亚地区一家独大，而且其力量没有制度的约束，其在实施印度洋战略过程中的不确定性无法通过安全机制来限制，这使南亚其他国家必然面临风险。最后，印度的印度洋战略目标说到底还是要在印度洋地区扩大影响力，甚至对整个地区实现某种控制，最终确保印度的大国地位。这种“印度中心主义”不仅只是巴基斯坦，也是其他南亚国家所反感的。对于印度来说，如何使周边国家接受印度的大国地位，使这些国家认识到印度是一个负责任的大国，能够维护地区的安全与稳定，并且不会对周边国家造成威胁，是其印度洋战略能被周边国家接受的重要条件。但难度也恰恰

① David Scott, “India's ‘Grand Strategy’ for the Indian Ocean: Mahanian Vision”, *Asian Pacific Review*, Vol. 13, No. 2, 2006, p. 107.

在于，印度需要妥当处理与周边国家的历史问题与现实纠葛，取得与这些国家的政治互信，其中特别重要的就是与巴基斯坦的关系。

第三，南亚地区的其他国家会寻求区域外大国的介入，以平衡印度的印度洋战略所带来的负面影响。总体来看，印度洋是一片开放的海洋，不仅是南亚国家在这片大洋中拥有自己的利益，很多区域外大国也在这里有自己的利益关切。印度在实施自己的印度洋战略时，完全不与他国发生利益冲突是不可能的。尽管南亚其他国家乐于见到印度为地区内国家提供公共物品，承担相应的大国责任，但当这些国家认为印度的印度洋战略具有潜在的威胁时，他们就会寻找区域外的大国来平衡印度的影响力。因此，南亚大多数国家在重要的政治安全议题上都会在印度与其他区域外大国之间保持一定的距离，以确保自己拥有足够的战略灵活性。而且南亚地区和印度洋地区不是封闭的，区域外力量的影响对印度能否顺利实施印度洋战略至关重要，反过来它也影响着印度与这些国家之间的关系。

二　印度的印度洋战略对印度与东盟国家关系的影响

（一）东盟与印度的印度洋战略

东盟在印度的印度洋战略中占有非常重要的地位。首先，东盟的战略位置十分独特，它处于印度洋与太平洋的交界处，而太平洋和印度洋都是当今世界大国角力的重要舞台。沟通太平洋和印度洋的马六甲海峡是当今世界上最重要的海上咽喉要道之一，它关系到东亚各国的贸易和能源运输安全。除了马六甲海峡之外，龙目岛（印度尼西亚南部、爪哇岛和巴厘岛以东）和巽他海峡（位于苏门答腊岛和爪哇岛之间，印度尼西亚语作SelatSunda）也是东盟地区非常重要的海上要道。随着美国“重返亚太”战略的推进与中国的崛起，亚太地区局势对印度势必产生深远的影响，而东盟恰巧在地缘政治的交界处。其次，与东盟的关系对于印度来说非常重要。东盟与南亚次大陆之间隔着孟加拉湾海域，印度还与东盟国家接壤，可谓山水相连。其实施的“东向”政策也是基于东盟的重要地位。有西方学者认为，印度的“东向”政策可看作两个阶段，第一阶段主要是与东盟之间的合作，第二阶段才能由此扩展至亚太地区的其他大国。[①] 总而

① Walter C. Ladwig Ⅲ, “India and the Balance of Power in the Asia-Pacific”, *Joint Force Quarterly*, issue 57, 2d quarter 2010.

言之，印度不论是要进入亚太，还是要扼守印度洋，都离不开与东盟的合作。

（二）印度实施印度洋战略对印度与东盟关系的影响

综合来看，印度实施的印度洋战略，对印度与东盟关系会造成以下几方面的影响：

第一，在面对印度的印度洋战略时，东盟国家会参与并支持印度对地区稳定与繁荣做出的努力，并希望将地区合作机制化。东盟国家作为印度洋区域内的国家，希望在印度洋发挥积极作用，维护印度洋地区的稳定，促进地区合作。东盟的智库和学者认为，东盟已经被证明是一个成功的地区联盟。当更大区域性行动步入一个新的发展时期、地区机制逐步建立时，东盟不仅能够为印度洋地区和它的次区域提供更多东西，而且可以在减少印度洋地区出现的不稳定因素方面发挥自身作用。具体来说，东盟希望在印度洋地区的传统安全和非传统安全问题上，与印度等南亚国家积极合作。目前，东盟的学者们已经提出了一些非常具体的建议，例如：东盟应当通过实施东盟国家互连互通总体规划（Masterplan on ASEAN Connectivity，ACM）确保与印度洋地区伙伴更长远、更深入的联系；东盟应当寻求与“孟印缅斯泰经济共同体”（BIMSTEC）的合作，以打击在这两个地区之间的人口贩卖等问题；东盟应当推动构建一个考虑东印度洋地区共同利益关注的论坛；东盟应该发起一个在东盟与南亚的海洋监管机构之间的会晤机制，以便寻找共同的利益，并且发展成为一个可持续的合作框架；东盟还希望通过东盟国家间的警察首长会议（ASEANAPOL）来推动各国共同打击南亚与东南亚之间的人口贩卖问题，等等。①

这不难看出，东盟一方面希望印度在印度洋地区发挥积极作用，但另一方面更希望自己也能发挥积极的作用，甚至是作为一些地区合作机制的重要参与者或创建者参与印度洋地区的事务。这一方面有利于维护东盟自身在印度洋地区的利益，又不与印度产生冲突；另一方面，东盟又可以将印度的印度洋战略限制在多边合作的框架内，以避免战略不确定性。这反映了东盟地区合作建构的一大特点，即以小国为核心的地区合作组织将各

① Sam Bateman，Jane Chan，Euan Graham，ed.，*RSIS Policy Paper：ASEAN and the Indian Ocean*（Singapore：S. Rajaratnam School of International Studies，Nanyang Technological University，Nov. 2011），pp. 7 – 14.

个大国吸纳进来，并使各个大国的力量在地区合作机制的框架内得到约束和相互制衡，从而维护地区的稳定。而东盟希望构建的印度洋地区合作机制也要体现这样的特征。

第二，东盟更加关注印度洋地区大国政治的平衡，不希望地区稳定与和平发展受到威胁。冷战之后，印度洋地区的地缘政治发生了变化，地区和全球权力分配的变化将带来印度洋地区的结构调整。东盟学者认为，东南亚正好处于正在崛起的两个新兴大国——中国和印度之间，是中国和印度利益交叠的地区。从太平洋通往印度洋的主要航路也正好穿过东南亚地区，任何中国和印度之间可能的冲突都将在该地区的海域里上演。东盟应该追求与印度洋地区国家更多的共同利益和连接点，并且帮助本地区产生更多的战略互信。① 目前，东盟与中印两个国家的经贸和政治关系都非常密切。中国和印度都参与到了东盟“10+8”的东亚峰会中，而且都是东盟“10+1”机制的合作伙伴国，都与东盟签署有自由贸易协定。东盟的战略目标就是要维持这两个新兴大国之间的某种平衡，甚至是通过一系列复杂的双边和多边关系在所有亚太大国之间维持平衡。由此可见，如果印度在实施印度洋战略的过程中，出现试图打破地区平衡的倾向时，势必将威胁到东盟国家自己的安全，因而也不会被东盟所接受。

第三，东盟希望印度的印度洋战略在东印度洋发挥更大的作用，使其影响力能扩展到马六甲海峡地区，甚至是亚太地区，以此平衡该地区已存在的大国影响力。目前，亚太地区一些国家认为，本地区备受瞩目的国际政治发展焦点是：中国的崛起可能给地区安全带来的变化因素。而对于东盟其中的几个国家来说，还与中国在南海问题上存在领土争议。如果印度能在印度洋地区对中国构成某种牵制，也是东盟国家乐于见到的。最近的例子是，越南、菲律宾等国在与中国在南海问题上发生争执时，就希望得到印度的介入和配合。

三　印度的印度洋战略对印度与中东和非洲国家的影响

（一）印度与中东和非洲国家关系的基本状况

传统上来说，由于印度在世界范围内反对殖民主义，在冷战期间坚持

① Sam Bateman, Jane Chan, Euan Graham, ed., *RSIS Policy Paper: ASEAN and the Indian Ocean* (Singapore: S. Rajaratnam School of International Studies, Nanyang Technological University, Nov. 2011), pp. 7－11.

不结盟运动，所以印度与中东、非洲国家存有许多共同信念和价值。冷战期间，印度出于自身国家利益的现实考虑，与苏联结成准盟友并在苏联入侵阿富汗时为其辩护，这损害了印度作为不结盟运动倡导国与反殖民反霸权国家的形象，并引起一些伊斯林国家的反感。在中东，印度的主要政策倾向是在巴以冲突中支持巴勒斯坦等阿拉伯国家，反对以色列；而在非洲，印度倡导不结盟运动，并与非洲国家一样都反殖民主义，所以受到很多非洲国家的欢迎和支持。

冷战结束后，历届印度政府都是根据世界格局的变动对印度的中东政策进行调整，全面发展同中东国家的友好关系，为加速实现大国目标奠定基础，具体表现为在阿拉伯国家和以色列之间奉行平衡外交政策，反对中东伊斯兰国家及其伊斯兰国际组织干预印度内政，反对美国发动伊拉克战争，联合中东国家反对恐怖主义，加强与伊朗、以色列的战略合作。① 21世纪以来，随着印度经济的发展，印度对中东地区的能源依赖不断加强，中东对印度的战略地位迅速上升。在非洲地区，进 21 新世纪以后，印度一方面为了寻找新能源和市场支撑其经济发展，另一方面为了提升其在非洲的影响力，实现其大国地位的目标，印度与非洲的贸易关系得到了迅速的发展。鉴于中东和非洲是印度能源进口、产品出口、对外投资的重要地区，使这两个地区在印度的印度洋战略中占有十分重要的位置。

从最新的数据来看，中东地区已探明的石油储量占世界总储量的48.1%，非洲占 8.0%，而包括印度和中国在内的亚太地区只占有 2.5%的储量；2011 年印度从中东进口的石油占中东地区石油出口总量的11.3%。在天然气方面，目前中东地区已探明的天然气储量占世界总储量的 38.4%，非洲地区已探明的储量占总储量的 7.0%；2011 年印度共进口了 171 亿立方米液化天然气，其中来自阿曼、卡塔尔、阿联酋、也门、阿尔及利亚、埃及和尼日利亚等中东和非洲国家的液化天然气进口量占印度进口总量的 91.81%。② 从印度的能源消费结构来看，近年来国际能源署的数据显示，印度能源消费总量的 70% 以上还是属于传统的化石能源，

---

① 钮维敢：《论当代国际格局变化下的印度中东外交》，《阿拉伯世界研究》2010 年第 4 期，第 68 页。

② BP，BP Statistical Review of World Energy，June 2012，from：http：//www. bp. com/assets/bp_ internet/globalbp/globalbp_ uk_ english/reports_ and_ publications/statistical_ energy_ review_ 2011/STAGING/local_ assets/pdf/statistical_ review_ of_ world_ energy_ full_ report_ 2012. pdf.

其中消费最多的能源是煤炭，占总消费量的42%左右；其次，石油占24%，天然气占7%；印度从中东进口的石油占进口总量的63%，另外的22%则来自非洲。[①] 随着印度经济的持续增长，现有的能源供给量依然显得有些捉襟见肘，能源供求差距在8%—10%，最严重时甚至达到18%—20%，到2031年时，印度的初级能源消费将是2003—2004年度的3—4倍。[②] 总而言之，在印度经济持续增长和能源消费结构短期内难以得到较大改变的情况下，印度将会继续从中东、非洲地区进口能源，而保证与这些地区之间海上能源通道的通畅与安全，对印度的经济发展和社会稳定十分重要。

从对外贸易来看，非洲在印度的对外战略中具有十分重要的位置。非洲大陆有丰富的自然资源和广阔的市场，印度一直以来都希望在非洲地区发挥更加积极的作用。近年来，印度与非洲之间的经贸关系正在迅速发展。根据相关预测，2013年印度与非洲之间的贸易额将从2000年的46亿美元猛增到900亿美元。2000年以来，印度与非洲之间贸易的增长率为24.8%，几乎与中国和非洲之间的贸易增速（26.3%）相当。而且印度在非洲的活动主要以获取石油为主，印度的私人公司也是印度在非洲电信、农业、石油等领域投资的主力军。[③] 同时，印度近年来一直非常重视发展与非洲国家之间的关系，2002年印度政府启动了“聚焦非洲”计划，先后有20多个非洲国家加入；2003年印度、巴西和南非又签署了《巴西利亚宣言》，确立了三国间的合作机制；2005—2008年印度和非洲共召开了四次印非经贸合作会议；2008年4月，印度又召开了首次印非峰会，发表了《印度非洲论坛峰会德里宣言》和《印度非洲合作框架》，这逐步完善了印非峰会的机制。[④]

鉴于中东、非洲地区对印度的重要性，印度在实施印度洋战略时就充

---

① U. S. Energy Information Administration, Country Analysis Brief: India, from: http://www.eia.gov/countries/cab.cfm? fips = IN.

② 杨翠柏：《印度能源政策分析》，《南亚研究》2008年第2期，第55页。

③ Standard Chartered Global Research, Africa-India Trade and investment-Playing to Strengths, August 2012, from: http://www.standardchartered.com/en/resources/global-en/pdf/Research/Africa-India_ trade_ and_ investment_ Playing_ to_ strengths.pdf.

④ 裴广江、王磊：《聚焦非洲，印度要展示大国形象》，人民网，2012年5月8日，来源：http://world.people.com.cn/GB/17834876.html。

分考虑到了印度在这些地区的利益。不论是从目前还是长远来看，印度的印度洋战略都是要确保印度能够顺利地获取这些地区的能源及其他资源，并不断拓展在这些地区的影响力和利益。在安全方面，印度主要是通过增加海上安全力量以及与这些国家开展防务合作的方式确保海上航线的通畅，使印度与这些地区的贸易和能源运输畅通无阻，并且不受其他国家的制约和威胁。在外交方面，印度将大力推进与这些地区国家全面的外交关系，以确保印度在这些国家的投资和获取能源的相关行动顺利开展。

（二）印度的印度洋战略对其与中东和非洲国家关系的具体影响

通过上述分析可以发现，印度实施的印度洋战略将对印度与中东、非洲地区国家间的关系造成重要影响，主要体现在以下几个方面：

在中东地区，印度将继续积极主动的推进与中东地区各国关系的全面发展，因为印度实施的印度洋战略离不开中东国家的支持。印度在实施印度洋战略的过程中，其与中东国家之间的关系将表现出以下几个方面的特点：第一，印度在能源方面对沙特、伊朗等伊斯林国家的依赖性很大，需要继续加强与这些国家的能源合作，而印度实施印度洋战略的一个重要动机就在于保障自身的能源安全。2005 年，印度和伊朗签订了价值数十亿美元的能源协议，该协议规定从 2009 年起的 25 年内，伊朗将每年向印度供给 7500 万吨天然气。同时，两国还在考虑建立途径巴基斯坦的油气管道。①

第二，在政治上，印度需要发展同中东各国之间相对平衡的外交关系才能保证印度洋战略的顺利实施。这主要是由中东地区特殊的国际政治形态所决定的。中东在冷战后一直保持着较强的冲突形态，该地区各国内部的冲突、国家间的冲突、区域外大国对该地区政治的干预与压制使该地区的安全形势和政治形势日趋复杂。教派冲突、阿以冲突、巴勒斯坦等问题与当前的恐怖主义、能源政治等新问题相互交织。在美国发动反恐战争、第二次伊拉克战争以及埃及、利比亚、叙利亚等国国内局势发生动荡与变革之后，美国在中东地区的存在以及对该地区的影响正处于冷战后相对较强的时期。由于印度目前不是一个全球性的大国，而是一个正在崛起中的大国，考虑到印度的自身实力，印度在实施印度洋的战略时最可行的办法

① Robert D. Kaplan, "Center Stage for the Twenty-first Century", *Foreign Affairs*, Mar/Apr 2009.

是在中东各派势力以及美国之间找到一个平衡点，以恰当的方式寻求与不同国家的合作，以维护其在该地区的利益，但又不能过多地卷入中东复杂的地区政治。

第三，鉴于巴基斯坦与中东伊斯林国家之间出于宗教文化的相似性而存在的安全联系，印度的印度洋战略需要纳入维护和加强与中东伊斯林国家之间的良好关系这一目标，以便在外交上削弱巴基斯坦的影响力。而从安全角度讲，为了避免中东地区的恐怖主义通过巴基斯坦危害到印度海外与国内的安全，印度也必须与中东各国广泛接触与合作。目前，印度正在加强与这一地区的一些国家在海上安全方面的合作关系。例如，在 2008 年，印度不仅与阿曼签署了关于海洋安全的防御合作协定，而且还与卡塔尔签署了防御合作协定，并促成了两国联合训练演习。①

第四，印度与以色列关系的持续发展是其实施印度洋战略的一个重要条件。冷战结束以后，印度与中东地区国家关系的特点是，既维护与阿拉伯国家之间的传统友谊，又稳步推进与以色列的外交关系。由于以色列地缘位置突出，地处连接地中海与印度洋的重要位置之上，对于印度来说，加强与以色列的合作不仅可以平衡巴基斯坦，遏制伊斯兰恐怖主义，而且可以将“印度和以色列的政治、安全合作提升至新的阶段，同时还有助于维护印度在海湾地区、中亚和印度洋的利益”。②

在非洲地区，印度在实施印度洋战略的过程中，其与非洲之间的关系表现出以下特点：第一，印度在非洲地区的存在将会增多，影响力将会增强。非洲国家智库的一些报告曾指出，印度近年来对非洲的政治关注越来越多，它将自己视为非洲国家的合作伙伴，使这些国家在海洋安全领域获益，并使这些国家得到发展。同时，印度还希望找到一些适当的途径挑战中国在非洲的地位，以使印度在非洲获得更好的投资合同和贸易合作。另外，印度海军还在非洲东海岸展开活动。③ 从近年的实际情况看，印度在非洲的活动也是非常频繁和高调的，并已经在该地区获得了相当的利益。

---

① Sergei DeSilva-Ranasinghe, “Potent and Capable: India's Transformational 21st Century Navy”, *Strategic Analysis Paper*, 3 May 2012, p. 3.

② 钮维敢：《论当代国际格局变化下的印度中东外交》，《阿拉伯世界研究》2010 年第 4 期，第 71 页。

③ Frank van Rooyen, Africa and the Geopolitics of the India Ocean, South African Institute of International Affairs, February 2011, p. 19.

例如，2012年7月，为保留1983年毛里求斯与印度签订的双重免税协定，毛里求斯将阿加莱加群岛（Agalega Islands）南北二岛移交给印度进行开发。[①] 今后，不排除印度将该岛屿用作军事用途的目的。

第二，印度与中东、非洲国家在维护海上通道安全方面有共同的利益，这方面的合作会增多。由于很多非洲国家海军能力严重不足，缺乏必要的装备和相应的技术来维护印度洋及非洲沿岸地区的海洋安全。在打击海盗、贩卖人口、非法捕鱼等典型的海上犯罪方面明显能力不足，需要与其他国家合作才能实现维护地区海洋安全的目标。然而，目前非洲联盟作为非洲大陆最为重要的区域组织，却无力组织统一有效的行动来维护该地区的海洋安全。有学者尖锐地指出，对于非洲海洋安全倡议的总体印象就是“显示了非洲在所有的这些相关事务上有多么的被动”。[②] 所以很多非洲国家还是选择了与区域外大国合作的方式来增进海洋安全。印度则抓住了这些机会，不断推进与非洲国家在海洋安全方面的合作。目前，印度海军实现了在毛里求斯海域的日常巡逻，还赠予该国巡逻船和海洋侦察机；印度与莫桑比克签署了防御合作协定，还从2003年开始在莫桑比克海岸巡逻；2005年印度赠予塞舌尔一艘海上巡逻船、一架海洋监视飞机和两架直升机；2007年7月印度在马达加斯加建立了监听设施，用于监视东非海岸的过往船只。[③]

第三，在非洲地区，随着印度洋战略的推进，印度日益拓展的利益和影响使印非关系趋于复杂。印度在非洲过于活跃的活动也可能被指责为“新殖民主义”，这将对印度发展与一些非洲国家之间的关系造成负面影响。例如，印度获取毛里求斯阿加莱加群岛南北两岛开发权的行为就很容易让人联想起西方国家殖民主义时代对亚非国家领土的“租借”。英国《每日电讯报》曾报道，印度农业公司在非洲购买了几十万公顷的土地，遍及埃塞俄比亚、肯尼亚、马达加斯加、塞内加尔和莫桑比克等国家。印

---

① 国际在线：《毛里求斯为保留免税协定愿将2座岛屿移交印度》，2012年7月6日，来源：http：//gb. cri. cn/27824/2012/07/06/6011s3758856. htm。

② Comments by Phillip Dexter MP，at the Africa and the Geopolitics of India's Energy Security Conference held in Cape Town，October 6，2010，The Conference was co-hosted by the SouthAfrican Institute of International Affairs and the Konrad Adenauer Stifftung.

③ Sergei DeSilva-Ranasinghe，“Potent and Capable：India's Transformational 21st Century Navy”，Strategic Analysis Paper，3 May 2012，p. 3.

度公司在这些土地上种植大米、甘蔗、玉米和小扁豆等农作物。而食用油和玉米是目前印度国内非常短缺的物品。所有农产品成熟以后将全部运回印度本土。外媒已将这一行为批评为“新殖民主义”。[①] 如果印度在实施印度洋战略的过程中，不尊重非洲国家的利益，不能使印非互利互惠，或者不能有效开展公共外交和舆论宣传，将使印度与非洲国家的关系严重受损。

第三节　印度的印度洋战略对印度洋域外大国关系的影响

一　印度的印度洋战略与印美关系

美国作为世界唯一的超级大国，从来没有用局限性的眼光来思考自己在印度洋的战略，而是将其置于全球战略的视角来加以权衡。今天的美国不仅用全球性的视角来思考印度洋，也以全球性的眼光权衡印美关系在美国对外战略中的地位。

（一）冷战后印美关系持续推进

冷战结束以来，印美关系有了较大发展。2000 年克林顿总统访问南亚，是印美关系重新定位的“里程碑”。在克林顿政府时期，印度的发展潜力已经引起了美国的重视，又因为印美在价值观方面具有相似性，所以当时美国不仅将印度视为一个具有经济潜力和政治民主价值的正在崛起中的大国，而且把印度视为一个全球角色和大国来对待。在布什政府时期，美印关系从强调共同价值的“天然盟友”向突出安全合作的“战略伙伴”发展，其中最为耀眼的是印美两国在安全防务方面达成的一系列军售、军演协议，而两国在核能方面的合作则相当于美国实质上认可了印度的有核国家地位。[②] 奥巴马政府上台后，对印美关系继续给予高度重视。双方关系的定位从布什政府初期的“下阶段战略伙伴”提升到 2004 年的“全方位战略伙伴”。2009 年 7 月美国国务卿希拉里对印度进行了访问，与印度签署了军品最终用户监督、美国技术保障和建立科技发展基金三个协议，

---

① 环球时报特约记者王恺报道：《印度韩国在非洲大肆购买土地被指新殖民主义》，《环球时报》2009 年 7 月 1 日。

② 参考张贵洪等《中美印三边关系研究》，时事出版社 2013 年版，第 34—40 页。

并就不扩散、反恐和地区局势、气候变化、金融危机等一系列问题与印度领导人进行了对话。在访问之前，希拉里在美国外交学会的演讲称，此访将推动美印关系将进入一个“3.0 版新时代”。希拉里在印度说，印度有潜力成为“世界大国”，希望与印度作为美国的“全球伙伴”在国际事务中开展合作，并同意与印度设立外长级年度双边战略对话。2010 年美印展开战略对话，并认为美印之间应该建立“全球战略伙伴关系”。当年，奥巴马访印并发表了联合声明，还签署了总价达 100 亿美元的贸易协议。另外，美印还达成了关于共同进行清洁能源研发和季风预测合作的两项协定及有关核能、能源、页岩气和疾病检测的四项备忘录。奥巴马此次印度之行被誉为是印美关系史上的重要里程碑。[①] 奥巴马政府在 2010 年的《国家安全战略》中称，“基于印美两国共同的利益，以及作为世界上最大的两个民主国家而共有的价值观念，以及两国民间交流的广泛联系，两国正在构建一种战略伙伴关系……我们（美国）重视印度在一系列全球性问题上不断提升领导力……我们（美国）将寻求与印度一道推进南亚地区乃至全世界的稳定”。[②] 总而言之，目前的印美关系与冷战时期已有很大不同，可以预见未来一段时期内印美关系将保持稳定发展的势头。

在印美关系不断发展的背后，有许多人认为中国起了重要作用。当前国际格局的发展趋势是从冷战结束之初的单极化向多极化发展，最明显的特征是新兴大国的崛起。其中，中国和印度就是世界正在崛起的两个新兴大国。根据高盛公司预测，中国经济可能会在 2041 年超过美国成为世界第一大经济体，而印度则可能在 2035 年超过日本成为世界第三大经济体。[③] 从现实主义的角度来看，由于中国与美国在政治体制、价值观等方面存在差异，使两国在很多问题上存在分歧甚至是冲突的可能。所以，中国被认为是挑战美国霸权的最大潜在威胁。例如，权力转移理论认为，由于冷战后中国综合国力迅速提升，权力正从现有的霸权国美国转移到中

---

① 陈利君、许娟：《奥巴马访印对中印美三角关系的影响》，《南亚研究》2011 年第 1 期，第 15 页。

② National Security Strategy, May 2010, from: http://www.whitehouse.gov/sites/default/files/rss_viewer/national_security_strategy.pdf.

③ ［英］吉姆·奥奈尔等：《全球经济报告第 134 号：BRICs 国家有多稳固?》，2005 年 12 月 1 日，http://www.2rich.net/2rich_news/uploadfile/pdf/20051230143453.pdf。

国，中国的崛起构成了对美国霸权的挑战。[①] 而印度一方面由于实力尚未达到中国那样的水平，另一方面印度与美国政治体制相似，所以，印度与美国的利益冲突也相对较少。在这样的背景下，美国需要大力发展与印度的合作，“拉印制华”，遏制中国的崛起。虽然这一现实主义思想观点有其片面性和局限性，忽略了中美印在全球化背景下日益加深的相互依赖，但也为一些对华不友好的人士找到了遏制中国的借口，至少也给印美关系的发展以及印美在印度洋地区的合作提供了一种新的分析视角。

（二）印度的印度洋战略对印美关系的影响

印度的印度洋战略对印美关系的影响可以归结为以下几个方面：第一，美国支持印度在印度洋地区发挥更加积极的作用，也肯定印度的地区地位。由于目前美国将中国的崛起视为最大的潜在战略威胁，所以美国希望在印度洋地区能够让印度发挥更大的作用，以遏制中国在该地区的活动。美国学者认为，美国的基本战略部署应当是在亚太地区用日本遏制中国，而在印度洋地区用印度制衡中国。回顾历史，在英国衰落时，世界曾利用日本和美国平衡其他海上力量，而在美国持续缓慢的衰落过程中，将用日本和印度来平衡崛起的中国。[②] 近年来，美国在“重返亚太”的战略部署下，不断鼓励印度在亚太事务中发挥更大作用，同时美国也在不断加强印美澳三边安全合作以及日美澳三边安全合作。不难看出，在美国的战略中，它是将印度洋与太平洋联系起来进行整体考虑的。总体而言，印度在印度洋地区的战略规划大部分被美国所认同，美国希望看到的是纳入自己全球战略轨道中的印度在印度洋发挥更大作用，并为己所用。

第二，美国不希望印度的印度洋战略在实施过程中演变为与其他大国，尤其是与中国的恶性竞争，进而损害地区稳定与和平。美国不希望印度洋上的航运安全受到损害，更不希望印度洋地区爆发大国冲突危害地区和平。然而，美国对中印之间的竞争保持着相当的关注，美国对自己在中印竞争之间的定位是十分明确的，就是充当中印之间的平衡手。所以在印度洋，美国不但会和印度展开合作，也会和中国在很多领域展开合作和对话，以便有效管控中印之间的竞争，并使这种竞争符合美国在该地区的利

---

① 祁怀高：《冷战后中美在东亚的制度均势及对中国的启示》，《世界经济与政治》2011 年第 7 期，第 95 页。

② Robert D. Kaplan, “Center Stage for the Twenty-first Century”, *Foreign Affairs*, Mar/Apr 2009.

益诉求。

第三，从长远来看，美国不允许印度的印度洋战略将美国排挤出印度洋。虽然印度海军现在的实力远不足以控制印度洋地区，也难以成为美国的实际威胁，但美国依然十分关切任何该地区排挤美国的行为。2008 年，印度在发起印度洋海军研讨会（IONS）时，曾向 31 个国家发出邀请，其中包括南非、澳大利亚、泰国、巴基斯坦等国，但其中并不包括美国，这一举动曾引起美国的关注。

第四，印度实施的印度洋战略可以促进印美两国在应对非传统安全方面的合作。印度如果能增强在反恐、救灾、打击海盗、走私和跨国犯罪方面的能力，并在印度洋地区承担更多的责任，这是美国乐于见到的。目前，两国已经在反海盗、反恐等方面展开了一系列合作。随着印度的印度洋战略不断深化，未来印美两国在这方面的合作将不断增多。

二　印度的印度洋战略与中印关系

21 世纪，印度和中国都处在作为新兴大国崛起的进程当中，两国关系对于世界和平与稳定至关重要，两国之间在印度洋地区的互动也深刻地影响着地区的稳定与繁荣。

（一）冷战后的中印关系

冷战期间，在两极格局的大背景下，中印关系的发展虽然有相对的独立性，但是也不可避免地受到两极格局的影响。印度虽然在国际舞台上倡导“不结盟运动”，但是由于中国和美国在 20 世纪 60 年代末 70 年代初逐渐走向和解，以及美国和巴基斯坦之间的联系加强，使印度产生了中美巴包围印度的担心，迫使印度在 1971 年与苏联签订了友好合作条约，而事实上成为苏联的盟友。70 年代后期，中印关系逐渐缓和，两国逐步恢复了高层交往，互派使节，并且签署了贸易协定。

冷战结束以后，随着苏联的解体和两极格局的终结，为中印关系的改善带来了新的契机。首先，冷战的结束，使超级大国相继退出在南亚地区的争夺，消除了中印关系中一个重大的地缘政治因素。其次，在后冷战时期国际体系的基本格局是美国一超独霸。最后，两级体系瓦解，国际形势朝着进一步缓和的方向发展，为中印解决双边关系中存在的问题提供了比较有利的外部环境。此外，无论是中国还是印度，当冷战结束后，两国都将发展经济作为自己的中心工作，需要和平稳定的外部环境。[①] 从 1988 年拉吉夫·甘地访问北京开始到 1998 年，两国领导人实现了多次具有历史性意义的互访。中印两国在 1993 年签署的《关于在中印实际控制线边界地区维护和平与安宁的协定》和在 1996 年签署的《关于在中印边境实际控制线地区军事领域建立信任措施的协定》对解决双边关系中最为核心的边界问题起到了积极的作用，并有效提高了两国之间的政治互信。但 1998 年印度核试验时，印度公开宣称印度实施核计划是因为中国威胁，这使中印两国之间的关系再次跌入低谷。

进入 21 世纪以后，中印之间的高层交往逐渐得到加强。2008 年辛格总理访华，中印两国签署了《关于 21 世纪的共同展望》，提出中印关系具有全球战略意义。2010 年印度总统帕蒂尔访华，同年温家宝总理再次访印。[②] 2013 年习近平当选中国国家主席后的首次出访中，在南非参加金砖国家峰会时会见了印度总理辛格。在会见中，习近平主席表示“中方视中印关系为最重要的双边关系之一，致力于推动中印战略合作伙伴关系不断向前发展”，双方应“继续维护边境地区和平安宁，不使边界问题影响双边关系发展”。[③] 同年 5 月，李克强总理访问印度，双方在联合声明中一致强调互为伙伴而非对手，视对方发展为机遇而不是挑战。双方都认为两国经济合作具有高度互补性和巨大发展潜力。双方都愿共同致力于推动国际关系民主化和世界多极化等。可以看出，中国新一届领导人十分重视中印关系的稳定发展，希望影响中印关系发展的核心问题（即边界问题）能够早日得到解决，以增强双边的政治互信，使中印这两个世界上最大的发展中国家能够增加合作，减少分歧。

总的来看，中印关系在冷战结束以来表现出来的特征是，由于缺乏相应的政治互信，两国关系在稳步发展的同时也出现一些小的波折。中国和印度同属发展中大国，同为崛起中的新兴国家，中国和印度在面对很多全球性问题以及国际体制改革与国际政治民主化等问题上抱有相同的观点和信念，并且在某些具体问题如国际金融机制改革等问题上展开了合作。但中印关系中也存在着一些问题，特别是两国由于历史上曾发生过冲突，边

---

① 赵干城：《印度：大国地位与大国外交》，上海人民出版社 2009 年版，第 181—182 页。

② 张贵洪等：《中美印三边关系研究》，时事出版社 2013 年版，第 27 页。

③《习近平会见印度总理辛格时指出：世界需要中印共同发展》，人民网，2013 年 3 月 29 日。

界问题至今未得到解决，政治互信还有待提高，这使中印经常将对方的某些行为视为针对自己的敌意，并严重影响了双边关系的正常发展。过去，印度国家安全面临的最严峻的现实威胁是与巴基斯坦长期以来的军事对抗，这种对抗因为双方都拥有核武器后而变得更加危险。但进入 21 世纪以后，这种状况正在发生改变。在南亚地区，由于巴基斯坦国内自身出现问题以及针对阿富汗的反恐战争给巴基斯坦带来了严重伤害，使巴基斯坦越来越无力与印度全面对抗。而在全球层次上，印度和中国作为正在迅速崛起的新兴大国，两国的利益都在快速向海外扩展，尤其是在印度洋地区，所以难免双方会发生利益碰撞与摩擦。在两国关系还存在许多问题并缺乏互信的背景下，两国之间的竞争在未来可能会逐渐变得激烈。因此，印度对安全的关注也可能从传统的南亚地区转移出来，更多地针对中国。印度自独立以来，一直在不懈的追求“大国地位”，其对外战略一直具有相当的独立性和自主性。可以预见，未来印度在处理对华关系时也不可能完全充当美、日等国家的战略棋子。有学者指出，未来“最有可能的结果是，印度在三个层次之间继续摇摆不定。除了“消灭巴基斯坦、战胜中国、挑战美国”等有关的实际问题之外，每个安全化问题都只是部分的满足了与印度国家身份和传统有关的需要”。①

（二）印度的印度洋战略对中印关系的影响

印度在实施印度洋战略的过程中，将会对中印关系产生以下几个方面的影响：

首先，印度的印度洋战略难免会带有针对中国的色彩，甚至被其他大国所利用，成为在印度洋上制约中国的工具。前面已经提到，美国希望在印度洋上利用印度遏制中国，而对于印度来说，由于中印之间缺乏互信基础，印度比较倾向于将中国在印度洋的行动看成威胁。印度海军参谋长梅赫塔（Sureesh Mehta）在 2009 年 8 月曾说，“很明显，在未来几年中国是我们需要应对的一个重要挑战。中国正处在全面整合自己的国家力量，并打造其可畏的军事实力的进程中。一旦这个进程完成，中国很有可能变得更强硬，特别是对于它的邻国。中印两国之间的‘信任赤字’永远不可

---

① ［英］巴里・布赞、［丹］奥利・维夫、潘忠岐、孙霞、胡勇、郑立译：《地区安全复合体与国际安全结构》，上海世纪出版集团 2010 年版，第 120 页。

能被弥补，除非边界问题得以解决”。[①] 近年来，国外有些媒体和学者也将中国在巴基斯坦、孟加拉、缅甸、柬埔寨、斯里兰卡等国的港口建设以及投资行为解读为包围印度的“珍珠链”战略。而印度官方和媒体对中国的这些行为也表示担心和怀疑，并给予了相当的关注。例如，2013 年在中国获得瓜达尔港的营运权之后，印度国防部长 A. K. 安东尼（A. K. Antony）就表示，巴基斯坦将战略港口瓜达尔移交中国受到了印度的“严重关切”，“中国现在根据巴基斯坦的要求建设港口，但我可以肯定这关系到印度的利益”。[②] 国外有学者指出，印度倾向于将中国与印度洋沿岸国家发展关系看作直接针对印度的行为，但很多战略分析家都同意，印度的关切其实夸大了中国在这些基础设施投资上的作用，中国大部分的投资还是商业利益为导向的。[③]

印度在实施印度洋战略的过程中，还有可能在一些关键地区与中国的利益发生冲突和竞争。例如在南海地区，印度就一直注重发展与东南亚国家之间的关系，一些与中国存在领海争端的国家还希望印度海军进入该地区。有美国学者指出，印度在亚太地区不断加强的角色得到了美国的肯定和支持。与印度发展友好关系的很多亚太地区国家都是美国的盟友。印美两国都对中国采取了相同的“对冲战略”，即在经济上合作互动的同时，又保留相当的军事力量来应对中国可能造成的威胁。而且两国都是民主体制的国家，价值观相近。美国鼓励印度在亚太地区扮演更重要的安全角色。[④] 从这一个角度讲，印度海洋大国的雄心，在域外大国的介入下，容易与中国产生矛盾和摩擦，中国必须谨慎应对。

其次，中国和其他域外大国都不允许印度的印度洋战略朝着独霸印度洋的方向发展。前文已提到，美国在印度洋利益的一个重要方面就是维持印度洋的开放，并且在印度洋展开均势外交，平衡大国力量。在这一点

---

① Sureesh Mehta, “India’s National Security Challenges-An Armed Forces Overview”, India Habitat Centre, 10 August 2009, from: http: //maritimeindia. org/pdfs/CNS_ Lec_ at_ Habitat. pdf.

② 《印度防长严重关切中国接手瓜港称关乎其利益》，新浪网，2013 年 2 月 19 日，来源：http：//mil. news. sina. com. cn/2013 – 02 – 19/1141716038. html。

③ See, for example, Brewster, pp. 5 – 7; and Ashley Townshend, “Unraveling China’s ‘String of Pearls’”, YaleGlobal Online, September 16, 2011, http: //www. lowyinstitute. org/Publication. asp? pid = 1701.

④ Walter C. Ladwig Ⅲ, “India and the Balance of Power in the Asia-Pacific”, *Joint Force Quarterly*, issue 57, 2d quarter 2010.

上，同为域外大国的中国也抱有相似的观点，即印度实施印度洋战略的“度”是不能让印度洋成为印度的“内湖”。当然，需要看到的是，印度的印度洋战略是一个长期的进程，目前的印度尚无能力来控制如此广阔的海洋。在这个进程的不同阶段，中美印三方的博弈也会呈现不同情况。从目前来看，中印之间的矛盾在于，中国希望广泛地参与到印度洋地区合作机制中去，而印度则试图将中国排除在外。

再次，印度实施印度洋战略也为中印两国在印度洋上的合作提供了契机。需要看到的是，在印度洋，中印两国之间不是只存在冲突与竞争，同时还存在许多共同的利益。例如在反海盗、人道主义救援等方面就存在着合作的可能性。中印两国都派出舰队到索马里海域参加护航行动，2006年印度尼西亚发生海啸后，中印两国都曾对该地区派出过救援力量。随着中国和印度国力的增长，以及在印度洋地区活动能力的提高，中印可以在应对非传统安全方面加强合作，增进双方的互信。

最后，印度的印度洋战略对中印关系造成的影响会受到中印关系发展大局的制约，也深受国际形势变迁的影响。总的来看，印度的印度洋战略要受到中印关系这一大局的制约，如果中印关系能够提升互信，在印度洋地区找到更多合作的空间，印度的印度洋战略也将减少针对中国的特性，而增加一些合作的机会。同时，鉴于印度一直以来追求战略自主，在国际局势的不断发展变化中，印度也会审时度势，从自身国家利益出发，一方面在适当的时候与美国、日本等国站在一起，挤压中国，另一方面印度也会与美日拉远距离，减少对中国的刺激。

三 印度的印度洋战略与印日关系

（一）印日关系

在第二次世界大战结束以后的50年代，印度与日本的外交关系就有较好发展。1951年，印度拒绝签订主张限制日本主权与民族独立的《旧金山和约》。同年，亚运会在印度新德里举行，依然处于被占领状态下的日本被当作一个独立国家受邀参加。1952年4月印度与日本缔结了一个新的和平条约，在这一条约中，印度宣布放弃对日本所有的赔款要求。印度还游说日本加入联合国。1957年日本岸信介首相访印，宣布对印度提供日元贷款。1958年印度成为第一个接受日本官方援助的国家。但总的来看，在冷战两极格局的大背景下，印度和日本都无法独善其身，两国关系也受到了当时国际格局的影响。1960 年美日签订《安保条约》，日本和美国绑定在一起，而印度作为不结盟运动的一员，选择了远离美苏两个阵营。因此，日印关系渐渐变得疏远。1962 年中印发生边界冲突和 1965 年印巴爆发战争时，印度都曾寻求日本的支持，但是日本都选择了采取中立态度。同时，印度在 70 年代与苏联保持着特殊的关系，也使与美国关系密切的日本对其敬而远之。直到 1984 年日本首相中曾根康弘访问印度后，两国关系才开始逐渐回升。在这一时期，日本认为印度的外交支持有利于其打造良好的亚洲根基；而印度则认为与日本发展良好的经济关系有利于印度的经济自由化。①

冷战结束以后，两极格局的终结使日印两国有了更大的合作空间。但 1998 年印度的核试验将日印两国关系拖入了低谷。日本对印度核试验的激烈反应远远超出了印度的预想，日本召回了驻印大使，暂停了日印官方层面的对话，停止经济援助。日本不仅是第一个对印度进行经济制裁的经合组织（OECD）成员国，还扮演起了国际社会制裁印度的领导者，在联合国、G8 峰会和东盟地区论坛（ARF）上都提出要对印度挑战《不扩散核武器条约》的行为进行惩罚。

进入 21 世纪以后，日印两国关系迅速发展。印度实施的“向东看”（Look East）政策把日本视作重要的合作伙伴之一。特别是随着美国与印度关系的回暖，日印关系开始不断向前发展。2000 年，在美国总统克林顿访问印度之后，8 月日本首相森喜朗也对印度进行了访问。在森喜朗与瓦杰帕伊会晤后，双方宣布建设“21 世纪的日印全球伙伴关系”。2001 年 12 月，印度总理瓦杰帕伊访问日本，双方发表了《日印联合宣言》，宣布进行“高级别战略对话”，加强经济、军事和反恐合作。因此，日本解除了对印度的经济制裁。2005 年 4 月，小泉纯一郎访问印度，双方签署了“印日在亚洲新时代的伙伴关系：印日全球伙伴的战略协定”的联合申明和 8 点倡议，两国宣布将进一步加强战略合作与经贸关系。2006 年，曼莫汉·辛格访问日本，两国建立起了“全球战略伙伴关系”。2007 年，安倍晋三访问印度，两国又签订了大量的经贸合作协定。安倍和他的继任者麻生太郎都倾向于建立一个由日本、印度、美国和澳大利亚组成的

① Purnendra Jain, “Japan-India Relations: Peaks and Troughs”, *The Round Table*, Vol. 99, No. 409, August 2010, p. 406.

四国合作框架，即所谓由民主国家组成的“自由民主之弧”，而这需要印度在其中充当关键的角色。[①] 目前，日本不仅是印度最大的援助方，而且是印度海外直接投资的重要来源国。

总体而言，日印关系在进入21世纪以来达到了新的水平。在地区合作方面，过去日本只是勉强同意印度加入亚太经合组织（APEC）和东盟地区论坛（ARF），而现在日本却积极说服其他国家让印度加入东亚峰会，明显地将“东亚”地区这一概念的政治定义进行了延伸。[②] 在曾经敏感的核问题方面，日本同意在“适当的国际安全条件下”与印度展开民用核能合作谈判。此外，作为核供应国集团（Nuclear Suppliers Group）之一的日本还积极支持印度在核能方面的需求。[③] 在防务方面，日印两国的合作也不断加深。2008年，印度和日本签署了《安保共同宣言》，在制度和法律层面上为继续深化两国的军事合作关系提供了保障。并建立了从2010年起每年举行以反恐和打击海盗为目标的海军联合军演机制。2010年7月，日印两国举行了首次外交和防务部门副部长级定期对话（“2+2”），由此将两国战略合作提升至新层次。[④] 目前，“2+2”会晤机制只在日美、日澳之间存在，日本与印度也建立“2+2”对话机制，显示了日本对印度战略地位的高度重视。2010年10月，辛格访问日本期间发表的《面向未来十年日印全球战略伙伴关系的构想》中强调，双方将通过双边和多边的演习、情报共享、训练和对话，加强在海上安全方面的合作，保障航行自由，并加强在人道援助与灾害救援等安全保障方面的合作。[⑤] 在经济方面，自2003年开始印度接受了大量来自日本的官方发展援助（ODA），大部分用于印度国内的基础设施建设项目。同时，两国的

---

① Abe Shinzo（2006）Utsukushiikuni e：jishin to hokori no moteru Nihon e（Towards a Beautiful Country：a Confident and Proud Japan）（Tokyo：BungeiShunju）；Aso Taro（2008）Jiyu to hanei no ko（The Arcof Freedom and Prosperity）（Tokyo：Gentosha）.

② Purnendra Jain，“Japan-India Relations：Peaks and Troughs”，*The Round Table*，Vol. 99，No. 409，August 2010，p. 407.

③ Vivek Pinto，“A strategic partnership between Japan and India?”，*The Asia-Pacific Journal*：*Japan Focus*，from：www. japanfocus. org/-Vivek-Pinto/2321，posted January 11，2007.

④ 环球网：《日印举行首次外交和防务副部长级对话》，2010年7月6日，http：//news. sohu. com/20100706/n273327647. shtml。

⑤ 高新涛：《日印近期强化战略战略合作的深层背景与影响》，《东北亚论坛》2011年第2期，第83—84页。

贸易额也不断上升，到印度投资的日本企业也逐渐增多。

从日印两国关系发展的历史来看，日印两国之间的关系有以下一些特点：其一，日本对印度的政策基本上与美国的政策步伐一致，鉴于美日关系的特殊性，美国的对印政策几乎就是日本对印政策的指针。其二，驱动印日关系不断发展的一个因素是中国因素。随着中国的崛起，日本和印度都希望寻求某种程度的合作制约中国。印度和日本都与中国存在领土争端，这是两国各自与中国关系中最严峻的障碍，也是两国安全关注中最为重要的方面。在应对中国崛起方面，日本和印度确实有着相同的战略利益，正如经典现实主义的那句老话“邻居的邻居就是朋友”所说的一样。日本提出的“自由与民主之弧”，就明显包含有亚洲民主国家共同遏制中国的含义，冷战色彩浓厚。其三，日印关系的发展拥有良好的国内基础。和大多数日本的东亚邻国不一样，印度与日本没有历史包袱，二战期间印度本土并没有受到日本的攻击。[①] 除此之外，两国也没有现实的利益冲突。根据日本政府2009年在印度的民调显示，92%的印度受访者认为日本是一个可靠的伙伴，76%的人认为日印关系十分友好或是友好。[②] 比起其他亚洲国家，日印关系拥有较好的国内基础，使日印关系未来的发展前景较好。

（二）印度的印度洋战略对印日关系的影响

我们认为，印度实施印度洋战略将会对印日关系产生以下几个方面的影响：

首先，印度和日本在海上安全防务方面的合作会不断加深。印度和日本在印度洋的安全防务合作主要有两个目的，一是应对现实的威胁，即危害日本和印度海上贸易和能源通道的威胁，例如海盗、恐怖主义等。目前，印日海军针对恐怖主义和打击海盗的联合军演已经逐渐机制化。二是在中国崛起的大背景下，加强双方战略层面的合作，协调两国的海军力量，并与印度洋沿岸其他国家的海军增加沟通和协调。例如，在2005年底，日本向印度建议加强军事合作，提出允许印度参与亚太地区联合军演使用日本的海军和海岸警卫队基地，未来还可以考虑更新该基地作为日

---

① G. V. C. Naidu, “India-Japan Relations: Towards a Strategic Partnership”, *China Report*, 41: 3 (2005), p. 327.

② Ministry of Foreign Affairs of Japan, “Opinion Survey on the Image of Japan in India”, 8 May 2009, from: www. mofa. go. jp/announce/announce/2009/5/1191566_ 1134. html.

本、印度及美国的三边联合演习基地；另外，日本希望获得为日本海上力量提供相应设施的印度基地，日本海军在印度基地上可以开展搜救演习和联合反恐演练。[①] 印度、美国、日本、澳大利亚、新加坡等国还于2007年在孟加拉湾举行了名为“马拉巴尔－07”的海上军事演习。此举也被舆论称为一次针对中国的军演。可以预见，随着印度的印度洋战略不断推进，未来印度与日本在海上安全方面的合作还会不断扩展和加深。

其次，印度和日本在一些针对中国的海洋问题上会持相似立场，并相互支持。由于日印两国都不满足于区域性大国，印度要将影响扩大到太平洋，日本要将影响扩大到印度洋，这就使两国在战略扩张上有相同的目的。又由于印度和日本与中国在领土问题上都存有争端，未来两国会在一些关乎中国的海洋问题上相互支持，可对中国形成海陆两翼的“弧形包围”。例如，在南海问题上，日本和印度都曾做出支持越南、菲律宾等国的姿态，欲插手南海争端。印度的“东向”政策和日本的“南下战略”在地缘上的交会点刚好是东南亚。这一地区对于印度来说是印度面向太平洋、迈向21世纪大国的门户；而对于日本来说，这里是能够扼住日本经济命脉的重要航道，因而日印两国都视这一地区为战略要地，其在这一地区的协调与合作将会逐渐增多。

最后，印度和日本在印度洋的合作关系取决于中国的行动，也会受到美国因素的强烈干扰。尽管印度和日本发展关系及其在印度洋上的安全合作有针对中国的意图，但鉴于中国奉行和平发展的战略方针，以及印度和日本都与中国存在非常深的经济依赖关系，两国出于各自的国家利益也都不希望被拖入与中国的纠葛过深。印度作为一个发展中的大国，还有其他一些安全关注，所以更不希望卷入遥远的中日争端中。因此，从这一角度看，印度与日本在印度洋的合作在一定程度上取决于中国的外交战略。另外，美国因素对印日关系的影响十分强大，这主要是由于日本在印度洋的行动需要美国的支持与协调，日本《产经新闻》曾援引日本政府有关人士的话称，“印度海军和日本海上自卫队的合作不能缺少美国的侧面支援”。[②] 同时，美国的战略构想与日本并不完全吻合。日本一直渴望与美、

① 高新涛：《日印近期强化战略战略合作的深层背景与影响》，《东北亚论坛》2011年第2期，第84页。

② 李珍：《与美印“定期开会”，加强西南防卫日本欲在印度洋“遏制中国”》，《国防时报》2011年1月10日。

印、澳等国构建价值观相同的同盟制约中国，但美国自第二次世界大战结束以来就从未成功整合过亚洲的盟友体系。美国整合亚洲盟友体系的代价在战略上非常高昂，意味着可能引发东亚地区中美之间冷战模式的对抗。所以，在印度实施印度洋战略的过程中，与日本发展多少合作关系，还受中美这两个关键的第三方因素的影响。

结　语

海洋不仅具有地缘安全和交通运输等传统意义，其所蕴藏着极为丰富的资源和战略价值对一国未来的发展具有深远的影响，因此正日益成为世界各国提高综合国力和地缘战略优势的制高点。“向海而兴，背海而衰”已成为广泛的共识。当前，海洋战略对任何一个谋求全球性影响的大国来说都已经成为其全球战略中最重要的一部分。无论是美国、英国、德国、法国、日本等老牌海上强国，还是中国、印度、俄罗斯以及东盟等发展中国家，都在积极发展海军，制定和调整海洋政策。21 世纪是亚洲的世纪，更是海洋的世纪。

印度洋是 21 世纪许多国家的“命运之洋”。在西方国家主导的世界政治发展近代史上，大西洋和太平洋一直是欧美大国角逐的主要场所，20 世纪的世界政治中，印度洋的战略地位并没有投放出相应的战略影响。冷战之前，印度洋地区战略格局的主要特征是英国在印度洋地区的霸权地位，其主导地位主要是由英国进行工业革命后进行的殖民扩张造成的。冷战期间，作为沟通非洲、亚洲、大洋洲的重要水域，印度洋也成为美苏争夺的战略地区。苏联解体后，美国成为印度洋地区海上力量最强大的国家。印度洋地区的单边主义行为逐渐取代了多边主义行为，印度洋成为美国的“内湖”。随着亚洲新兴经济体的崛起，亚洲许多国家正在成为全球秩序中的新角色，影响全球秩序和地区秩序的制定。全球权力转移正在向亚洲地区倾斜，与此同时，各个大国对海洋的关注焦点也逐渐由大西洋—太平洋地区向太平洋—印度洋地区转移。[①]

进入 21 世纪以来，美国在印度洋地区的战略目标也在不断扩展，美

---

① 时宏远：《美国的印度洋政策及其对中国的影响》，《国际问题研究》2012 年第 4 期，第 68 页。

国希望印度洋地区稳定以保证其利益得到持续扩展，而随着印度洋战略地位的提升，其在世界经济中也正在扮演着更加重要的角色。到目前为止，世界贸易仍然主要依赖于海上运输，而印度洋地区的伊拉克地区和“阿富巴”地区是世界上国内政治最混乱的地区，印度洋国际海上通道安全日益受到该地区非传统安全的威胁，如索马里海盗、恐怖主义等问题。海上航行自由是美国霸权的根本，美国最担心海上交通线受到攻击，影响美国的贸易出口和海上霸主地位。印度洋无疑也是日本最重要的“海上走廊”。自“9・11”以后，日本就在印度洋地区成功实现了军事存在。2012 年 6 月的军演极有可能是日本抛出的“诱饵”，为日本扩大在印度洋上的军事存在及影响做准备，从而也使印度洋可能成为日本转变为军事大国的重要舞台。[1] 俄罗斯也是在印度洋上最重要的利益攸关方之一。近年来，俄罗斯以护航为名，不仅向印度洋派遣导弹护卫舰。而且不断增加派遣舰艇的数量。2008 年 10 月，俄罗斯宣布其海军波罗海舰队的一艘导弹护卫舰启程前往印度洋。2009 年，俄罗斯进一步增加派往索马里海域执行护航任务的舰艇数量，连俄北方舰队的旗舰——“彼得大帝”号这样的重型核动力导弹巡洋舰都包括在内。印度洋的地缘战略地位更加凸显，印度洋正成为大国竞相角逐的又一大主战场。域内国家和域外国家在该地区的战略利益将产生一轮新的互动和博弈。印度洋将在 21 世纪真正意义上成为许多国家的“命运之洋”。

印度洋不是“印度的洋”，但是印度“印度洋战略”的实施对区内外都将产生广泛的影响。印度之所以提出海权强国的战略与其从独立以来发展到今天积累、构建起来的这些机遇是密不可分的：综合国力的提高为印度提供了实施“印度洋战略”的物质基础；大国梦的逐步实现为印度提供了实施“印度洋战略”的战略支撑；美国等国家支持印度在印度洋地区发挥更大的作用，为印度提供了实施“印度洋战略”较为宽松的国际环境；印度洋地区合作的兴起为印度主导地区事务创造了机制和平台；印度作为印度洋区域内天然大国的地位，为印度提供了实施“印度洋”战略的地缘优势。可以说，正是这些内外交织的机遇促成了印度“印度洋战略”的形成和实施。无论是在历史文化、经济发展，还是资源需求和战略安全上，印度洋对印度都有着至关重要的影响。未来印度将坚定不移

① 杨思灵：《日本对印度的官方发展援助研究》，《南亚研究》2013 年第 1 期。

地实施“印度洋控制战略”。

但是印度洋不是印度的洋，这是一个无法逾越的事实。印度洋除遵照《联合国海洋法公约》规定的有关国家领海区域和专属经济区之外，其余大部分面积都属于公海，各国在印度洋上都享有航行自由的权力。[①] 在印度的国家安全观和防务理论下应运而生的“印度洋战略”具有明显的继承性、扩张性、霸权性以及实力与目标值的不相称性，此外还带有明显的“中国因素”。印度实施印度洋战略既面临着前所未有的机遇，也面临着不可回避的困难。印度所实施的“印度洋战略”必然会与他国产生互动，相互影响。

印度的印度洋战略演进、发展的过程反映出其立足南亚、面向印度洋、争做世界大国的战略图谋。印度的最终战略目标是要通过海权，依托强大的海军，成为世界一等强国，成为多极世界中的一级。在此过程中，印度的印度洋战略还将东扩到更广阔的领域，对中国也将产生重要影响。印度和美国、西方将会加强合作，印度洋的地缘格局也将重新构建，域外力量统治印度洋的传统格局可能被打破。印度未来崛起为大国，成为一个海洋大国，是不可阻挡的历史趋势，但目前的印度距实现这一目标还存在很大的差距。印度洋安全局势的复杂化客观上仍然给中国和其他国家提供了的更多参与的机会。

中国在印度洋地区的利益诉求还将进一步攀升。中国是一个陆地大国，也是一个海洋大国。中国大陆海岸线 18000 公里，岛屿 6000 多个，岛屿岸线 14000 公里，领海面积 37 万平方公里，200 海里专属经济区 300 万平方公里，其中部分海域与其他国家的主张重叠。从国家实力兴衰的历史进程看，中国正处于国力迅速上升的阶段。1978 年改革开放以来，中国积极参与经济全球化进程，经济日益彰显生机和活力。正处在由农业国变为工业国、由自给自足的计划经济转变为市场经济、由封闭的孤立于世

① 根据《联合国海洋法公约》规定：1. 公海对所有国家开放，不论其为沿海国或内陆国。公海自由是在本公约和其他国际法规则所规定的条件下行驶的。公海自由针对沿海国和内陆国而言，其他除外，包括：（a）航行自由；（b）飞跃自由；（c）铺设海底电缆和管道自由，但受第Ⅵ部分的限制；（d）建造国际法所容许的人工岛屿和其他设施的自由，但受第Ⅵ部分的限制；（e）捕鱼自由，但受第 2 节规定条件的限制；（f）科学研究的自由，但受第Ⅵ和第Ⅻ部分的限制。2. 这些自由应由所有的国家行使，但须适当顾忌其他国家行使公海自由的利益，并适当估计本公约所规定的同“区域”内活动有关的权利。

界经济之外的状态转变为参与经济全球化并日益融入世界经济的重要历史时期，与上述变化相伴随的是中国的国家利益也前所未有的向外扩展，国家的机遇与挑战也越来越多的在海洋方面表现了出来。①

虽然中国不是印度洋沿岸国家，但却是从古至今与这一地区国家发生联系最多地域外大国。中国作为世界上人口最多和正在崛起的发展中国家，陆地空间不足，资源有限，走向海洋是今后中国实现可持续发展和现代化的必然选择。然而，中国的海洋安全与海洋利益正面临着前所未有的挑战。中国崛起离不开海洋资源的支撑，中国崛起需依赖于海洋通道的保障，中国崛起必须有强大的海洋防务做后盾。目前，中国与欧洲、非洲、南亚、中东和海湾地区的进出口贸易一般都需要经过印度洋来运输，经由印度洋通道的贸易占中国进出口贸易总额的30%以上。随着中国与印度洋沿岸国家的经贸合作与交流不断增加，印度洋对中国的可持续发展日益重要。尤其是印度洋关系到中国能源供应及其海上运输的安全。印度洋区域的海上交通状况、重要的海上咽喉、沿岸的地区安全形势及国际关系、恐怖主义等都与中国海洋安全利益密切相关。② 从国家实力兴衰的历史进程看，中国正处于国力迅速上升的阶段。1978 年改革开放以来，中国积极参与经济全球化进程，经济日益彰显生机和活力。正处在由农业国变为工业国、由自给自足的计划经济转变为市场经济、由封闭的孤立于世界经济之外的状态转变为参与经济全球化并日益融入世界经济的重要历史时期，与上述变化相伴随的是中国的国家利益也前所未有地向外扩展，国家的机遇与挑战也越来越多地在海洋方面表现出来。③ 未来中国在印度洋地区的利益诉求还将进一步凸显。

印度的印度洋战略值得中国思考和借鉴。伴随着中印的崛起，两国也开始从陆上大国向海洋国家转变，印度和中国也逐渐成为印度洋地区的重要参与力量。相对于印度在海洋战略上的高调日趋成熟，中国目前在印度洋地区不仅影响力十分有限，而且至今还未制定印度洋战略，这与中国在印度洋地区巨大的利益极不相称。

中国应该向印度一样尽快制定和实施印度洋战略或更完整海洋战略。

---

① 石家铸:《海权与中国》，上海三联书店 2008 年版，第 1 页。

② 同上书，第 170 页。

③ 同上书，第 1 页。

中国再不及时实施印度洋战略，恐怕很难保障国家未来的利益。如印度海军总司令苏里什·梅塔《自由使用海洋：印度的海洋军事战略》前言里写到的那样："《印度海洋军事战略》与《印度海洋声明》和《印度联合军事学说》一起提供了一份关于印度海洋战略思路的全面介绍。由于海洋战略是为兵役招募和海洋实力建设提供导向的，因此它需要对风云变幻的国际环境和威胁保持高度的敏感性。所以，《印度海洋军事战略》需要不断更新，以保证它的时效性和关联性。"① 中国也应该尽快发展自己的海权理论和海洋战略，完善与发展我国的海洋体系与海权体系。

印度的海洋战略建立在一种强权、霸权和扩张性的海权观之上的。它的代表是近代500年西方国家发展建立起来的海权，这不值得我们所取。中国应该发展属于自己的海权，一种力图以主权、平等、和平、合作观念和新安全观为指针，以非霸权和非扩张性为特色、因而与西方传统相区别的新型海权观。中国需要有明确的海权理论，表明中国在海洋上的战略理念、战略原则、战略规划和中国海权自身的属性及特征，将中国海权的时代特点尤其是将它和平发展与合作的内在属性予以说明。

中国还应该像印度一样发展远洋海军。近年来，印度海军一直致力于成为"印度洋地区的主要支配力量"和"海军强国"，努力从人员、装备和训练等多个方面提升其整体实力。今天的印度海军（包括海军航空兵、海军陆战队）装备有航空母舰、潜艇、护卫舰、驱逐舰、导弹艇、巡逻艇、扫雷艇、登陆艇等，是世界第五大海军，其组织机构也在不断完善。印度海军按印度半岛的西、东、南部和安达曼—尼科巴群岛及附近海域划分为西部、东部、南部三个司令部。东部海军司令部还下辖设在安达曼群岛布莱尔港的远东海军司令部，分别驻维沙卡帕特南和孟买的东、西两支舰队，另有驻在维沙卡帕特南的潜艇司令部和驻果阿的海军航空兵司令部，已成为一支结构完善、快速发展、优势突出、与时俱进的重要军事力量。为了使印度海军在国际舞台特别是在印度洋上发挥了更大的影响力，在未来15年的时间里，印度计划为海军注资600亿美元。除了更换已经老旧的海军舰艇外，印度海军计划在现有的132艘作战舰艇的基础上，于2017年扩展到150艘。目前，印度还有49艘水面舰艇和潜艇在建，其中

① Sureesh Mehta, Freedom to Use the Seas: India's Maritime Military Strategy [New Delhi: Integrated Headquarters Ministry of Defense (Navy), 2007], p. 4.

45 艘由印度的工厂制造，未来五年内这些舰艇将投入使用。印度海军的整个发展计划主要是着眼于获取新型的攻击性潜艇、航空母舰和舰载攻击机、远程补给舰、两栖作战平台、护卫舰和驱逐舰。具体来讲，印度计划在 2050 年前获得 5 艘国产核动力潜艇和 24 艘柴油动力潜艇。在面临唯一一艘正在服役的航母——维拉特号即将退役的情况下，印度海军已计划获取另外新的三艘航母。第一艘就是俄罗斯建造的维克拉马蒂亚号；第二艘是正由印度自己的船厂建造的维克兰特级航母，计划于 2015 年服役；而海军希望规模更大的第三艘航母能在 2017 年服役。在未来 10 年内，海军的各类作战和支援飞机也将上升至 400 架。[①] 可以预见，为了实施印度洋战略，印度将会在未来数十年中加大资源投入，不断扩展海军的规模，以提高海军的整体作战能力，使印度海军能够向印度洋的远海地区投送力量，有效保障其海洋利益。

中国应该像印度一样在 21 世纪发展自己的“深蓝海军”。此外，中国海军为了扩大自己在印度洋的影响和提高在印度洋的军事行动能力，包括联合搜救和救援、人道主义行动、反海盗以及对特定敌对国家的演习。演习合作者可以是印度洋国家例如印度和巴基斯坦，也可以是外部的海军强国如俄罗斯、英国、法国甚至是美国。这种演习将最终为印度洋建立新的安全框架和多边安全合作体制打下基础，并对中国在印度洋的海洋通道安全保障起到重要作用。

---

① Sergei DeSilva-Ranasinghe, “Potent and Capable: India's Transformational 21st Century Navy”, *Strategic Analysis Paper*, May 3, 2012, pp. 4 – 5.

参考文献

一　中文参考资料

（一）专著类

[1]［英］麦金德：《历史的地理枢纽》，商务印书馆 1985 年版。

[2]［美］阿尔弗雷德·塞尔·马汉：《海军战略》，商务印书馆 2003 年版。

[3]［美］阿尔弗雷德·塞尔·马汉：《海权对历史的影响》，解放军出版社 1998 年版。

[4]［美］阿尔弗雷德·塞尔·马汉：《海权论》，中国言实出版社 1997 年版。

[5]［印］K. M. 潘尼迦：《印度和印度洋：略论海权对印度历史的影响》，世界知识出版社。

[6]［印］贾斯万特·辛格.《印度的防务》，麦克米兰印度有限公司 1999 年版。

[7]［美］A. J. 科特雷尔 R. M. 伯勒尔：《印度洋在政治经济军事上的重要性》，上海人民出版社。

[8]［苏］戈尔什科夫：《国家的海上威力》，三联书店 1977 年版。

[9]［苏］戈尔什科夫：《军事散文集》，海军学院印 1985 年版。

[10]［美］罗辛斯基：《海军思想的发展》，黎明文化事业公司 1988 年版。

[11]［美］美国国防大学：《海军战略》，海军出版社 1990 年版。

[12]［美］汉斯·摩根索：《国家间政治——寻求权力与和平的斗争》，徐昕等译，中国人民公安大学出版社 1990 年版。

[13]［美］肯尼思·华尔兹：《信强译注国际政治理论》，上海人民出版

社 2004 年版。
[14] [美] 罗伯特·基欧汉小约瑟夫·奈：《权力与相互依赖》，中国人民公安大学出版社 1992 年版。
[15] [美] 詹姆斯·多尔蒂小罗伯特·普法尔茨格拉夫：《争论中的国际关系理论》，阎学通等译，世界知识出版 2003 年版。
[16] 王逸舟：《全球化时代的国际安全》，上海人民出版社 1999 年版。
[17] 阎学通、孙学峰：《国际关系研究实用方法》，人民出版社 2001 年版。
[18] 萧建国：《国际海洋边界的石油开发》，海洋出版社 2006 年版。
[19] 张世平著：《中国海权》，人民日报出版社 2009 年版。
[20] 张文木：《论中国海权》，海洋出版社 2010 年版。
[21] 鞠海龙：《中国海权战略》，时事出版社 2010 年版。
[22] 石家铸：《海权与中国》，上海三联书店 2008 年版。
[23] 刘中民：《世界海洋政治与中国海洋发展战略》，时事出版社 2009 年版。
[24] 郑泽民：《南海问题中的大国因素——美日印俄与南海问题》，世界知识出版社 2010 年版。
[25] 王铁崖主编：《国际法》，法律出版社 1993 年版。
[26] 张耀光：《中国海洋政治地理学》，科学出版社 2004 年版。
[27] 中国地名委员会编：《外国地名译名手册》，商务印书馆 1998 年版。
[28] 辛华编：《世界地名译名手册》，商务印书馆 1976 年版。
[29] 中国地名委员会编：《外国地名译名手册》，商务印书馆 1987 年版。
[30] [印] 阿玛蒂亚·森·让·德雷兹：《经济发展与社会机会》，黄飞君译，社会科学文献出版社 2006 年版。
[31] 赵伯乐：《当代南亚国际关系》，中国社会科学出版社 2003 年版。
[32] 赵干城：《印度：大国地位与大国外交》，上海人民出版社 2009 年版。
[33] [英] 卢斯：《不顾诸神：现代印度的奇怪崛起》，张淑芳译，中信出版社 2007 年版。
[34] 沈开艳：《经济发展方式比较研究——中国与印度经济发展比较》，上海社会科学院出版社 2008 年版。
[35] 马加力：《崛起中的巨象——关注印度》，山东大学出版社 2010

年版。
[36] [德] 库尔克·罗特蒙特：《印度史》，王立新、周红江译，中国青年出版社 2008 年版。
[37] 王晓丹：《印度社会观察》，世界知识出版社 2007 年版。
[38] 谭中耿、引曾：《印度与中国：两大文明的交往和激荡》，商务印书馆 2006 年版。
[39] 洪共福：《印度独立后的政治变迁》，黄山书社 2011 年版。
[40] 张力群：《印度经济增长研究》，东南大学出版社 2009 年版。
[41] 马嫈：《当代印度外交》，上海人民出版社 2007 年版。
[42] 王红生：《论印度的民主》，社会科学文献出版社 2011 年版。
[43] [印] 莫汉·古鲁斯瓦米、左拉瓦·多利特·辛格：《印度能否赶超中国》，王耀东等译，时事出版社 2010 年版。
[44] 吴永年：《变化中的印度》，人民出版社 2010 年版。
[45] 孙士海、葛维钧：《印度》，社会科学文献出版社 2010 年版。
[46] [美] 拉斐奇·多萨尼：《印度来了：经济强国如何重新定义全球贸易》，张美霞、薛露然译，东方出版社 2009 年版。
[47] 尚劝余：《尼赫鲁时代的中国和印度关系》，中国社会科学出版社 2009 年版。
[48] 王宏纬：《当代中印关系述评》，中国藏学出版社 2009 年版。
[49] 周卫平：《百年中印关系》，世界知识出版社 2006 年版。
[50] 郑瑞祥：《印度的崛起与中印关系》，当代世界出版社 2006 年版。
[51] 孙士海、葛维钧：《列国志·印度》，社会科学文献出版社 2006 年版。
[52] 陈利君等：《南亚国家经贸法律概述》，云南人民出版社 2011 年版。
[53] 西藏自治区地方志编纂委员会：《西藏自治区志—外事志》，中国藏学出版社 2005 年版。
[54] [澳大利亚] 内维尔·麦克斯韦尔：《印度对华战争》，三联书店 1971 年版。
[55] 王宏纬：《喜马拉雅山情结.中印关系研究》，中国藏学出版社 1998 年版。
[56] 张敏秋：《跨越喜马拉雅障碍：中国寻求理解印度》，重庆出版社 2006 年版。

[57]《中国外交概览 1994》，世界知识出版社 1994 年版。
[58]［印］杰伦·兰密施：《理解 CHINDIA——关于中国与印度的思考》，蔡枫等译，宁夏人民出版社 2006 年版。
[59]［印］卡·古普塔：《中印边界秘史》，中国藏学出版社 1990 年版。
[60] 张植荣：《国际关系与西藏问题》，旅游出版社 1994 年版。
[61] 赵蔚文：《印中关系风云录 1949—1999》，时事出版社 2000 年版。
[62] 随新民：《中印关系研究. 社会认知角度》，世界知识出版社 2007 年版。
[63] 曹永胜、罗健、王京地：《南亚大象——印度军事战略发展与现状》，解放军出版社 2002 年版。
[64] 吴磊：《中国石油安全》，中国社会科学出版社 2003 年版。
[65] 赵丕、李效东主编：《大国崛起与国家安全战略选择》，军事科学出版社 2008 年版。
[66] 郑瑞祥：《印度的崛起与中印关系》，当代世界出版社 2006 年版。
[67] 孙士海、江亦丽主编：《二战后南亚国家对外关系研究》，方志出版社 2007 年版。
[68] 马加力：《关注印度—崛起中的大国》，天津人民出版社 2002 年版。
[69] 许剑波：《印度这大象》，海天出版社 2010 年版。
[70]［印］威奈·莱、［美］威廉·L. 西蒙：《思考印度》，宣晓凤等译，上海大学出版社 2010 年版。
[71] 崔立如：《世界大变局》，时事出版社 2010 年版。
[72]［美］亨利·基辛格：《大外交》，顾淑馨、林添贵译，海南出版社 1998 年版。
[73] 孙士海：《印度的发展及其对外战略》，中国社会科学出版社 2000 年版。
[74]［印］纳特：《崛起的印度》，张旭译注，湖南人民出版社 2012 年版。
[75] 周卫平：《百年中印关系》，世界知识出版社 2006 年版。
[76] 霍伟东：《中国——东盟自由贸易区研究》，西南财经大学出版社 2009 年版。
[77] 尹翔硕、李春顶：《国际贸易摩擦的成因及化解途径》，复旦大学出版社 2009 年版。

[78] 曹小冰：《印度特色的政党和政党政治》，当代世界出版社 2005 年版。

[79] 胡志勇：《文明的力量：印度崛起》，新华出版社 2006 年版。

[80] 孙士海：《南亚的政治国际关系及安全》，中国社会科学出版社 1998 年版。

[81] 王传丽等：《WTO 农业协定与农产品贸易规则》，大学出版社 2009 年版。

[82] 施祖麟：《区域经济发展：理论与实证》，社会科学文献出版社 2007 年版。

[83] 季羡林、王树英：《季羡林论中印文化交流》，新世界出版社 2006 年版。

[84] 季羡林：《天竺心影》，百花文艺出版社 2007 年版。

[85] 袁志刚、万广华：《发展中大国的竞争——中国和印度谁将胜出》，复旦大学出版社 2009 年版。

[86] 孙晓郁：《中日韩可能建立的自由贸易区》，商务印书馆 2006 年版。

[87] ［印］谭中、［中］耿引曾：《印度与中国——两大文明的交往和激荡》，商务印书馆 2006 年版。

[88] 林承节：《印度独立后的政治经济社会发展史》，昆仑出版社 2003 年版。

[89] 代中现：《中国区域贸易一体化法律制度研究——以北美自由贸易区和东亚自由贸易区为视角》，大学出版社 2008 年版。

[90] 保健云：《国际区域合作的经济学分析——理论模型与经验证据》，中国经济出版社 2008 年版。

[91] 左学金、潘光、王德华：《龙象共舞：对中国和印度两个复兴大国的比较研究》，上海社会科学院出版社 2007 年版。

[92] ［印］桑贾亚·巴鲁、［中］黄少卿：《印度崛起的战略影响》，中信出版社 2008 年版。

[93] 张鸿：《区域经济一体化与东亚经济合作》，人民出版社 2006 年版。

[94] 李向阳：《亚太地区发展报告［2010］. 中国周边安全环境评估》，社会科学文献出版社 2010 年版。

[95] 李涛、荣鹰：《南亚区域合作发展趋势和中国与南盟合作研究》，四川出版集团·巴蜀书社 2009 年版。

[96] 杨洁勉：《大整合.亚洲区域经济合作的趋势》，天津人民出版社 2007 年版。

[97] 谈毅：《国际区域经济合作》，西安交通大学出版社 2008 年版。

[98] 王正毅等：《亚洲区域合作的政治经济分析：制度建设安全合作与经济增长》，上海人民出版社 2007 年版。

[99] 国玉奇等：《地缘政治学与世界秩序》，重庆出版社 2007 年版。

[100] 张小济：《中印经贸合作发展前景》，中国发展出版社 2006 年版。

[101] 林良光、叶正佳、韩华：《当代中国与南亚国家关系》，社会科学文献出版社 2001 年版。

[102] [印] 阿玛蒂亚・森让・德雷兹：《印度.经济发展与社会机会》，社会科学文献出版社 2006 年版。

[103] 贾海涛、石沧金：《海外印度人与海外华人国际影响力比较研究》，山东人民出版社 2007 年版。

[104] 陈晓文：《区域经济一体化.贸易与环境》，人民出版社 2009 年版。

[105] 刘昌黎：《东亚双边自由贸易研究》，东北财经大学出版社 2007 年版。

[106] 吴永年：《变化中的印度——21 世纪印度国家新论》，人民出版社 2010 年版。

[107] 梅平：《中国与亚太经济合作——现状与前景》，世界知识出版社 2008 年版。

[108] 陆忠伟：《非传统安全论》，时事出版社 2003 年版。

（二）期刊文章

[1] 文富德：《论中印经贸合作的发展前景》，《南亚研究季刊》2008 年第 1 期。

[2] 伍福佐：《中印能源关系的博弈分析》，《南亚研究季刊》2008 年第 3 期。

[3] 周会青、练传喜：《印度对华反倾销调查现状行业背景及效果》，《武汉冶金管理干部学院学报》2010 年第 4 期。

[4] 文富德：《论中印经贸合作的发展前景》，《南亚研究季刊》2008 年第 1 期。

[5] 李婷、全毅：《浅析中印经贸关系及双边自由贸易区的建立》，《亚非纵横》2011 年第 1 期。

[6] 杨思灵:《中印参与自由贸易区比较研究》,《南亚研究》2011 年第 3 期。

[7] 陈宗海:《中印边界谈判.从副部级官员会谈到特别代表会晤》,《当代世界》2010 年第 6 期。

[8] 黄想平:《中印边界问题研究综述》,《南亚研究季刊》2005 年第 3 期。

[9] 张力:《印度战略崛起与中印关系.问题趋势与应对》,《南亚研究季刊》2010 年第 1 期。

[10] 谭中:《采用“地缘文明”范式促进中印关系发展》,《南亚研究季刊》2008 年第 2 期。

[11] 沈已尧:《西藏问题的由来与出路》,《中国西藏(中文版)》2000 年第 1 期。

[12] 王宏纬:《中印关系进入睦邻友好新时期——评瓦杰帕伊对中国的访问》,《南亚研究》2003 年第 2 期。

[13] 邓晓川:《试析中印关系中的西藏问题》,《厦门特区党校学报》2002 年第 6 期。

[14] 张文木:《印度的地缘战略与中国西藏问题》,《战略与管理》1998 年第 5 期。

[15] 杨平学:《浅析制约中印关系发展的几个主要因素》,《南亚研究》2002 年第 1 期。

[16] 邓晓川:《试析中印关系中的西藏问题》,《厦门特区党校学报》2002 年第 6 期。

[17] 李香云:《从印度水政策看中印边界线中的水问题》,《水利发展研究》2010 年第 3 期。

[18] 李丽:《中印贸易关系的国际政治经济学分析》,《东南亚南亚研究》2011 年第 2 期。

[19] 蓝建学:《水资源安全合作与中印关系的互动》,《国际问题研究》2009 年第 6 期。

[20] 张金翠:《应对水资源争端中印策略的博弈论分析》,《南亚研究季刊》2010 年第 4 期。

[21] 蓝建学:《水资源安全合作与中印关系的互动》,《国际问题研究》2009 年第 6 期。

[22] 初秀伟：《新时期中国反恐战略的对策》，《学理论》2010 年第 15 期。

[23] 李金柯等：《印度东北部分离与恐怖主义活动向所谓“阿鲁纳恰尔邦”的溢出问题探析》，《国际论坛》2011 年第 5 期。

[24] 刘向阳：《印控克什米尔的穆斯林武装活动探源》，《南亚研究季刊》2010 年第 3 期。

[25] 刘向阳、康红梅：《克什米尔地区恐怖主义问题研究综述》，《国际资料信息》2010 年第 4 期。

[26] 吕昭义、余芳琼：《印度东北地区的民族分离运动与反政府武装》，《南亚研究》2010 年第 2 期。

[27] 时宏远：《印共［毛］崛起原因探析》，《当代世界社会主义问题》2009 年第 1 期。

[28] 孙培钧：《纳萨尔主义武装斗争》，《四川大学学报》2006 年第 5 期。

[29] 廖坚：《印共［毛］的崛起及发展前景》，《当代世界》2010 年第 10 期。

[30] 杰森·米克利安斯科特·卡尼：《当代印度的纳萨尔派武装》，丁江伟译，《国外社会科学文摘》2011 年第 4 期。

[31] 韩冰：《印度共产党［毛］的历史发展与现状》，《当代世界与社会主义》2007 年第 6 期。

[32] 张立：《浅论中印能源合作》，《国际问题研究》2008 年第 1 期。

[33] 卫灵：《中印关系在中国外交战略中的地位及发展趋向分析》，《国际观察》2007 年第 3 期。

[34] 柳树：《国际油价上涨对印度经济的影响》，《当代亚太》2007 年第 9 期。

[35] 李丽：《中印并购海外油气资源合作的动因与前景分析》，《南亚研究》2008 年第 1 期。

[36] 赵干城：《印度如何估量中国崛起》，《东南亚南亚研究》2011 年第 3 期。

[37] 王新龙：《印度海洋战略及其对中国的影响》，《国际论坛》2004 年第 1 期。

[38] 刘新华：《论中印关系中的印度洋问题》，《太平洋学报》2010 年第

1 期。
[39] 伍福佐：《美国对印度能源安全战略的影响》，《南亚研究季刊》2009 年第 1 期。
[40] 刘思伟：《后冷战时期印度澳大利亚关系新发展》，《南亚研究》2011 年第 4 期。
[41] [巴基斯坦] 马苏德·汗：《巴中关系的现状与未来》，《南亚研究》2009 年第 1 期。
[42] 张贵洪：《印度对中国崛起的看法和反应》，《南亚研究》2005 年第 1 期。
[43] 宋海啸：《印度对外政策决策模式研究》，《南亚研究》2011 年第 2 期。
[44] 陈金英：《两大党党制.印度多党制分析》，《国际论坛》2008 年第 1 期。
[45] 宋德星、时殷弘：《世界政治中印度和平崛起的现实与前景》，《南亚研究》2011 年第 2 期。
[46] 刘建飞：《国际形势回顾与展望》，《当代世界》2010 年第 1 期。
[47] 张海誉：《对中印关系的现实性思考》，《人民论坛》总第 318 期。
[48] 胡仕胜：《纵论中印伙伴关系.现状与前景》，《中国战略观察》2010 年第 1 期。
[49] 谷源洋：《新兴经济体崛起及世界格局变动》，《亚非纵横》2010 年第 1 期。
[50] 林利民：《21 世纪初大国经济力量对比变化趋势与国际政治格局》，《江西社会学院学报》2000 年第 4 期。
[51] 张贵洪：《中印关系的确定性和不确定性》，《南亚研究》2010 年第 1 期。
[52] 张占顺：《全球化背景下中印关系的新发展》，《当代亚代》2007 年第 8 期。
[53] 张贵洪：《中印关系的确定性和不确定性》，《南亚研究》2010 年第 1 期。
[54] 马加力：《努力构筑中印建设性合作伙伴关系——纪念中印建交 50 周年》，《现代国际关系》2000 年第 4 期。
[55] 赵伯乐：《中印关系——新型的大国关系》，《当代亚太》2005 年第

8 期。
[56] 张贵洪:《印度对中国崛起的看法和反应》,《南亚研究》2005 年第 1 期。
[57] 赵干城:《中印关系的地缘政治特点与发展前景》,《南亚研究季刊》2010 年第 1 期。
[58] 孙士海:《对中印建立互信关系的几点思考》,《南亚研究》2003 年第 2 期。
[59] 蓝建学:《后冷战时期的中印关系.正常化与战略和解》,《南亚研究》2005 年第 2 期。
[60] 雅逸:《“东向政策”下的印度与东盟关系》,《当代世界》2006 年第 12 期。
[61] 吴永年:《曼莫汗·辛格政府外交政策的调整》,《外交评论》2006 年第 1 期。
[62] 江涛、陈莎:《中塔与中印边界问题比较分析》,《国际关系学院学报》2011 年第 1 期。
[63] 文富德:《浅谈中印自由贸易区的可行性》,《南亚研究季刊》,2006 年第 1 期。
[64] 李丽、邵兵家、陈迅:《中印自由贸易区的建立对中国及世界经济影响研究》,《世界经济研究》2008 年第 2 期。
[65] 卢晓昆:《中印合作新目标.建立自由贸易区》,《云南大学学报》(社会科学版)2005 年第 3 期。
[66] 杨荣珍:《中印自由贸易区服务贸易自由化构想》,《国际经贸探索》2007 年第 3 期。
[67] 马文秀、刘博文:《中印自由贸易区建立的可行性及障碍因素分析》,《河北大学成人教育学院学报》2007 年第 4 期。
[68] 李丽、邵兵家、陈迅:《中印自由贸易区的构建对双方及世界经济影响计量研究》,《财贸经济》2008 年第 4 期。
[69] 王宏纬:《1962 年边界战争及其对中印关系的影响》,《南亚研究》2002 年第 2 期。
[70] 杨文武、戴江涛:《对于构建中印自由贸易区的理性认识》,《南亚研究》2006 年第 1 期。
[71] 孙士海:《对中印建立互信关系的几点思考》,《南亚研究》2003 年

第 2 期。
[72] 王宏纬：《进一步加强和扩大中印经贸技术合作》，《当代亚太》2000 年第 1 期。
[73] 张贵洪：《竞争与合作. 地区视角下的中印关系》，《当代亚太》2006 年第 12 期。
[74] 张贵洪：《冷战后印度对华政策调整的特点和原因》，《当代亚太》2004 年第 10 期。
[75] 张敏秋：《试析发展中印关系的几大阻碍》，《国际政治研究》2002 年第 4 期。
[76] 王宏纬：《温总理访印与中印关系的新发展》，《南亚研究》2005 年第 1 期。
[77] 赵干城：《稳定中印关系与创造战略机遇刍议》，《南亚研究》2003 年第 2 期。
[78] 张宇燕等：《新时期中印经贸关系发展的战略思考》，《当代亚太》2006 年第 8 期。
[79] 张宇燕、张静春：《亚洲经济一体化下的中印关系》，《当代亚太》2006 年第 2 期。
[80] 王宏纬、朱晓军：《印度对华政策转变的原因浅析》，《当代亚太》2003 年第 11 期。
[81] 华碧云：《印度经济形势与中印经济合作前景》，《南亚研究》2000 年第 1 期。
[82] 王宏纬：《在新世纪加强和深化中印关系的几点建议》，《南亚研究》2000 年第 1 期。
[83] 王宏纬：《在新世纪深化中印关系面临的挑战》，《当代亚太》2008 年第 6 期。
[84] 赵干城：《中国对印度战略浅析》，《南亚研究》2008 年第 1 期。
[85] 任佳：《中国与印度经贸关系的发展及前景》，《南亚研究》2005 年第 2 期。
[86] 庄芮：《中印参与区域经济合作现状分析与比较》，《当代亚太》2007 年第 2 期。
[87] 赵伯乐：《中印关系——新型的大国关系》，《当代亚太》2005 年第 8 期。

[88] [比利时] 乔纳森·霍尔斯格拉：《中印关系的进展认知与和平前景》，《当代亚太》2008 年第 4 期。

[89] 王宏纬：《中印关系进入睦邻友好新时期——评瓦杰帕伊总理对中国的访问》，《南亚研究》2003 年第 2 期。

[90] 赵干城：《中印和平共处的历史教训与现实意义》，《南亚研究》2004 年第 2 期。

[91] 吴永年：《中印双边合作的基础问题与前景》，《南亚研究》2007 年第 2 期。

[92] 张四齐：《中印战略合作. 历史与现实》，《南亚研究》2008 年第 1 期。

[93] 陈利君：《中印能源策略与合作问题探讨》，《东南亚南亚研究》2010 年第 3 期。

[94] 叶玉、刘宗义：《中印能源合作形势及前景分析》，《中印能源政策比较研究》2007 年第 5 期。

[95] 赵干城：《中印政治关系的内涵与特点》，《南亚研究》2010 年第 4 期。

[96] 雅逸：《"东向政策"下的印度与东盟关系》，《当代世界》2006 年第 12 期。

[97] 卫绒娥：《"西藏问题"与中印关系》，《西藏大学学报》2008 年第 3 期。

[98] 林利民：《21 世纪初大国经济力量对比变化趋势与国际政治格局》，《江南社会学院学报》2001 年第 4 期。

[99] 张贵洪、戎婷蓉：《从博弈到共赢：中印在中亚的竞争与合作》，《南亚研究季刊》2008 年第 4 期。

[100] 张海誉：《对中印关系的现实性思考》，《人民论坛》2001 年第 2 期。

[101] 谷源洋：《新兴经济体崛起及世界格局变动》，《亚洲纵横》2010 年第 1 期。

[102] 初秀伟：《 新时期中国反恐战略的对策》，《政治研究》2010 年第 3 期。

[103] 蓝建学：《水资源安全合作与中印关系的互动 》，《国际问题研究》2009 年第 6 期。

[104] 宋德星、时殷弘：《世界政治中印度和平崛起的现实与前景》，《南亚研究》2010 年第 1 期。
[105] 王德华：《日显重要的“非传统安全”问题 论中印在非传统安全领域合作》，《上海交通大学学报》2005 年第 6 期。
[106] 李婷、全毅：《浅析中印经贸关系及双边 自由贸易区的建立》，《当代世界》2011 年第 1 期。
[107] 张占顺：《全球化背景下中印关系的新发展》，《当代亚太》2007 年第 8 期。
[108] 张立：《浅论中印能源合作》，《国际问题研究》2008 年第 1 期。
[109] 马加力：《努力构筑中印建设性合作伙伴关系——纪念中印建交 50 周年》，《现代国际关系》2000 年第 4 期。
[110] 吴永年：《曼莫汗·辛格政府外交政策的调整》，《外交评论》2002 年第 2 期。
[111] 文富德：《论中印经贸合作的发展前景》，《南亚研究季刊》2008 年第 1 期。
[112] 陈金英：《两大党制：印度多党制分析》，《国际论坛》2008 年第 10 期。
[113] 柳树：《国际油价上涨对印度经济的影响》，《当代亚太》2007 年第 9 期。
[114] 王丽：《国大党的兴衰与印度政党政治的发展》，华东师范大学，2005。
[115] 孙士海：《对中印建立互信关系的几点思考》，《南亚研究》2003 年第 2 期。
[116] 卫灵：《中印关系在中国外交战略中的地位及发展趋向分析》，《国际观察》2007 年第 3 期。
[117] 张贵洪：《中印关系的确定性和不确定性》，《南亚研究》2010 年第 1 期。
[118] 赵干城：《中印关系的地缘政治特点与发展前景》，《南亚研究季刊》2010 年第 1 期。
[119] 赵伯乐：《中印关系——新型的大国关系》，《当代亚太》2005 年第 8 期。
[120] 黄想平：《中印边界问题研究综述》，《南亚研究季刊》2005 年第

3 期。
[121] 陈宗海：《中印边界谈判——从副部级官员到特别代表会晤》，《当代世界》2010 年第 6 期。
[122] 立坚：《中印［携手 2008］》，《军事军情》2009 年第 5 期。
[123] 江涛、陈莎：《 中塔与中印边界问题比较分析》，《国际关系学院学报》2011 年第 1 期。
[124] 张力：《印度战略崛起与中印关系：问题趋势与应对》，《南亚研究季刊》2010 年第 1 期。
[125] 宋海啸：《印度对外政策决策模式研究》，《南亚研究》2011 年第 2 期。
[126] 周会青、练传喜：《印度对华反倾销调查现状行业背景及效果》，《武汉冶金管理干部学院学报》2010 年第 12 期。
[127] 李金轲、马得汶：《印度东北部分离与恐怖主义活动向所谓“阿鲁纳恰尔邦”的溢出问题探析》，《国际论坛》2011 年第 13 期。
[128] 双木：《中印之间的安全困境》，《学术信息》2010 年第 3 期。
[129] 丘美荣：《边界功能视角的中印边境尖端研究》，《世界经济与政治》2009 年第 12 期。
[130] 张伟杰：《当前中印关系中的能源因素》，《现代国际关系》2010 年第 12 期。
[131] 程瑞声：《近年来中印关系的回顾与展望》，《中国国际问题研究所》2008 年第 11 期。
[132] 叶世隆：《论建立中印自由贸易区的对策措施》，《云南中医学院》2010 年第 12 期。
[133] 刘新华：《论中印关系的印度洋问题》，《太平洋学报》2009 年第 11 期。
[134] 李婷、全毅：《浅析中印贸易关系及双边自由贸易区的建立》，《亚非纵横》2011 年第 1 期。
[135] 张敏秋：《试析发展中印关系的几大障碍》，《国际政治研究》2002 年第 4 期。
[136] 邓晓川：《试析中印关系中的西藏问题》，《厦门特区党校学报》2002 年第 6 期。
[137] 李丽：《试析中印贸易区的建立》，《云南省社会科学院》2010 年

第 6 期。

[138] 蓝建学：《水资源安全合作与中印关系的互动》，《国际问题研究》2009 年第 6 期。

[139] 邱志鹏、张光科：《雅鲁赞布江水资源开发的战略思考》，《水利发展研究》2006 年第 2 期。

[140] 龚伟：《印度能源外交与中印合作》，《南亚研究季刊》2011 年第 1 期。

[141] 张力：《印度战略崛起与中印关系.问题趋势与应对》，《南亚研究季刊》2010 年第 1 期。

[142] 杨值珍：《印度制造中印关系不和谐音原因探析》，《南亚研究》2010 年第 3 期。

[143] 张金翠：《应对水资源争端，中印策略的博弈论分析》，《南亚研究季刊》2010 年第 4 期。

[144] 杨思灵：《中印参与自由贸易区比较研究》，《南亚研究》2011 年第 2 期。

[145] 乔纳森·霍尔斯拉格：《中印关系的进展认知与和平前景》，《亚太当代》2008 年第 4 期。

[146] 赵江林：《中印经济发展阶段比较研究》，《南亚研究》2011 年第 2 期。

（三）学位论文类

[1] 章节根：《印度的核战略》，博士学位论文，复旦大学 2007 年。

[2] 杨值珍：《冷战以来的中印关系》，博士学位论文，中共中央党校 2007 年。

[3] 张力：《冷战后时期印度的外交与战略安全》，博士学位论文，四川大学 2006 年。

[4] 吴瑕：《俄罗斯与印度关系研究》，博士学位论文，中国社会科学院研究生院 2003 年。

[5] 杨宏玲：《中印自由贸易区的可行性及推进战略研究》，博士学位论文，河北大学 2010 年。

[6] 朱宇凡：《中印海上问题研究》，博士学位论文，中共中央党校 2010 年。

[7] 余锦龙：《中印关系中的西藏问题——历史演变与影响因素分析》，

博士学位论文，中央民族大学 2011 年。

[8] 何志华：《中印关系中的水资源问题研究》，硕士学位论文，兰州大学 2011 年。

[9] 李强：《英属印度西北边疆政策和中国西部边疆危机——对 1757—1895 中英在喜马拉雅山区喀喇昆仑山区和帕米尔地区争端的研究》，博士学位论文，暨南大学 2005 年。

[10] 杜英：《印度与东非国家关系研究》，博士学位论文，华东师范大学 2011 年。

（四）报刊类

[1] 郎振：《印度调高关税，中国钢企进口矿石再遇“搅局”》，《每日经济新闻》2010 -5 -4。

[2] 雷帆：《中印自由贸易区何时建立》，《第一财经日报》2005 -4 -4。

[3] 马小宁、任彦、陈继辉：《温家宝总理阐述出访印度三项重要成果》，《人民日报》2005 -4 -12。

[4] 韦弦：《中印关系要突出重围》，《联合早报》2003 -06 -18。

[5] 李忠林：《论印度版的门罗主义》，《联合早报》2010 -12 -17。

[6] 何晏译注：《专家称西藏问题是印度阻止中国夺回藏南的王牌》，《环球时报》2009 -10 -23。

[7] 布拉马·切拉尼：《水炸弹》，《南华早报》2008 -8 -10。

[8] 布拉马·切拉尼：《水炸弹》，《南华早报》2008 -8 -10。

[9] 刘波：《中印理性竞争对付亚洲溢价》，《21 世纪经济报道》2005 -4 -10。

[10] 陈铁源：《印度‘大国梦’让人揪心》，《中国青年报》2001 -5 -8。

[11]《美防长呼吁加强美印军事合作》，《参考消息》2010 -1 -20。

[12]《印有意购美超轻榴弹炮》，《参考消息》2010 -1 -6。

[13]《美印达成核燃料再加工协议》，《参考消息》2010 -3 -30。

[14]《印美达成民用核能关键协议》，《环球时报》2010 -3 -30。

[15]《龙象之争. 中印经济增长的不同路径》，《浙江日报》2006 -3 -14。

[16] 杨烨：《印度本国矿石需求上涨 中方铁矿石谈判筹码减弱》，《经济参考报》2010 -4 -9。

[17] 唐璐：《印度仍未走出中印战争阴影》，《国际先驱导报》2008 -

11 -28。

二 英文参考文献

（一）专著类

1. Jawaharlal Nehru, *The Discovery of India*, Oxford, 1991.

2. S. Z. Qasimed, *India Ocean in the 21st Century*, *Linkages and Networking*, Sai Publishers, 2000.

3. R. N. Misra, *Indian Ocean and India's Security*, Delhi: Mittal Publications, 1986.

4. B. R. Deepak, *India and China 1904 -2004*, New Delhi: Manak Publications Pvt. Ltd., 2005.

5. Sureesh Mehta, *Freedom to Use the Seas*: *India's Maritime Military Strategy*, New Delhi, Integrated Headquarters Ministry of Defence, 2007.

6. Jonathan Holslag, *China and India*: *Prospects for Peace*, Columbia University Press, New York, 2009.

7. Amit A. Pandya, Rupert Herbert-Burns and Junko Kobayashi, *Maritime Commerce and Security*: *The Indian Ocean*, Washington, DC, The Henry L. Stimson Center, February 2011.

8. Ira Pande, ed., *India China*: *Neighbours Strangers*, New Delhi: HarperCollins Publishers India, a joint venture with The India Today Group: India International Centre, 2010.

9. Amitendu Palit, *China-India Economics*: *Challenges*, *Competition & Collaboration*, New York: Routledge, 2012.

10. Claudia Astarita, Yves-Heng Lim, eds., *China and India in Asia*: *Paving the Way for a New Balance of Power*, Hauppauge, N. Y.: Nova Science Publishers, 2011.

11. Rajesh Kumar, Verner Worm, *International Negotiation in China and India*: *A Comparison of the Emerging Business Giants*, New York: Palgrave Macmillan, 2011.

12. Mohan Malik, *China and India*: *Great Power Rivals*, Boulder, CO: First Forum Press, 2011.

13. Moriki Ohara, M. Vijayabaskar, Hong Lin, eds., *Industrial Dynamics in*

China and India: Firms, Clusters, and Different Growth Paths, Houndmills, Basingstoke; New York, NY: Palgrave Macmillan, 2011.

14. Rohit Singh, ed., *China and India in Asia Power Politics*, New Delhi: Vij Books India Pvt. Ltd., 2011.
15. Narendra Kumar Tripathi, *China's Asia-Pacific Strategy and India*, New Delhi: Vij Books India, 2011.
16. Sudhir Kumar Singh, ed., *Sino-Indian Relations: Challenges and Opportunities for 21st Century*, New Delhi: Published by Pentagon Press in association with Society for Social Empowerment, 2011.
17. Jonathan Holslag, *China and India: Prospects for Peace*, New York: Columbia University Press, 2010.
18. B. M. Jain, *India in the New South Asia: Srategic, Military and Economic Concerns in the Age of Nuclear Diplomacy*, London: Tauris Academic Studies, 2010.
19. Anna Orton, *India's Borderland Disputes: China, Pakistan, Bangladesh, and Nepal*, New Delhi: Epitome Books, 2010.
20. Mohd Wasim, *China-India Border Conflict: Recent Perspective*, Delhi, India: Prashant Publishing House, 2010.
21. Mohan Guruswamy, Zorawar Daulet Singh, *India China Relations: The Border Issue and Beyond*, New Delhi: Viva Books, 2009.
22. Li Li, *Security Perception and China-India Relations*, New Delhi: KW Publishers, 2009.
23. Bhawna Pokharna, *India-China Relations: Dimensions and Perspectives*, New Delhi, India: New Century Publications, 2009.
24. Shalendra D. Sharma, *China and India in the Age of Globalization*, Cambridge; New York: Cambridge University Press, 2009.
25. B. M. Jain, Global Power: *India's Freign Policy* 1947 – 2006, Lanham, MD: Lexington Books, 2008.
26. Piya Mahtaney, *India, China and Globalization: The Emerging Superpowers and the Future of Economic Development*, New York: Palgrave Macmillan, 2007.
27. S. Singh, ed., *India and China: Mutual Relations*, New Delhi:

Anmol, 2006.

28. H. N. Kaul, *India China Boundary in Kashmir*, New Delhi: Gyan Pub. House, 2003.

29. Haraprasad Ray, *Northeast India's Place in India-China Relations and Its Future Role in India's Economy*, Kolkata: Institute of Historical Studies, 2003.

30. Rammanohar Lohia, *India*, *China and Northern Frontiers*, 2nd ed. Delhi: B. R. Publishing Corporation, 2002.

31. P. L. Bhola, *Foreign Policies of India*, *Pakistan and China*, Jaipur: RB-SA Publishers, 2001.

32. John W. Garver, *Protracted Contest*: *Sino-Indian Rivalry in the Twentieth Century*, Seattle: University of Washington Press, 2001.

33. Alastair Lamb, *The Sino-Indian Border in Ladakh*, Canberra: Australian National University, 1973.

34. Charles Wolf, et al., *China and India*, 2025: *A Comparative Assessment*, Santa Monica, CA: RAND, 2011.

35. Charan Shandilya, *India-China Relations*, Supria Art Press, March 1999, Ghaziabad, India.

36. Surendra Chopraed., *Sino-Indian Relations*, Amritsar: Guru Nanak Dev University, 1985.

37. Sarvepalli Gopal, *Jawaharlal Nehru*: *A Biography*, Vol. 3, Harvard University Press, 1984.

38. J. N. Dixit, *India's Foreign Policy and its Neighbors*, New Delhi: Gyan Pulishing House, 2001.

39. C. V. Ranganathan and Vinod C. Khanna, *India and China. the Way Ahead*, New Delhi: Har-Anand Publica-tions Pvt Ltd., 2004.

40. Karunakar Guputa, *The Hiden History of Sino-Indian Frontier*, Calcutta: Minerva Zssociates Pvt. Ltd, 1971.

41. A. G. Noorani, *India-China Boundary Problem* 1846 – 1947: *History and Diplomacy*, *New Delhi*, Oxford University Press, 2011.

42. Tanham, Kanti P. Bajpai and Amitabh Mattoo, eds., *Securing India*: *Strategic Thought and Practice in an Emerging Power*, New Delhi: Mano-

har Publishers & Distrbutors, 1996.

43. Stephen Philip Cohen, *India: Emerging Power*, Brookings Institution Press, 2001.

44. J. N. Dixit, Foreign Policy: *A Critical Introspection, in Hiranmay Karlekar edt., Independent India The First Fifty Years*, Oxford University Press, 1998.

45. B. M. Jain, *Nuclear Politics in South Asia in Search of an Alternative Paradigm*, Ravat Publications, 1994.

46. Mira Sinha Bhattacharjea, *China the World and India*, New Delhi: Samskrit, 2001.

47. B. M. Jain, *Nuclear Politics in South Asia: In Search of an Alternative Paradigm*, Ravat Publications, 1994.

48. Baldev Raj Nayar and T. V. Paul, *India in the World Order: Searching for Major-Power Status*, Cambridge University Press, 2003.

49. C. Raja Mohan, *Crossing the Rubicon: the Shaping of India's New Foreign Policy*, Penguin Books India, 2003.

50. Pallavi Aiyar, *India-Chian Trade: A Long Road*, The Hindu, Sep. 7, 2006.

51. Subramanian Swamy, *India's China Perspective*, New Delhi: Konark Publishers Pvt Ltd, 2002.

52. Sandy Gordon, *India's Rise to Power*, New York: St. Martin's Press, 1995.

53. Bhim Sandhu, *Unresolved Conflict China and India*, New Delhi: Radiant Publishers, 1988.

54. Surendra Chopra [ed.], *Sino-Indian Relations*, Amritsar: Guru Nanak Dev University, 1985.

55. Manoranjan Mohanty and Mira Sinha Bhattacharyea (eds.), *Security and Science in China and India: Selected Essays of Giri Deshingkar*, New Delhi: Samskriti, 2005.

56. Bipan Chandra, Mridula Mukherjee, Aditya Mukherjee, *India After Independence* 1947 – 2000, New Delhi: Penguin Books, 2002.

57. Brahma Chellaney, *Water: Asia's New Battleground*, Georgetown Universi-

ty Press, 2011.

58. J. N. Dixit, *India's Foreign Policy 1947 – 2003*, New Delhi: Picus Books, 2003.

59. Mallappa Amaravati, *China, India and Japan: A Review of Their Relations*, Jaipur: ABD Publishers, 2004.

60. United Nations Development Programm, UNDP, New York, 2000, inferred from Philip Andrews-Speed et, *The Strategic Implications of China's Energy Needs*, Oxford University Press Inc., New York, 2002.

61. Durga Das, *India: From Curzon to Nehru and After*, New Delhi: Rupa, 2009.

62. Mira Sinha Bhattacharjea, *China: the World and India*, New Delhi: Samskrit,? 2001

63. Baldev RajNayar, "India as a Limited Challenger?", in T. V. Paul and John A. Hall eds., *International Order and the Future of World Politics* (Cambridge: The Cambridge University Press, 1999).

64. Jawaharlal Nehru, Reply to the Debate in the Lok Sabha on 9 December 1958, in A. Appadoraied., *Select Documents on India's Foreign Policy and Relations, 1947 – 1972*, Vol. 1 (Delhi. Oxford University Press, 1982).

（二）论文和报刊类

1. Klaus Schwab, Co-operation is the Only Means of Survival in This Age of Complexity, *The Daily Telegraph*, 10 July, 2011.

2. Harsh Joshi and Andrew Peaple, Static on The Delhi-Beijing Line, *The Wall Street Journal*, June 10, 2010.

3. China and India pledge co-operation but fail to dispel mutual suspicion, *Financial Times*, November 22, 2006.

4. The Economist, *Country Report*, March 2011, India.

5. Amitendu Palit and Alec van Gelder, The Chindia Trade Solution, *The Wall Street Journal*, November 4, 2009.

6. Sino-Indian border talks need prolonged patience: Chinese experts, *China News*, Aug. 7, 2009.

7. Nevel Maxwell, Sino-Indian Border Dispute Reconsider, *Economic and Politics*, April 10th, 1999.

8. Stephen Philip Cohen, *Indian Perspectives on War, Peace, and International Order*, Paper for the Summer Workshop on Defence, Technology and cooperative Security in South Asia.

9. Sekhar Ghosh, Dynamics of Nuclear Arms Control: Case of the CTBT, *India Quarterly*, 1996, No. 4.

10. Rajesh. M. Basrur, Nuclear Weapons and Indian Strategic Culture, *Journal of Peace Research*, Vol. 38, No. 2, 2001.

11. Manoj Joshi, Nuclear Shock Waves, *India Today*, May 25, 1998.

12. Jasjit Singh, Defence India in the 21st Century: Issues of Affordability and Credibility, *Strategic Analysis*, October 1996.

13. James Lamont, India Rattles Sabre Ahead of Chinese Talks, *Financial Times*, November 12, 2010.

14. China, Russia Differ on India's Role in "Mutli-Polar" Word, *Times of India*, April 28, 1997.

15. Sino-Indian Border Talks Need Prolonged Patience: Chinese Experts, *China News*, Aug. 7, 2009.

16. Brahma Chellaney, Water is the New Weapon in Beijing's Armoury, *Financial Times*, September 2, 2011.

17. Editorial, Indo-Chinese Deal is Good News, *Financial Times*, December 17, 2010.

18. Beth Walker, Talking about the Yarlung Zangbo, *Financial Times*, November 18, 2011.

19. Sadanand Dhume, India's Radical Islam Problem, *Far Eastern Economic Review*, Vol. 171, No. 10, December 2008.

20. Ramachandra Guha, Two Indias, *The National Interest*, July/August 2009.

21. Daniel Yergin, Ensuring Energy Security, *Foreign Affairs*, Vol. 85, No. 2, March/April 2006.

22. Anuradha M. Chenoy, India and Russia: Allies in the International Political System, *South Asian Survey*, Vol. 15, No. 1, Jan-Jun, 2008.

23. A. Vinod Kumar, A Phased approach to India's Missile Defence Planning, *Strategic Analysis*, Vol. 32, Issue 2, Mar. 2008.

24. Rajesh Rajagopalan and Varun Sahni, India and the Great Powers: Strategic Imperatives, Normative Necessities, *South Asian Survey*, Vol. 15, No. 1, Jan. Jun. 2008.

25. Rajeswari Pillai Rajagopalan, Understanding China's Millitary Strategy, *Strategic Analysis*, Vol. 32, No. 6, Nov. 2008.

26. Harsh V. Pant, The India-Vietnam Axis, *The Wall Street Journal*, September 23, 2011.

27. David Brewster, Australia and India: the Indian Ocean and the limits of strategic convergence, *Australian Journal of International Affairs*, Vol. 64, No. 5.

28. Niall Ferguson, The Decade the World Titled East, *Financial Times*, December 27, 2009.

29. The Balance of Economic Power: East or Famine, *The Econimist*, February 27, 2010.

30. Christopher Connell, Free Trade Focus Shift to Asia and Pacific, *Washington File*, January 14, 2010.

31. Katie Baker, Still betting on Asia's Growth, *News Week*, March 8, 2010.

32. Kevin Brown, Consumer Spending Starts Slow Shift East, *Financial Times*, January 27, 2010.

33. Jack Ewing, Davos 2010 special report: Emerging economies gain place at the table, *International Herald Tribune*, January 27, 2010.

34. Haig Simonian, Asia's Wealthy Drive a Fragile Recovery, *Financial Times*, March 19, 2010.

35. China and India Pledge Co-operation but Fail to Dispel Mutual Suspicion, *Financial Times*, November 22, 2006.

36. Joe Leahy, Sri Lanka Builds on Chinese Support, *Financial Times*, May 24, 2010.

37. Jaswant . Singh: Against nuclear Apartheid, Sept / Oct. , 1998, *Foreign Affairs*.

James Lamont, When Beijing and New Delhi Pull together, *Financial Times*, April 6, 2010.

38. G. V. C. Naidu, India Navy and Southeast Asia, *Knowledge World*, Feb-

ruary 2000, New Delhi.

39. K. R. Singh, India, Indian Ocean and Regional Maritime Cooperation, *International Studies*, Vol. 41, No. 2, 2004.

40. David Scott, India's "Grand Strategy" for the Indian Ocean: Mahanian Visions, *Asia-Pacific Review*, Vol. 13, No. 2, 2006.

41. Harsh v pant, Indian Navy's Moment of Reckoning: Intellectual Clarity Need of the Hour, *Maritime Affairs*, Vol. 5, No. 2, Winter 2009.

42. Shiv Shankar Menon, Maritime Imperatives of Indian Foreign Policy, *Maritime Affairs*, Vol. 5, No. 2, Winter 2009.

43. Harsh V. Pant, India in the Indian Ocean: Growing Mismatch between Ambitions and Capabilities, *Pacific Affairs*, Vol. 82, No. 2, Summer 2009.

44. James R. Holmes and Toshi Yoshihara, Strongman, Constable, or Free-Rider? India's "Monroe Doctrine" and Indian Naval Strategy, *Comparative Strategy*, Vol. 28, No. 4, 2009.

45. C. Raja Mohan, India and the Changing Geopolitics of the Indian Ocean, *Maritime Affairs*, Vol. 6, No. 2, Winter 2010.

46. Don Berlin, The Rise of India and the Indian Ocean, *Journal of the Indian Ocean Region*, Vol. 7, No. 1, 2011.

47. Smt Nirupama Rao, India as a Consensual Stakeholder in the Indian Ocean: Policy Contours, *Journal of the Indian Ocean Region*, Vol. 7, No. 1, 2011.

48. Joshy M. Paul, Emerging Security Architecture in the Indian Ocean Region: Policy Options for India, *Maritime Affairs*, Vol. 7, No. 1, 2011.

49. David L. O. Hayward, China in the Indian Ocean: A Case of Uncharted Waters, *Strategic Analysis Paper*, July 2010.

50. Andrew S. Erickson, Walter C. Ladwig Ⅲ and Justin D. Mikolay, Diego Garcia and the United States'Emerging Indian Ocean Strategy, *Asian Security*, Vol. 6, No. 3, 2010.

51. Lee Cordner, Rethinking Maritime Security in the Indian Ocean Region, *Journal of the Indian Ocean Region*, Vol. 6, No. 1, June 2010.

52. Rupakj yoti Borah, India, Australia and the United States in the Indian Ocean Region: A Growing Strategic Convergence, *Strategic Analysis Paper*,

May 2011.

53. Robert D. Kaplan, Center Stage for the 21st Century—Power Plays in the Indian Ocean, *Foreign Affairs*, Vol. 88, No. 2, March/April 2009.

54. David Scott, India's "Grand Strategy" for the Indian Ocean: Mahanian Visions, *Asia-Pacific Review*, Vol. 13.

55. Andrew S. Erickson, Walter C. Ladwig Ⅲ and Justin D. Mikolay, Diego Garcia's Strategic Past, Present, and Future: Implications for Indian Ocean Security, *Meeting Paper*, Boston, 28 – 31 August 2008.

56. American Department of Defense, *Quadrennial Defense Review Report*, February 2010.

57. Lee Cordner, Rethinking Maritime Security in the Indian Ocean Region, *Journal of the Indian Ocean Region*, Vol. 6, No. 1, June 2010.

58. Michael J. Green and Andrew Shearer, Defining U. S. Indian Ocean Strategy, *The Washington Quarterly*, Vol. 35, No. 2, Spring 2012.

59. John F. Bradford, The Maritime Strategy of the United States: Implications for Indo-Pacific Sea Lanes, *Contemporary Southeast Asia*, Vol. 33, No. 2, 2011.

60. Michael J. Green and Andrew Shearer, Defining U. S. Indian Ocean Strategy, *The Washington Quarterly*, Vol. 35, No. 2, Spring 2012.

61. Daniel Twining, America's Grand Design in Asia, *The Washington Quarterly*, Vol. 30, No. 3, Summer 2007.

62. American Department of Defense, *Sustaining U. S. Global Leadership: Priorities for 21st Century Defense*, January 2012.

63. Greg Yellen, Holding the Tiger by Its Tail: Chinese Maritime Expansion and the U. S. "Hedge" Strategy in the Indian Ocean, *The Monitor*, Vol. 16, No. 2, Summer 2011.

64. Sergei Desilva-Ranasinghe, Strategic Objectives of the United States in the Indian Ocean Region, *Workshop Report*, September 2011.

65. Gen Edward A. Rice, Book Reviews, *Strategic Studies Quarterly*, Vol. 5, No. 3, Fall 2011.

66. John F. Bradford, The Maritime Strategy of the United States: *Implications for Indo-Pacific Sea Lanes*, Contemporary Southeast Asia, Vol. 33, No.

2, 2011.

67. Lee Cordner, Rethinking Maritime Security in the Indian Ocean Region, *Journal of the Indian Ocean Region*, Vol. 6, No. 1, June 2010.

68. Mark Kirk, *Ending Somali Piracy against American and Allied Shipping*, Report on Pirate Threat, May 2011.

69. Lauren Ploch and Christopher M. Blanchard, *Piracy off the Horn of Africa*, Report of Congressional Research Service (America), April 2011.

70. Daniel Twining, America's Grand Design in Asia, *The Washington Quarterly*, Vol. 30, No. 3, Summer 2007.

71. K. Alan Kronstadt and Paul K. Kerr, India-U. S. *Relations*, *Report for Members and Committees of Congress*, October 2010.

72. Daniel Twining, America's Grand Design in Asia, *The Washington Quarterly*, Vol. 30, No. 3, Summer 2007.

73. Greg Yellen, Holding the Tiger by Its Tail: *Chinese Maritime Expansion and the U. S. "Hedge" Strategy in the Indian Ocean*, The Monitor, Vol. 16, No. 2, Summer 2011.

74. Harsh V. Pant, China and India: A Rivalry Takes Shape, *Report of Foreign Policy Research Institute* (America), June 2011.

75. Nathaniel Barber and Kieran Coe, *China in the Indian Ocean: Impacts, Prospects, Opportunities*, Report for U. S. government's Office of South Asia Policy, Spring 2011.

76. Saroj Bishoyi, Defence Diplomacy in US-India Strategic Relationship, *Journal of Defence Studies*, Vol. 5, No. 1, January 2011.

77. U. S. Department of Defense, *Report to Congress on U. S. -India Security Cooperation*, November 2011.

78. Greg Yellen, *Holding the Tiger by Its Tail: Chinese Maritime Expansion and the U. S. "Hedge" Strategy in the Indian Ocean*, The Monitor, Vol. 16, No. 2, Summer 2011.

79. Marissa Allison, *U. S. and Iranian Strategic Competition: Saudi Arabia and the Gulf States*, Report of Center for Strategic and International Studies (America), December 2010.

80. Mark Landler and Steven Myers, *With $30 Billion Arms Deal, U. S. Bol-*

sters Saudi Ties, The New York Times, December 29, 2011. http://www.nytimes.com/.

81. David L. O. Hayward, *China in the Indian Ocean: A Case of Uncharted Waters*, Strategic Analysis Paper, July 2010.

82. Carl J. Dahlman, *The World under Pressure: How China and India are Influencing the Global Economy and Environment*, Stanford, California: Stanford Economics and Finance, an Imprint of Stanford University Press, 2012.

（三）研究报告类

1. IEA, World Energy Outlook 2002 – 2010.

2. IEA/ASEAN/ASCOPE Workshop "Oil Supply Disruption Management Issues", Cambodia, 6 April 2004, IEA *Collaboration with China and India on oil security*.

3. IMF, *World Economic Outlook*, *September* 2011.

4. *Key Indicator for Developing Asian and Pacific Countries* 2010, Asian Development Bank.

5. WTO, Annual report 2011.

6. WTO, International Trade Statistics 2010.

7. EIA, International Energy Outlook 2008 – 2010.

8. Tsutomu Toichi, *Energy Security in Asia and Japanese Policy*, IEEJ, July 2003.

9. Hidehiro Unoki, Toshihide Ohnuma, *Asia Outlook of Supply and Demand Trends of Petroleum Products and Crude Oil*, IEEJ, February 2006.

10. Tetsuya NAKANISHI, Ryoichi KOMIYAMA, *Supply and Demand Analysis on petroleum Products and Crude Oils for Asia and the World*, IEEJ, August 2006.

11. Koichi Koizumi, Kiminori Maekawa, Kouzou Yudate, Nobufumi Inada, *Coal Supply and Demand Trends in India*, *Role of Coal and its Future*, IEEJ, October 2006.

12. Hiroyuki Ishida, *Energy Situation and Policy in India*, IEEJ, October 2006.

13. DR. Ken Koyama, *Perspectives on Asian Oil Demand: Outlook and Uncer-*

tainties, IEEJ, February 2007.

14. Hiroyuki Ishida, *Energy Strategies in China and India and Major Countries' Views*, IEEJ, March 2007.

15. The Institute of Energy Economics, *Japan*, *Asia/World Energy Outlook 2007*, *Focusing on China and India Energy Outlook*, IEEJ, November 2007.

16. *Results of the energy supply and demand forecast for Asia and the World*, IEEJ, November 2007.

17. William C. Ramsay, *World Energy Outlook* 2007: *China and India Insights*, Singapore, 9 November 2007.

18. Atsuo Sagawa, *Trends in Asian Coal Markets*, *Key Points of Outlook for* 2008, IEEJ, March 2008.

19. Atsuo Sagawa, *Coal Supply-Demand and Price Trend*, IEEJ, May 2008.

20. Ken Koyama, *The Oil Price and the Global Oil Market*, *IEEJ*, July 2008.

21. Jonathan Stern, NATURAL GAS IN ASIA: The *Challenges of Growth in China*, *India*, *Japan and Korea*, Institute of Energy Economics, Japan Tokyo, July 11, 2008.

22. Tetsuo Morikawa, *Summary of Natural Gas Market in Asia*: *Measures for Stabilization*, IEEJ, August 2008.

23. Patrick Clawson and Simon Henderson, *Reducing Vulnerability to Middle East Energy Shocks*: *A Key Element in Strengthening U. S. Energy Security*, THE WASHINGTON INSTITUTE for Near East Policy, November 2005.

24. David Pollock, Kuwait: *Keystone of U. S. Gulf Policy*, THE WASHINGTON INSTITUTE for Near East Policy, November 2007.

25. Simon Henderson, *Energy in Danger Iran*, *Oil*, *and the West*, THE WASHINGTON INSTITUTE for Near East Policy, June 2008.

26. Kazuya Fujime, *India's Economic Development*, *Environmental Conservation and Energy Security*, IEEJ, December 2001.

27. International Maritime Bureau, Annual Report of Piracy and Armed Robbery against Ships 2011.

三 相关网站

1. 印度政府网站：http：//www. goidirectory. nic. in/index. php。

2. 新华网：http：//www. xinhua. org。
3. 人民网：http：//www. people. com. cn。
4. 中华人民共和国外交部网站：http：//www. fmprc. gov. cn。
5. 中国社会科学院世界经济与政治研究所网站：http：//www. iwep. org. cn。
6. 中国国际关系研究网：http：//www. sinoir. com。
7. 中国国际问题研究所网站：http：//www. ciis. org. cn。
8. 中国国关在线：http：//www. irchina. org。
9. 中国现代国际关系研究院网站：http：//www. cicir. al. cn。
10. 中国共产党新闻网，http：//cpc. people. com. cn。
11. 新浪新闻网，http：//www. sina. com. cn。
12. 国际网，http：//www. cfis. cn。
13. 印度选举委员会，http：//eci. nic. in/eci_ main/index. asp#。
14. 印度选举网，http：//www. indiaelections. co. in。
15. 维基百科，http：//en. wikipedia. org。
16. 经济学家，http：//www. economist. com。
17. 互动百科，www. hudong. com/。
18. 东方早报网，http：//topic. dfdaily. com/frontier/。
19. 中国商务部，http：//www. mofcom. gov. cn/。
20. 印度商务，http：//www. indianbusiness. com/。
21. 新浪财经网，http：//finance. sina. com. cn/。
22. 印度教徒报，http：//www. hinduonnet. com/。
23. 亚洲开发银行，http：//www. adb. org/。
24. 华尔街日报［中文版］，http：//cn. wsj. com/gb/。
25. 华尔街日报［英文版］，http：//www. wsj. com。